世界发达国家或地区
社会治理的十大经验

陶希东 著

上海社会科学院出版社
SHANGHAI ACADEMY OF SOCIAL SCIENCES PRESS

目 录

第一章 注重新型社会治理理论思想的引领 ... 1
 一、治理及社会治理兴起的时空背景 ... 2
 二、社会治理的基本内涵与运行基础 ... 7
 三、发达国家社会治理的核心基础理论 ... 12

第二章 构建纵横互动的社会跨界治理体制 ... 31
 一、构筑小政府、大社会的跨公私合作治理体制 ... 31
 二、全面构筑跨部门治理新体制 ... 55
 三、构筑跨地域合作治理体制 ... 61

第三章 构筑民主法治的社会公众参与机制 ... 66
 一、注重旨在保障公众参与权的立法工作 ... 66
 二、构筑多元化的公众参与渠道与方式 ... 68
 三、构筑广泛的社会志愿行动参与 ... 72

第四章 实行公私合作的公共服务多元化供给 ... 77
 一、注重政府对基本公共服务的财政投入 ... 77
 二、公共服务购买的多元供给机制 ... 83

第五章　努力构筑中产导向的社会收入分配结构　　91
　　一、依法构筑更多元、更富效率的初次分配格局　　92
　　二、实施以税收、社会保障为主的政府再分配机制　　100
　　三、实施以社会慈善事业为主的社会第三次分配机制　　106

第六章　注重以劳资关系为核心的社会利益协调　　112
　　一、建立健全协调劳资双方利益的社会对话机制　　113
　　二、建立健全庭外非诉讼社会纠纷调解机制　　121
　　三、完善化解社区邻里矛盾的微观调解机制　　126

第七章　建立健全多层次社会保障与福利体系　　132
　　一、确立以"福利治理"为核心的社会保障价值理念　　133
　　二、依法健全多主体合作的多层次社会保障机制　　137
　　三、建立覆盖全生命周期的多元化社会福利体系　　144

第八章　努力建设多元共处的公平包容性社会　　157
　　一、依靠移民群体促进国家和大都市的繁荣发展　　158
　　二、国家层面注重实施反社会排斥与包容性社会治理　　164
　　三、城市层面注重推行公平包容性城市建设及治理　　173

第九章　创新实施公民导向的基层社区自治　　186
　　一、政府高度重视并全方位支持社区建设与治理　　187
　　二、创建多元化的社区自治组织体系　　192
　　三、打造多样化的社区自治空间或载体平台　　197
　　四、广泛开展正式或非正式邻里互助项目或计划　　200

第十章　注重构建社会数字化治理新模式　　205
　一、从实施大数据战略入手率先推动数字政府建设　　207
　二、注重社会治理的数字化实践场景应用　　215
　三、全方位营造社会治理数字化转型的生态体系　　220

后记　　230

第一章 注重新型社会治理理论思想的引领

综观人类社会的发展进程，自从民族国家产生以来，如何顺应人类科技进步和政治经济发展的需求，构建一套科学、合理、高效的治理制度体系，是世界所有国家执政者普遍关注的一个共同议题，他们都在努力寻找合法、有效、先进的治理模式。但首先需要说明的是，全球的社会治理实践表明，世界上并不存在一个放之四海而皆准、适合所有国家的统一治理模式，只有建立在自己国家文化特征、社会心理、政治性格基础上的治理模式，有可能才是最适合、最有效的治理模式。这是因为，发达国家在选择治理模式的历史进程中，相继产生过一些占统治地位的主导价值思想或理论学说，如经济自由主义、凯恩斯主义、新凯恩斯主义、新自由主义、新公共管理、新公共服务等，众说纷纭。但是其共同关注的核心问题就是正确处理政府与市场、政府与社会、社会与市场等多组之间的关系，旨在实现社会资源的合理高效配置，有效解决政府失灵、市场失灵的问题，促进经济持续增长、提高政府效率、提高公共服务能力、解决社会问题等目的。但一场接一场的资本主义经济危机，使得任何一种经济思潮或治理思想，表现出先前的不完美或内在缺陷，尤其是2008年世界金融危机，使得风靡全球的新自由主义寿终正寝，再加上美国所谓的民主输出而引发的局部国家政治危机与社会动乱，使得西方发达国家的所谓民主治理模式面临着整体性危机。如何适应21世纪中后期知识时代、信息时代、创新时代和城市时代的新要求，继续探寻丰富多彩、实用有效的差异化社会治理模式,是当今摆在世界各国面前的一个重大议题。

尽管如此,自20世纪70年代以来,在政府财政危机、全球化发展、互联网崛起、社会结构快速变化等因素综合影响下,发达国家针对政府低效、公共服务短缺、失业、福利危机等诸多现实社会困境,全面提出了依靠政府、社会、市场三方联动合作的社会治理思想,并发起了一场新公共管理改革运动,借助新机制、新方法、新手段化解社会矛盾和解决社会问题,取得了显著成效。对于任何事情来说,理论思想和执政理念是政府行动的重要依据和基础,只有想得到,才有可能促使政府执政理念发生转变并采取实际行动。因此,可以说,积极研究并树立新型、多元的社会治理理论和最新理念价值,是真正治理好一个社会的思想基础和前提条件,也是发达国家社会治理的首要经验。

一、治理及社会治理兴起的时空背景

首先从"治理"说起。英语中的"治理"(governance),可以追溯到古拉丁语和古希腊语中的"操舵"一词,原意主要指控制、指导或操纵[1]。"治理"作为一种专业学术语言,产生于20世纪80年代的西方发达国家,但不同学者和机构对治理的核心内涵具有不同的理解和看法,如治理理论的主要创始人之一罗西瑙(J.N. Rosenau)将治理定义为一系列活动领域里的管理机制,它们虽未得到正式授权,却能有效发挥作用,与统治不同,治理指的是一种由共同的目标支持的活动,这些管理活动的主体未必是政府,也无须依靠

---

[1] [英]鲍勃·杰索普:《治理的兴起及其失败的风险:以经济发展为例的论述》,《国际社会科学杂志(中文版)》1999年2月号。

国家的强制力量来实现①。最具权威性和代表性的全球治理委员会提出的概念认为:"治理是各种公共的或私人的个人和机构管理其共同事务的诸多方式的总和。它是使相互冲突的或不同的利益得以调和并采取联合行动的持续过程。它既包括有权迫使人们服从的正式制度和规则,也包括各种人们同意或以为符合其利益的非正式的制度安排。它有四个特征:治理不是一整套规则,也不是一种活动,而是一个过程;治理过程的基础不是控制,而是协调;治理既涉及公共部门,也涉及私人部门;治理不是一种正式的制度,而是持续的互动。"②如今,"治理"被广泛应用于政治学、社会学、经济学、法学等领域,成为一个缺乏完好定义和滥用的时髦概念③。全面系统地分析"治理"内涵,并非本书重点,不作赘述,但概括来看,"治理"是对传统政府统治结构与体制的变革创新与权力运行机制的再造,旨在重新架构政府、市场、社会、民众之间的新型关系,全面提高政府公共服务效率和政治民主化程度。民营化、分权化、合作化、高效化、民主化等是治理的核心关键词。治理思想一经产生,就开始应用到人类社会经济的各个领域,诸如经济治理、政党治理、社会治理、文化治理、环境治理等。其中,社会治理实际上就是当代治理理念和思维模式在社会领域中的应用和延伸,是借助政府、市场、社会、民众等多元化力量,通过协商、协作、互动等方式,整合资源,提升公共服务质量、解决社会问题的一种策略与方法,它既有"治理"的本质特征,更有自身的特色内涵。社会治理的目标追求是实现"善治"(good governance),即参与性、协商性、责任性、透明性、回应性、有效性、公正性、包容性、法治精神,建立一个人与人、人与自然、人与社会良性

---

① [美]詹姆斯·N.罗西瑙:《没有政府的治理——世界政治中的秩序与变革》,剑桥大学出版社1995年版,第5页。
② 全球治理委员会:《我们的全球之家》,牛津大学出版社1995年版,第25页。
③ 包国宪、郎玫:《治理、政府治理概念的演变与发展》,《兰州大学学报(社会科学版)》2009年第2期。

发展的和谐社会。

深刻分析社会治理产生的时空背景,是正确理解社会治理内涵的基础和前提。从理论和实践相结合、时间和空间相结合的视角看,社会治理的产生主要基于理论思潮转型(思想基础)、政府再造运动(现实基础)、全球社会问题新挑战与新策略(外部条件)三大特殊背景。

一是学术思想理论(经济理论)转型。从凯恩斯主义走向新自由主义。自20世纪30年代世界经济大危机之后,西方国家普遍推行凯恩斯主义,政府对经济进行普遍的干预,此后,政府职能不断膨胀,使行政权力的运行范围、层次不断扩大和加深,造成各国政府预算赤字纷纷膨胀[①]。高额的财政公共支出和福利支出增长(表1.1),带来普遍的政府财政危机。到了20世纪70年代以后,随着全球经济滞涨的出现,人们开始对凯恩斯主义提出了质疑,对传统公共行政模式下政府的"规模""范围""角色"和"方法",提出了很多激烈的争论,"政府失灵"显现,"福利国家"政策开始破产。正是在这种背景下,以自由化、私有化、市场化为核心的新自由主义(供给学派、货币主义、公共选择学派、理性预期主义、新制度主义或现代制度经济学等)开始由理论、学术走向政治化、国家意识形态化、范式化,成为美英国际垄断资本推行全球一体化理论体系的重要组成部分并深入政治之中。概括地说,这些新自由主义经济学的要点主要包括:(1)市场统治;(2)削减教育、医疗等社会服务的公共开支;(3)放松政府管制;(4)私有化;(5)抛弃"公共物品"或"共同体"的概念,代之以"个人责任"[②]。从这个意义上说,新自由主义思潮为社会治理提供了重要的理论支撑和思想准备。

---

① 关学增:《当代西方国家的社会治理思潮》,《河南师范大学学报(哲学社会科学版)》2006年第4期。
② 周小亮:《当代制度经济学发展中的两条主线与其新自由主义本质之剖析》,《学术月刊》2004年第2期。

表 1.1　部分经济合作与发展组织国家福利支出增长趋势

国家	社会福利支出水平（教育、卫生保健和转移支付的总支出占 GDP 的百分比）		
	1965—1973 年	1974—1981 年	1982—1990 年
澳大利亚	12.8%	19.9%	21.0%
加拿大	18.0%	21.8%	24.8%
丹麦	18.2%	26.3%	31.5%
法国	21.7%	32.5%	35.9%
德国	21.4%	28.1%	27.5%
日本	11.3%	18.2%	21.2%
挪威	21.7%	27.6%	29.8%
英国	17.6%	22.0%	24.3%
美国	14.8%	20.2%	21.7%

资料来源：包国宪、郎玫：《治理、政府治理概念的演变与发展》，《兰州大学学报（社会科学版）》2009 年第 2 期。

二是全球政府再造运动。社会力量开始获得和拥有成长空间。从实践来看，随着新自由主义的全球政治化，20 世纪 80 年代以来，欧美国家掀起了一场声势浩大的政府改革运动（被称为"新公共管理运动"），这场改革运动使得政府与公民关系得到了重新审视，政府的功能得到了重新定位，政府治理理念得到了重新调整，也使民营化、分权化、透明性、责任性等指标性话语成为新时期政府的代言词。需要指出的是，尽管新公共管理运动的初衷是改革政府，并没有提出社会治理模式变革的命题，但自 20 世纪 70 年代以来开始的社团革命、社区重建运动等，唤醒了社会自治问题，各种基于邻里单元的私人自治组织得到了蓬勃发展（表 1.2）。更重要的是，从改革实践结果来看，这场改革运动也为政府之外的社会治理力量的成长提供了广阔的空间，促进了社区的发展和非政府组织的成长，特别是它把社会公共事务管理的权力交给了社会之后，实际上是把社区以及非政府组织构建成了社会治理的主体,从而出现了多中心治理的局面①。因此说,新公共管理运动为社会治理创新提供了丰富的实践基础,其实质就是一场社会治理模式的变革运动。

表1.2　20世纪70年代以来美国邻里协会的发展情况

年份	邻里协会数量(个)	住房单元(百万套)	覆盖居民数(百万人)
1970	10 000	0.701	2.1
1980	36 000	3.6	9.6
1990	130 000	11.6	29.6
2000	222 500	17.8	45.2
2002	240 000	19.2	48.0
2004	260 000	20.8	51.8
2006	286 000	23.1	57.0
2008	305 800	23.8	59.5
2010	311 600	24.8	62.0
2011	317 200	25.4	62.7
2012	323 600	25.9	63.4

资料来源:陶希东:《邻里政府:美国大都市区治理的经验与启示》,《社会科学》2014年第4期。

三是全球社会问题新挑战。从国家政府管理开始走向全球协作治理。当社会格局和社会问题发生重大变化乃至出现新危机、新挑战时,国家或政府势必寻求解决社会问题的新思维、新思路。这主要表现在20世纪70年代以来,全球化、市场化、信息化发展趋势更趋明显,全球社会经济环境整体上变得更具整体性、多样性、动态性和复杂性,人口问题、粮食问题、污染问题、能源危机、跨国犯罪、恐怖主义以及艾滋病等严重传染病问题,不断困扰全球社会。这些全球问题要得到有效治理,必须广泛吸纳各种行为主体,于

---

① 张康之、石国亮:《国外社区治理自治与合作》,中国言实出版社2012年版,第4页。

是从封闭性的国家治理走向跨界合作的"全球治理"[①]成为国际社会的新选择。安南在千年报告中提出了全球治理方案,倡导建立包括国家政府、国际机构、民间社会和公司在内的"全球伙伴关系"和"全球契约"[②]。从当前全球范围来看,针对气候变化、环境保护、传染病等问题,按照民主、平等、公正新理念,已经形成了由国家政府、联合国等国际机构、非政府组织、民间团体、跨国企业等多元主体协同参与的全球市民社会和全球协作治理的基本态势。这种全球性的跨界协作治理大趋势和大格局,为深度、系统地创新社会治理模式提供了良好的外部环境和改革氛围。

二、社会治理的基本内涵与运行基础

从全球政治社会运动的角度看,正是上述全球性的治理变革大趋势、大环境,直接塑造了发达国家执政者解决诸多社会难题(如环境问题、公共服务压力、传染病问题、移民问题等)上的思维创新与战略选择,其结果就是产生了"社会治理"。但根据现有的研究文献来看,对社会治理的本质和内涵,仁者见仁、智者见智,尚无统一的解释。如有学者提出,治理就是政治、经济、行政权威管理社会事务的实践,政治社会治理的目的主要是"解决社会问题、创造社会机会"[③]。笔者认为,根据发达国家的改革实践,社会治理是社会转型时期一项涉及执政理念、权力配置、运行模式、社会需求等核心要素的协同策略与综合方法,具有以下几点本质内涵。

---

① 俞可平主编:《全球化:全球治理》,社会科学文献出版社2003年版。
② 我们民众:《联合国秘书长千年报告》,http://www.un.org/chinese/aboutun/prinorgs/ga/millennium/sg/report/ch3.htm,转引自陈海明、李艳中:《经济社会治理的裂变:从跨国治理到全球治理》,《广东经济管理学院学报》2006年第6期。
③ J. Kooiman, Social-Political Governance: Overview, Reflection and Design, Routledge, 1999(1):67—92.

第一,从执政理念看,社会治理是政党执政理念更趋包容性、积极性、参与性的调整与转型。欧美国家改革的实践表明,政党是推行创新社会治理的主导者,其首要目的是顺应社会发展要求,增强公共政策的适应性,巩固已有的社会政治统治地位。社会治理反映了各类执政党执政理念的转型重塑[①]:首先,强调应对社会多样化的包容性理念。20世纪90年代以来,欧美国家的一些执政党不断改变或更新自己,如1992年欧洲执政的社会民主党、工党、社会党等联合成立了欧洲社会党,以及英国"新工党"和德国"新中间派"等,都强调自己是一个具有全民性质、代表全社会利益、能够为社会各阶层和群体接受的党。这充分表明,政党始终充当着西方国家社会治理的积极推动者,旨在采取更加开放、更加包容的执政理念,吸纳社会各种力量,兼顾所有阶层的共同利益,全面应对社会阶层、社会利益、生活方式、价值观、社会文化的多样化发展,以保持政党地位,推动社会和谐稳定。其次,强调应对风险社会的积极性理念。20世纪70年代以来,西方国家原来给每个国民提供安全保护伞的福利制度普遍面临"国家提供的福利越多,发生'道德公害'的几率越大、越容易产生新风险"的悖论,为此纷纷树立"积极福利"的新理念,社会改革目标强调机会平等而不是结果的平等,采取减少政府救济范围和水平、鼓励人们积极工作、在公共—私人部门之间形成伙伴关系,建立一种新的多元福利结构,旨在全面激发个体和社会力量的主动性、积极性和创造性,自觉承担抵抗风险的责任。再加上全球化风险的不断加剧,各国政府更强调政策的积极性和防御性,防患于未然,并从源头上治理社会问题。再次,强调应对市民社会的参与性理念。发达国家的社会治理,实际上就是政府应对自主化、社群化、全球化市民社会的一种社会参与战略。近年来,由各种非政府组织组成的市民社会(社会自主领域),已经成为西方国家一支强有力的"第三力量",在国际公共事务中发挥越来越大的作

[①] 肖巍、钱箭星:《西欧社会党社会治理理论和政策述要》,《复旦学报(社会科学版)》2006年第6期。

用。如何创造机会让其参与公共政策决策,吸纳民意,保障公民合法权益,促进政治认同,进而保持国家、市场和社会之间的平衡,自然成为发达国家社会治理的重要选择。

第二,从权力结构看,社会治理是地方权力结构从精英模式走向多元模式、再走向合作者模式的动态演变过程。治理的本质就是政治社会权力结构的变化和重组。从地方权力结构看,社会治理是一种从统治型的精英模式(权力集中、少数人支配权力、大多数人处于消极被动状态、社会团体缺乏应有的表达权、政府缺乏回应性、改革缺乏动力等)走向竞争制衡的多元模式(权力分散化,纵向上,国家部分权力转向国际社会,部分权力下放到地方政府、城市政府和基层社区;横向上,控制权力的精英群体,也是多个群体力量中的一支,在不同时期,各种利益集团在处理不同问题时分别起主导作用;多个社会团体之间充满着竞争,相互制衡,以此推动和保障基本民主),最后走向多元共生协同的合作者模式[1](重点涉及社会公共权力在政府与非政府组织之间的分配。该模式中政府也是权力游戏中的一个玩家,权力架构于私人组织、非政府组织和政府之间的共生关系之上,诸多社会组织和非政府组织通过各种方式共同参与社会公共事务的决策与管理,政府增强工作的透明性、回应性等)的一种趋向过程,是权力资源时空配置效应的最优化和最大化,维护社会多元利益的平衡。

第三,从公共服务供求视角看,社会治理是对公共服务或公共产品的供应、生产、消费等事宜的一种新型制度安排。除了权力分散化、治理主体多元化以外,如何引进市场和社会的力量,协同提供足量高质的公共产品或公共服务,最大程度地满足多元化、多层次的社会服务需求,是社会治理的一个核心议题。可以说,社会治理是一个对公共服务生产、供给、消费等事宜作出合理解释和制度安排的战略行动,其核心本质就是公共服务或公共产

---

[1] [美]保罗·诺克斯、[美]琳达·迈克卡西:《城市化》,顾朝林、汤培源等译,科学出版社2009年版,第570页。

品在供应和生产之间的相互区分或区别,政府不再承担同时生产与提供范围广泛的产品和服务的角色与职能。换句话说,社会治理既不是供应也不是生产,而是建立一个连接公共产品生产和供应的制度框架,如西方国家成熟的公私合作伙伴制度等,以及化解参与者之间的冲突、维持多方同意的协议、维护组织多样性等过程。社会治理强调的"委托""包容""伙伴关系"等理念和制度,在一定程度上,也反映着西方市民社会的复兴和再生。

从国内外比较的视野来看,尽管资本主义存在一些无法克服的弊端,贫富差距、种族隔离、恐怖活动、暴力犯罪等社会问题依然困扰着西方社会的正常发展,但在经历长期的理论思辨和政府改革实践进程中,发达国家已经建立了一套比广大发展中国家更完善、更有效的社会治理体系和运作机制,在公共服务供给、社会组织发展、民众参与等方面取得了显著的成效。这是我们必须要承认的,不过我们要进一步分析的是,发达国家社会治理成功运转背后到底存在哪些基础条件?这是实现西方社会治理思想本土化、中国化的首要条件,也是构建中国特色社会治理体系的重要参考。笔者以为,欧美发达国家的社会治理之所以能够成功运转,主要依赖三个基本条件。

一是成熟完善的市场经济体系。马克思说经济基础决定上层建筑,近代以来西方国家奉行的市场经济制度,在某种程度上为社会治理体系的建设与运转奠定了制度基础。对此,波兰尼在《大转型:我们时代的政治经济起源》中提出"自发调节的市场"(self-regulated market)一旦形成,它将通过改变人类基本的生存与生活方式,深刻影响人类社会的进程。更重要的是,遵循客观运行规律(价值规律、供求规律、竞争规律、经济周期规律和平均利润率规律)的市场经济,尽管市场失灵依旧,但它重塑了政府与市场的权力关系,促进了政府行为的高效和透明,提升了人们的财富和自由,建立了一套保障竞争机会平等的机制[1],确立了一批规范市场

---

[1] 孙祁祥:《市场经济与竞争机会的平等》,《经济研究》1993年第8期。

行为的法律规范,唤起了人们的主体责任和竞争合作意识,等等,从而为人们提升社会需求、表达利益需求、参与公共活动、社会自治等提供了条件和可能。

二是历史久远且相对发达的公民社会体系。公民社会是产生于古希腊城邦时代的一种特殊社会形态,社会成员具有自主行动的空间和公共精神,是公民社会形成的两个前提条件[1]。西方国家在较早的国家社会转型发展过程中,发育形成了一套数量巨大、类型多样的各类社会组织体系(宗教团体、工会、合作组织、服务组织、社区组织、草根组织、青年组织、学术机构以及各类民间草根组织),它们深度参与社会公共服务或准公共产品的供给以及团体公共事务的自主治理过程,使得参与者形成了一种内在的"普遍化互惠规范"和人与人之间的相互信任。更为重要的是,这些社会组织依靠成熟的政府购买服务机制、公私合作伙伴等制度,利用社会资源为民众提供多元化的公共服务,构筑了典型的"小政府、大社会"格局及成熟的运作机制,这为社会治理的长效化运转提供了组织基础和制度保障。

三是人权、基层、法治导向的社会自治体系与自由精神。社会治理的最高境界就是充分调动民众参与公共事务的积极性和主动性,让民众实现自我组织、自我管理、自我教育、自我服务的状态,而这一状态的实现,必须依赖民众具备强有力的社会自治意识、能力和水平。在崇尚独立、自由、民主的西方国家,在国家产生之前,就已经拥有较为完备的社会自治体系和自由精神。这一点早在19世纪30年代托克维尔对美国民主的观察中,就总结出了美国社会民主治理的三大法宝:首先,人民主权是地方政府社会治理的最高、最核心原则。"人民像上帝统治宇宙一样统治着美国的政治。凡事皆源于人民,用于人民,人民是诸权之本。"[2]其次,基层乡镇是公民参与及地方自治的根基所在。托克维尔认为,基层乡镇"是自由人民的力量所在。乡镇

---

[1] 陶传进:《市场经济与公民社会的关系:一种批判的视角》,《社会学研究》2003年第1期。
[2] [法]托克维尔:《论美国的民主》,张晓明编译,北京出版社2007年版,第19页。

组织之于自由,犹如小学之于授课。乡镇组织将自由带给人民,教导人民安享自由和学会让自由为他们服务。在没有乡镇组织的条件下,一个国家虽然可以建立一个自由的政府,但它没有自由的精神"[①]。最后,法治是政府组织有序运行的基本条件。正如托克维尔指出的:"乡镇在只与其本身有关的一切事务上仍然是独立的,新英格兰的居民没有一个人承认州可以干预纯属于乡镇的权利""对于全州的公共义务,它们非尽不可"。可见,美国社会正是在宪政法治下,政府间关系充分表现为一种分散化、分权化的联邦模式,每个人都服从法律,不允许任何一种政府变成控制整个社会的永久的、支配性的权力中心。

实际上,除了上述三点以外,西方国家具有深厚文化基础的社会志愿服务、普遍化法治精神、完善的社会慈善捐助体系、强有力的宗教影响、完备的公众参与、公共决策机制等,在某种程度上都为保障以"小政府、大社会""公私合作伙伴"为核心的社会治理体系的正常运转,发挥了直接或间接的作用。

三、发达国家社会治理的核心基础理论

对一个国家或城市政府而言,任何执政方式或治理模式的选择,其背后总是具有一定的科学理论支撑,以追求治理方式的科学性和有效性。发达国家的社会治理也是一样,在其背后也有一整套的学术理论或思想支撑着它的有效运行。实际上,发达国家社会治理的理论思想体系中,如何处理好政府与市场、政府与社会、政府与政府之间的关系,几乎是所有理论思想试图说明的一个核心问题。概括而言,有效支撑社会治理高效运转的核心思

[①] [法]托克维尔:《论美国的民主》上卷,董果良译,商务印书馆1988年版,第67页。

想,主要包括以下四个方面的趋势性理论体系,旨在阐明政府间关系、政企关系、政社关系。

(一) 集中化—多层次治理

20世纪20年代以来,美国社会出现由城市化发展进入"大都市区"发展的趋势,如何治理好分散的大都市区,成为解决城市区域社会问题的一个理论研究热点。发达国家在城市高度密集的大都市区,政区的碎片化日益成为大都市发展和治理面临的一个普遍困境,如何率先处理好大都市地区内部的多元政府之间的复杂关系,成为社会治理高度关注的一个议题。对此,发达国家先后经历了传统区域主义、公共选择理论、新区域主义等各种理论思潮,但有一种治理倾向在20世纪90年代重新发出强烈的呼声,那就是主张适当集权或组建统一化大都市区政府的集中化治理。该模式有两种路径:一种是采用政府结构调整的方法来达到区域跨界治理的主要目的,另一种是通过强调政府治理过程或政府职能的调整来处理区域问题。这种治理的主张有四个方面:一是将邻近的、发达的、未合并的地区纳入中心城市政府管辖区内,实行兼并或合并;二是减少政府的数量;三是在一些政府内部整合或联合相关的职能;四是在一个委员会的框架下提升城市之间的合作。典型案例当属2000年伦敦大都市政府的成立。根据这一治理理念,未来一些国家的大都市地区,将会形成更加集中化的大都市区政府,分层次统筹协调跨界性公共服务的生产和运作。以适度集权为主的集中化治理,尽管存在一定的难度,但在过度分散化、碎片化、分割化的小规模地方单元或区域,也可能是一种获得大量民众赞同的潜在治理新趋势。这一治理思想集中反映在以下两种理论体系中。

1. 大都市区政府理论

这一理论也被称为巨人政府理论,最早可以追溯到19世纪末20世纪初的伍罗德·威尔逊、弗兰克·古德诺和弗雷德里克·泰勒等政要与学者的思想,他们认为"一个大都市区内存在着大量独立的公共管辖机构是个问题"[①]"都市地区分散治理(即超级地方主义)程度越高,其种族和经济隔离的程度越高。要想消除严重的种族和经济隔离,必须做的第一步是扭转城市地区的分散治理"[②]"大都市区范围内的地方政府阻隔主要产生无计划的发展、不充足的资源基础、缺乏管理技能和专业技能、在共同问题上缺乏一致行动、责任混乱、种族和社会隔离、财政不均、财政剥夺等问题"[③]。他们的共同观点就是只有建立大都市政府,才能有效地进行管理,进而实施更全面的规划以及提供更好、更协调的服务。这一理论的核心主张包括:(1)大都市区是一个人口大量聚集、具有显著共同利益的单一社区,只有单一的政府才能整合这些利益,即"一个大都市区,一个政府"。即认为在一个大都市区中由相关个体组成的群体分享着一组共同利益,而这组共同利益将他们紧紧地结合成一个单一社区,因为许多相互依赖的利益存在,所在只有当在一个单一的、具有内在联系的机制中明确表达出这些不同的利益时,人们才能认识到大城市社区的更大好处。(2)大都市区内政治"碎片化"程度的降低,能够对产出、效率、平等性、公民参与和官员责任等因素产生直接的正面影响。(3)大都市区应该设立权威统一的大都市区政府或双层大都市区政府结构。对高度碎片化的大都市区,给出了两个改革方案与建议:第一个方案是,取消大都市区原来已经存在的包括县、市、特区等各类地方政府,通过大都市地区中心城市对周围地域的兼并(annexation),建立一般性的大都市区政府,由这类政府进行行政集权,消除该区域原有地方政府的所有独立权限,实行统一的经济社会规划。第二个方案是,组建一套联邦化、双层的大都市

---

① [美]埃莉诺·奥斯特罗姆:《大城市改革的两个传统》,转引自[美]迈克尔·麦金尼斯主编:《多中心体制与地方公共经济》,上海三联书店2000年版,第188页。
② D. Rusk, *Cities Without Suburbs*, Washington DC: Woodrow, Wilson Center press, 1993. pp.34—85. 转引自张紧跟:《当代美国大都市区治理的争论与启示》,《华中师范大学学报(人文社会科学版)》2006年第4期。
③ [美]文森特·奥斯特罗姆、[美]罗伯特·比什、[美]埃莉诺·奥斯特罗姆:《美国地方政府》,井敏、陈幽泓译,北京大学出版社2004年版,第64—66页。

区政府结构,在涉及诸如水资源、下水道管理、大规模交通体系等区域性的事务时,可通过中心城市政府与所在县政府及其县域内若干郊区政府的合并(consolidation)或成立全新的政府单元,在特定领域内进行规划与合作。在这类政府体制下,各地方政府保持原有的地方自治权限并继续为当地居民提供生活性的公共服务,大都市区政府在地域和功能上都是局部的[①]。

2. 多层次治理理论

多层次治理(multi-level governance)理论是由政治科学家李斯贝特·胡格(Liesbet Hooghe)和加里·马克斯(Gary Marks)在20世纪90年代针对全球化和区域化发展,结合欧盟治理的实践而提出的一种政治科学和公共行政管理理论[②]。他们将多层级治理区分为两大类型:第一类型的分析单元是单一政府,第二类型的分析单元是政策部门,前者注重个别政府机构功能特质,后者则强调通过政策网络实现跨国组织、国家、地区与地方政府和非政府主体之间的合作与共治。多层级治理模式突破了传统的双层决策模式,而将决策权力分散至其他多个治理机制,各层次行为主体一同分享政策过程并在其中相互协商与妥协,以获得较理想的决策结果。结合欧盟的治理实践,他们指出在多层次治理结构中,欧盟各成员国逐渐将政策重心向上转移到超国家机构,向下转移到不同类型的次国家组织[③]。可见,多层级治理理论是欧洲公共政策研究向欧盟决策体系研究转变的产物,其显著特点是超越了传统的国家治理和国际政治的概念,不管是公共领域,还是私有领域,相关利益主体之间原有的相互关系都会在不同边界层级上发生巨大变化,治理力量出现新的组合与变动,原有的一些内部性或独立性的治理优势可能出现加速衰弱的趋向。这充分表明,多层级治理实际上就是在一个蜂

[①] 陶希东:《全球城市区域跨界治理模式与经验》,东南大学出版社2014年版。
[②] Piattoni, Simona, "Multi-level Governance: a Historical and Conceptual Analysis", *European Integration*, 31, 2009, 2:163—180.
[③] 李响、严广乐等:《多层次治理框架下的区域科技创新协同系统治理——理论、实践比较及对中国的启示》,《研究与发展管理》2013年第1期。

窝状的政府单元之间,在多个层级边界上开展的一种持续性谈判过程,更是超国家、国家、地区和地方政府同时卷入其中的跨越政策网络[①]。在这一理论的指引下,产生了诸如多层次、多中心、多阶层等相似的治理概念,它们的核心理念就是地方决策权力出现一定的弱化,并开始向更高级的全球治理转化。近年来,多层次治理理念,在欧洲研究、离散化、联邦制、国际组织、公共政策(如环境政策、卫生政策)、公私合作治理、地方治理和跨国治理等政治科学领域得到了广泛的应用。

(二) 离散化—多中心治理

所谓离散化治理,是与集中化治理趋势相反的一种治理形式,即一个国家面对一些巨大的全球城市区域治理难题时,遵循和保持多中心政府体系,大力发展郊区,政治权力分散在多个一般政府手中,最大程度地实现多元政府体系的独立和民主。与此相适应,对各种公共服务的提供,除了一些必须合并才能实现规模效应的服务外,更多的公共服务也应该在社区政府层面供给,最大程度地降低服务成本。这一治理思想强调,有些公共问题的解决,并不一定调整现有政府的基本结构,而在于发挥不同治理主体的分散作用,采取独立或联合的方式,处理各种自身管辖区或跨边界范围的公共问题。这一点,从西方发达国家日渐增多的"边缘独立城市""特别区政府""邻里政府"中可见一斑。这方面的理论思想主要包括多中心治理、公共选择学派等理论体系。

1. 多中心治理理论

多中心治理理论是 1972 年由美国学者埃莉诺·奥斯特罗姆(Elinor Ostrom)和文森特·奥斯特罗姆(Vincent Ostrom),在借鉴英国社会学家迈克尼·波兰尼"多中心"概念的基础上创立的一套完整而独特的公共事务治理理论,旨在构建更加民主、高效的社会秩序和公共服务水平。多中心治

[①] I. Bache, *Europeanization and Britain: Towards Multi-level governance*? Paper prepared for the EUSA 9th Biennal Conference in Austin, Texas, 31—2 March April 2005.

理理论主要是在公共物品的配置上,发现了市场和政府之外的"第三只手",在政治科学与其他社会科学中产生了巨大而深远的影响。实际上,在多中心理论产生之前,关于公共物品的提供和配置,有很多理论学说,在此做一个简要的介绍和追溯。假如从社会秩序的视角看,针对公共物品的配置,早期就存在亚当·斯密以开放市场和竞争导向的市场型社会秩序观、霍布斯的主权国家观念和保尔·萨缪尔森的依靠中央集权的方式来实现资源的优化配置的国家型社会秩序观等基本看法,即依靠市场"看不见的手"和政府"看得见的手"两种资源配置模式或社会秩序维持方式。但可惜的是,诸多实践表明,在公共物品的配置中,这两种方式都存在失灵的现象。而如果从公共事务治理的角度来看,就存在加勒特·哈丁(Garrett Hardin)的"公地悲剧""囚犯困境"博弈模型和奥尔森的"集体行动的逻辑"三种治理模型[1],对此不再赘述。奥斯特罗姆正是在深入分析这些理论模型缺陷的基础上,结合制度分析和经验研究、以自主治理和自主组织为多中心治理的核心内容,对公共事物治理进行了研究,提出以多中心治理理论作为公共事物治理理论的一种替代方案[2],更是一种行之有效的治理模式。正因为如此,埃莉诺·奥斯特罗姆和奥利弗·威廉姆森在2009年获得了诺贝尔经济学奖。

多中心治理理论的制度分析框架,包括基本假设、基本含义、治理机制等方面,统称为多中心政治体制。由于篇幅所限,本书对上述内容不作一一叙述,只对其核心观点和治理主张作出归纳和总结,主要包括以下几点:其一,针对现实中遇到的多种公共事务的治理,通常可以采取国有化或私有化两种方式加以治理,但这两种方式始终存在着难以根除的弊端和失灵现象,因此除这种传统的治理方式之外,还存在其他多种可能的治理方式,并且能有效率地运行,也就是当地社区居民完全可以采取自主或自组织的形式,将

---

[1] [美]埃莉诺·奥斯特罗姆:《公共事物的治理之道——集体行动制度的演进》,余逊达、陈旭东译,上海三联书店2000年版,第10—13页。
[2] 陈艳敏:《多中心治理理论:一种公共事物自主治理的制度理论》,《新疆社科论坛》2007年第3期。

公共草场、池塘等公共资源治理好。其二,公共产品的生产供给有多个主体,即公共产品的生产和供给是可以相互分离的,现实中除了政府之外,还有其他更多的公共服务提供者,至少包括政府、市场、社会三个主体或渠道,三者之间是既彼此独立又相互联系的关系,主张在公共事务的处理和公共服务的供给中,不能依靠某一单一主体加以解决,必须发挥三者各自的优势和特点,既充分保证政府公共性、集中性的优势,以及市场的回应性强、效率高的特点,又要发挥社会的自组织和合约精神,从而提供了一种多主体合作共治的公共事务治理新范式[①]。可见,多中心治理理论从根本上,表达了在现代性政治重建中,不同治理主体之间按照公共性规范构建的一种公共服务/责任再生产的制度机制,公共治理中的多中心性,实质是公共事务的民主合作管理,是民主治理的一项策略[②]。

> **专栏1.1　2009年诺贝尔经济学奖得主、诺贝尔经济学奖女性第一人**
> 埃莉诺·奥斯特罗姆简介
>
> 　　埃莉诺·奥斯特罗姆1933年出生于美国加利福尼亚,1954年获得加州大学洛杉矶分校政治学学士学位,1965年获得政治学博士学位,是美国著名政治学家、政治经济学家、行政学家和政策分析学家,美国公共选择学派的创始人之一,现为印第安纳大学政治理论和政策分析中心主任之一、政治学教授。奥斯特罗姆1991年当选为美国艺术与科学院院士,2001年当选为美国国家科学院院士,也曾担任过公共选择学会、中西部政治学协会和公有产权研究协会的主席,同时还是美国亚利桑那州立大学制度多样性研究中心的创建者。她曾在2005年被美国政治学协会授

[①] 刘峰、孔新峰:《多中心治理理论的启迪与警示——埃莉诺·奥斯特罗姆获诺贝尔经济学奖的政治学思考》,《行政管理改革》2010年第1期。
[②] 孔繁斌:《多中心治理诠释——基于承认政治的视角》,《南京大学学报(哲学·人文科学·社会科学)》2007年第6期。

予詹姆士·麦迪逊奖金,2005年获美国生态学会颁发的可持续科学奖金,2006年得到美国密歇根大学的对人类有杰出贡献的荣誉博士。

2009年获诺贝尔经济学奖,以表彰"她对经济治理的分析,尤其是对普通人经济治理活动的研究"。此外,奥斯特罗姆教授还是美国哲学学会和政治学及生命科学协会的成员。她曾经作为顾问委员服务于许多机构,包括美国国家科学基金会、警察长官国际协会、法律实施协助管理局、美国行政科学院、刑事司法准则与目标国家顾问委员会、国家州长协会和校际政治与社会研究方法联合会。曾任或现任众多杂志的编委,包括《美国政治学评论》《美国政治学杂志》《理论政治学杂志》《制度经济学杂志》《社会科学季刊》等。

2. 公共选择理论

在社会治理进程中,如何高效地供给公共服务是一个根本性的问题,而围绕公共服务的高效供给机制和方法,就形成了一些政治经济学理论,其中最著名的当属产生于20世纪40年代末50年代初,由著名经济学家布坎南提出的公共选择理论。该理论借助和运用新古典经济学的"理性经济人"假设和个人主义分析方法来研究国家理论、投票规则、投票者行为、党派政治学、官方政治学等政治问题,形成了一个富有特色的广义新政治经济学或狭义的公共选择学派(将公共选择的方法应用于公共行政管理领域,其关注的重点是政府的管理活动及各个领域公共政策的制定和执行)。该理论以"政府官员也是追求个人利益最大化的理性经济人"这一基本假设为出发点,系统分析了政府组织的行为特征、政府失灵的原因以及公共服务供给的替代性方案。从社会治理的视角来看,公共选择理论的核心观点和主张包括以下几点。

一是政治决策体系或政治市场等同于由生产者和消费者构成的经济市场,政治家、官员和官僚也是具有自利特性的"经济人",他们尽管不愿承认,但在实际政治行动中也像企业家在经济市场上追求最大利润一样,在政治市场上追求着自己的最大政治利益(权力、地位、威望、支配力等),而并不管这些利益是否符合公共利益。与此同时,公共选择学派也指出,人们并不是为了追求真善美而是为了去实现各自的利益而参与政治活动。"私人偏好的满足是集体活动存在的首要目标。"①这是公共选择学派分析所有政治行为的根本假设,也成为正确认识和评价政府在社会公共事务治理或公共服务供给中有限作用的逻辑起点。

二是政府工作人员的逐利性,直接造成了政府在公共治理或公共服务供给中的失败或低效率。在政府与市场的关系中,鉴于市场本身存在宏观失衡、行业垄断、外部不经济、社会极化等失灵问题,凯恩斯主义主张政府应该积极地介入经济和社会领域,以克服市场失灵。但公共选择学派的观点与凯恩斯主义的政府干预主张完全相反,认为正是因为政府本身所具有的逐利性,使得在政治行为中,政府无法实现真正的社会公共利益最大化,往往存在公共政策失效、提供公共物品低效率、政府规模持续性扩张、寻租及腐败等政府失败的问题,从这个意义上说,政府对经济和社会领域的干预,并不能从根本上消除市场失灵的问题,充其量只是弥补市场缺陷的一种可能性,并不具有必然性。从公共服务供给的角度而言,政府无法做到公共服务供给的高效化、低成本和质量化。实际上,这一主张充分表达了正确认识和处理好政府与市场、政府与社会的关系,是实现社会的良性治理所必须关注并加以解决的核心议题。

三是公共服务市场化,是实现社会善治的必然选择。政府的失败论引发的政府改革,成为公共选择的主要观点,但与传统行政学关于提倡政府注重内部改革的主张不同,公共选择站在最大程度地满足民众多元选择与需求的立场上,认为政府改革的关键要引入和发挥市场价值,将政府的一些职

---

① 张健:《美国经济学的新垦地——评公共选择理论》,《美国研究》1990年第1期。

能释放给市场和社会,建立公私之间的竞争,通过外部的政府与市场关系的重组来改革政府,其中,公共服务市场化可以说是解决公共物品提供效率低的较佳途径。公共服务市场化有三层含义:其一,将决策和执行分开,即政府更多的是"掌舵"(决策),而不是"划桨"(执行)。其二,公共服务的供给者多元并存,打破垄断,竞争发展,提高质量。其三,公共服务的消费者有在多元的供给者之间选择的权力和用以选择的资源[1],在供需双方的及时互动与反馈中,不断提高政府的责任以及公共产品的质量。对此,奥斯本和盖布勒的《改革政府》和美国加州大学伯克利分校的威廉·尼斯卡宁在其《官僚机构与代议制政府》论著中,对重塑政府提出了许多有益的改革主张。

3. 邻里政府理论[2]

政府层级的存在,使得在不同层级、不同空间上如何配置资源和供给公共服务,成为社会治理必须面对和解决的一个重大问题。对此,在20世纪60年代,在政治分散化努力创造政治自由和公共空间的过程中,西方国家发起了一场注重基层治理的理论与实践运动,即邻里政府运动(the movement for neighborhood government)[3],主张在邻里层面设立小规模、自治化、民主化的社区组织或邻里政府,旨在对高层城市政府形成一定的权力制衡,促进基层社区的自治和公众参与。该理论的代表作有密尔顿·科特勒(Milton Kotler)在1969年出版的《邻里政府:政治生活的地方基础》和赫伍德·W.霍尔曼(Howard W. Hallman)的《大都市框架中的邻里政府》[4]。在此所说的邻里政府,是对各种邻里组织的一种统称,它既包括具有

---

[1] 吴群芳:《公共选择理论与"公共服务市场化"——西方行政改革的理论背景》,《北京科技大学学报(社会科学版)》2002年第1期。
[2] 陶希东:《邻里政府:美国大都市区治理的经验与启示》,《社会科学》2014年第4期。
[3] 邻里组织运动或邻里政府运动,简称"邻里运动",就是指自20世纪60年代以来,在诸多因素的影响下,美国大城市出现的一种旨在复兴社区发展、增加社区控制、改善基层服务效率而大量设立各类社区邻里组织(社区发展社团、社区理事会、邻里政府、私人邻里组织、各种居住区协会等)的独特社会现象,是连接城市政府与市民的地方自治治理新模式。参见陶希东:《邻里政府:美国大都市区治理的经验与启示》,《社会科学》2014年第4期。
[4] Mitchell F. Rice, "Citizen Participation, Politics & Federal Programs in Metropolitan Areas", *Polity*, Vol.11, No.4, Summer 1979, pp.604—616.

独立性质的邻里政府，又有半独立的准政府邻里政府（quasi-independent neighborhood governments），还有一些由私人住户组成的私人邻里组织等，不同组织在性质和运作模式上存在显著差别。

（三）协作性—网络化治理

在国家治理的实践中，执政者或管理者必须面对管理领域内多重复杂的政府、组织、项目和工具，公共管理者绝大部分时间都用来处理其自身和其他组织之间的众多相互依赖关系，包括纵向与横向活动。于是在20世纪70年代产生了一种协作性、网络化治理的现代治理理念，其核心主张就是国家或地方政府在做好基于辖区管理的基础上，针对一些跨界性公共问题或公共服务的短缺，在上下级政府、市场、社会之间形成上下左右的纵横协作网络，跨越政府和组织边界进行管理，并使之成为公共管理的核心活动。在这种治理模式中，高级管理人员的核心职责不再集中于管理人员和项目，而在于组织各种资源（常常不属于自己的资源），创造公共价值，政府机关、局、处和办公室作为直接服务供应者的作用已经越来越不重要了，更为重要的应该是作为一种公共价值的促动者，在具有现代政府特质的由多元组织、多级政府和多种部门组成的关系网络中发挥作用。这一治理理念的核心主张就是公共服务的生产和提供可以分离，政府不再是公共服务的直接生产者，而采取政府机构之间的合同、商业化、公私伙伴关系、外包、特许协议和私有化等形式，实现公共服务的有效供给，提高政府治理的效率和能力。这一治理理念的相关理论有府际关系理论、政策网络理论、公私合作伙伴治理（简称PPP模式）、新公共管理理论、政府协同治理、数字化治理、企业家政府等，尤其是PPP模式在全球国家治理中得到广泛的应用，取得了显著的治理效果。选择重要的理论简述如下：

1. 府际关系理论

政府间关系（intergovernant relations，IGR），简称"府际关系"，它是一

个来自西方的政治学术语,但对它作出较为明确的定义和解释也经历了大约30年的孕育期。最早是由美国学者克莱德·F.斯奈德于1937年发表的《1935—1936年的乡村和城镇政府》①一文中首先使用了"府际关系"这一名词,但对此没有作出明确的解释。1960年美国学者安德森总结提出了"政府间关系"这一概念,认为府际关系是指"各类和各级政府机构的一系列重要活动,以及它们之间的相互作用"②。他从两个层面对府际关系作了分析,首先,他认为府际关系是一个比联邦制涵盖范围更广的概念,它除了包括联邦与州、州与州之间的关系之外,还包括州与州、州与地方、国家—州—地方、地方与地方之间的关系;其次,他认为府际关系的核心是公共事务官员私人之间的相互关系,他们通过经常性的日常接触、相互交往和讨价还价,形成了复杂的府际关系网络体系。

关于府际关系的特征,美国学者狄尔·S.莱特(Dear S. Wright)在考察美国联邦制中各级和各类政府之间关系时,概括了五大特征③:第一,范围广。他认为政府之间关系比联邦主义概念所包含的范围更广。联邦主义主要强调中央与各州之间的关系,有时也涉及各州之间的关系。而政府之间关系还包括中央与地方之间、各州与地方之间、中央—州—地方之间以及地方与地方之间的关系。第二,动态性。政府之间关系是一种持续的、灵活的动态关系。他认为政府之间关系是通过政府官员和公务员之间的日常接触、了解与估价的形式而产生的关系,是以竞争和合作两种形式进行的正式和非正式的关系。第三,人际性。他引用另一个学者的话说:"真正决定政府各部门之间关系的,实际上是打着办公室招牌工作的人们。因此我们有必要明确指出政府之间关系这一概念,主要是指人际关系和人的行为。"第

---

① [美]克莱德·F.斯奈德:《1935—1936年的乡村和城镇政府》,《美国政治科学评论》1937年第31期。
② W. Anderson, *Intergovernmental Relations in Review*, Minneapolis: University fo Minnesota Press, 1960, p.3.
③ [美]R.J.斯蒂尔曼编著:《公共行政学》,中国社会科学出版社1988年版,第252—254页。

四,公务员的作用越来越重要。公务员已经成为政府之间关系的主体,作用越来越突出。第五,政策的影响越来越大。在美国,由于政策的作用,政府之间新的权力关系与权力结构正在形成。这种新的权力关系与权力结构,与美国宪法、法律所规定的关系有所不同[①]。20世纪80年代以来,各国政府改革方案中的共同趋势之一,就是地方政府间伙伴关系的建立与发展。经济合作与发展组织(OECD)将这种趋势的原因归于以下几个方面:第一,环境保护和经济可持续发展等政策问题,需要区域内各地方政府间合作处理;第二,由于区域经济发展失衡,地方政府间需要通力合作解决失业和贫穷等社会问题;第三,在全球化的冲击下,区域内各地方政府间需要进行资源和行动的整合,才能发挥综合性作用,提升地方竞争力;第四,尽管地方政府为提升其效能,已经与许多私营部门或非政府组织建立伙伴关系,但地方政府间所建立的伙伴关系,仍是其他合作关系所无法取代的机制[②]。

2. 政策网络理论

长期以来,西方国家的政治理论研究方法一直采用以划分国家和社会权力边界为主的宏观结构研究方法和以分析个体或组织政治功能为主的微观研究方法[③],在具体国家政策的研究中,这两种方法关系比较紧张,对政治现实难以作出合理的整体性解释。正是在这一背景下,最早在英国产生了中观层次的政治理论——政策网络(policy network)理论,试图填补两种研究方法之间的空间。它的形成既摆脱了传统政治学"宏大"的理论分析模式,也跳出了行为主义政治学研究对象过于微观的理论困境,成为目前西方政治学和公共政策分析领域学科前沿[④]。但是,在政策理论的研究和发展进程中,西方学者之间形成了不同的理论和流派,政策网络相关研究可分为三

---

① 林尚立:《国内政府间关系》,浙江人民出版社1998年版,第69—70页。
② 陶希东:《中国跨界区域管理:理论与实践探索》,上海社会科学院出版社2010年版。
③ 彭勃:《"政策网络"理论与中国基层政治研究》,《中共浙江省委党校学报》2004年第1期。
④ 任勇:《简说政策网络理论》,《学习时报》2007年4月9日。

类,即所谓美国传统、英国传统和德国荷兰传统①。美国学者强调在公共决策中,组织和个人构成一个行动整体,而由众议员和参议员、少数政府官僚、关注该项政策的私人性团体和组织的代表等组成的"潜政府",则在日常决策中发挥着更为重要的作用②;英国学者是从中层理论的角度对政策网络进行研究的,认为它是一种利益中介结构。例如,本森(Benson)在使用政策网络理论框架分析英国中央与地方的关系网络时,发现地方政府与中央政府之间的互动并不是多元竞争的,而是地方政府被整合为少数若干重要的代言人,才开始与中央政府进行谈判与互动。而德国学者将政策网络上升到宏观的层面,对不同的治理概念和模式进行了探讨,强调了公民社会和国家之间的合作与共治关系③。可见,政策网络作为一种新兴的政策分析工具,由于研究基础和视角不同,因而呈现流派林立、观点各异的局面,尚未取得一致的解释。

综观国内外的政策网络研究,笔者认为,政策网络就是在公共政策决策过程中,政府与其他利益成员之间,在平等、互利、开放的基础上,构建制度化的互动模式,对各自关心的相关议题进行对话与协商,以追求政策利益的最大化和均衡化。政策网络的核心观点和内涵主要包括以下几个方面:一是在方法论上,政策网络旨在追求宏观研究与微观研究相结合、分析政策参与过程中利益集团与政府关系的中观层次方法和理论框架,其深层次的目的则是构建政府与利益集团之间平等、互利、协商的一种内在机制。二是在参与主体上,政策网络包括政府和其他利益行动者,呈现主体多元化和关系网络化的特征。在政策的制定过程中,政府或官僚并非是唯一的行动主体,政策网络内的行动者包括行政人员、国会议员、学者专家、利益团体等与该

---

① 朱亚鹏:《公共政策研究的政策网络分析视角》,《中山大学学报(社会科学版)》2006年第3期。
② Grant Jordan, "Sub-Government, Policy Communities and Networks: Refilling the Old Bottles?" *Journal of Theoretical Politics*, 2:3211.
③ 任勇:《简说政策网络理论》,《学习时报》2007年4月9日。

政策有利益关系的个人或团体。在政策网络中,政府、社会集团和公民社会的相关利益主体的利益都得到表达。因此,在政策网络内部,除了政府或官僚内部之间的关系外,在政府与其他社会组织之间因为法定权威、资金、信息、专业技术与知识等资源的相互依赖,而结合成行动联盟或者利益共同体。三是在主体间关系特征上,多元主体之间保持平等、对话、协商的关系。政策网络强调,在公共政策过程中,政府不应该占据官僚化的强势地位,应该与其他社会组织或相关利益者保持绝对的平等。在所有公共政策过程中,协商和合作成为政府和其他集团之间的主导关系,利益表达和利益诉求借助协商、谈判等方式,通过谈判、妥协、让步的形式来达成共识,而非依照政府权力为基础的支配—服从关系来强制性、单方面地形成公共决策。建立在平等、互利、协商、让步、妥协等关系基础上的公共决策,一方面有利于各方的利益得到表达和实现,另一方面也有利于公共政策目标的实现[①]。四是在跨界区域合作上,政策网络理论认为,跨界合作网络不是包括诸多合作主体或合作动机的一个相互分离的概念,而是一个由社区、城市政府、区域政府都参与的完整政策体系。之所以采取这种积极的网络性合作政策,是因为每个合作主体力争作为公共过程的参与者来实现对各方都有利的公共利益。通过跨界合作网络,一方面能够提高地方政府之间的相互依赖性,增加各方面的交流与协商,减轻城市或区域之间的利益冲突;另一方面也能够有效分散等级政府模式下高度集权化的格局,消除跨界区域经济发展的潜在制约因素。总之,政策网络理论强调政府间关系,尤其是地方政府间相互关系,对跨界合作动机和网络的形成具有至关重要的作用。

3. 公私合作伙伴治理理论(PPP)[②]

公私合作伙伴,即 PPP(public-private partnership),是 20 世纪 80 年代

[①] 崔先维:《政策网络中政策工具的选择:问题、对策及启示》,吉林大学硕士学位论文,2006 年,第 11 页。
[②] 陶希东:《公私合作伙伴:城市治理的新模式》,《城市发展研究》2005 年第 5 期。

以来西方国家政府治理创新中出现的一个概念[1],但学者们的解释不尽相同。有的认为,合作伙伴关系是指多个部门(如公共部门、私营部门、非营利部门)中两个或更多组织间有意的合作关系,这种合作关系聚集了资源,以确认并进而寻求一种解决共同问题的联合途径[2]。有的学者从组织学的角度,认为合作伙伴关系是指两个或多个组织实体中任何一方都在无法独立完成相关事务时采取的联合行动,以及为发起联合行动而做出的所需组织资源的相互承诺。而欧洲城市治理中,更加宽泛地称之为"伙伴制",即指为了解决某一特定问题,由一个特定的城市政府部门与其他人结盟来推行一项政策的过程,这种联盟可能只是一种临时性的特别安排,或者是由若干人参与的一种长期战略[3]。可见,从不同学科角度出发,就会对合作伙伴关系得出不同的解释。但我们认为,对城市公私合作伙伴治理,可以从三个方面进行理解:首先,从广义上,是指公共部门和私营部门共同参与城市生产与提供公共物品和服务的任何制度安排,如合同承包、特许经营、补助等制度;其次,是指一些复杂的、多方参与并被民营化的基础设施项目;再次,它指的是企业、社会贤达和地方政府官员为改善城市状况而进行的一种正式合作。也就是说,对城市公共服务提供者、消费者和生产者三者关系的重塑与再造,通过打破传统的公私边界,提供跨边界公共服务,以更好地满足市民的多元化需求,提高城市整体管理能力。

一般来说,城市公私合作伙伴治理具有以下几个特征[4]:第一,一个合作伙伴关系涉及两个或更多的参与者,而至少一方为城市公共部门,但合作伙

---

[1] [美]E.S.萨瓦斯:《民营化与公私部门的伙伴关系》,周志忍等译,中国人民大学出版社 2002 年版。
[2] [美]南姆·卡库布:《无等级的合作:公共部门与非营利部门合作伙伴关系》,《国家行政学院学报》2004 年第 1 期。
[3] R.A.W. Rhodes, "Power Dependence: Theories of Central-Local Relations: A Critical Reassessment", pp.1—33 in M. Goldsmith(Ed), *New Research in Central-Local Relations*, Aldershot: Gower, 1986.
[4] Jon Pierre, *Partnerships in Urban Governance*, St. Martin's Press, Inc. New York. 1998. pp.12—13.

伴的效用主要取决于公共部门与私人部门双方的一致行动。在实践中,有些合作伙伴关系属于城市公共部门间伙伴,但在某种特殊情况下,这种合作伙伴仍然具有公私互动的某些特征,例如,当一个公共参与者,或不受直接的政治控制而具有较高的自治程度(如美国的特别区政府),或是更具市场化性质的组织,或本身就是一个准政府,那么这个公共参与者将会在此伙伴关系中更多地发挥类似一个私营组织的功能。第二,合作伙伴中的每一个参与者都是具有相对权力的领导或首长。每个参与者都能够从自身利益出发进行讨价还价,而不是必须求助于其他权力机构,因此,为了提高效率,每个参与者都必须具有很大的行动自由。而通常由于受多层行政控制和预算约束,城市公共部门很难获得这种具有自治性质的行动自由。所以,合作伙伴中相对独立的权力关系,使得每个参与者都倾向于构建一个稳定的组织委员会来具体负责合作伙伴的相关事宜。第三,在合作伙伴的所有成员之间应是一种持续性的关系,具有一些连续性的交互行动。在公私伙伴关系中,公私组织间会有很多简单、临时性的事务交易,例如城市政府可以购买或销售公共产品和服务,能够征收罚金和税收等,但这些关系未能表明它们之间真正的持续性互动关系,即使一个城市政府每年向某个私营机构购买服务而返还税收收入,也不能算作是真正的伙伴关系。真正的合作伙伴关系是一种连续性关系,其主要标志就是自始至终多个成员之间的谈判与协商。第四,每个参与者对相应伙伴会产生某种重要影响,因而伙伴关系是一种真诚的关系。这是因为,在伙伴关系中,每个参与者都会向自己的伙伴转移一些物质或非物质方面的资源,例如资金、公共土地等物质资源的转移较为明显,而权力、价值观等其他资源转移则不甚明显。很多时候,我们想当然地认为这种资源转移大多是来自城市公共部门,而实际上,在当今对政府效率和有效性存在怀疑的时代,私营部门的参与也许具有更重要的作用。第五,在一个真正的伙伴关系中,伙伴成员必须对它们的相关行动结果共同承担责任。在有些公私伙伴关系中,公共部门收到私营组织的建议后仍然控制着政策的决定权,而相反,一个真正的公私伙伴,其自治和协商性决策会产生共同承担的责任,并且要对难于做出决策的一般市民和组织机构负责。

(四)智慧治理理论[①]

这是2008年全球金融危机以后,由美国学者尼古拉斯·伯格鲁恩在分析西方民主治理机制危机和中国现代科层体制治理有效性的基础上,提出的一种中西混合型治理模式,旨在实现对美国民主治理体系的改造,以有效应对全球转型的各种挑战(社交网络、巨型城市、生产能力的全球化扩散、民主意识的持续高涨等)。其核心观点如下:

首先,治理指的是如何将一个社会的文化习惯、政治制度和经济系统结合起来,为人民提供他们所渴求的美好生活。当这些结构要素平衡地结合在一起,有效地、可持续地增进公共利益时,这就是良政。当根本条件发生变化时,一旦有效的实践出现障碍,就会产生劣政;或者当有组织的特殊利益集团攫取主导地位,出现政治衰败时,也会出现劣政,甚至两者会同时发生。然而,当今西方国家的债务和赤字使财政难以为继,贸易保护主义的卡特尔垄断集团耗尽了经济的活力,腐败摧毁了信用,社会的流动性停滞,不平等等现象持续恶化,主流共识失去了合法性,衰退便开始了。用体制的功能障碍和衰败来描绘现在大多数西方民主体制的治理,是恰当的。曾经被认为西方所谓自由民主的最理想治理形式,正遭到非西方现代性的挑战,最引人注目的就是中国的现代科层制度和国家领导的发展模式。

其次,当今的全球化发展正从1.0升级为全球化2.0,曾经被视为边缘地带的包容性治理革命正在崛起,东西治理模式的融合与平衡成为主流。当今,迅猛的科技革命,给世界上所有国家都带来了巨大的压力和挑战,所

---

① [美]尼古拉斯·伯格鲁恩、[美]内森·加德尔斯:《智慧治理:21世纪东西方之间的中庸之道》,朱新伟等译,格致出版社/上海人民出版社2013年版,第6—7、97—114页。

有政治体制都在试图做出调整，更为重要的是，冷战结束以后的几十年，美国主导的全球化1.0时代开始进入一个多极的全球化2.0时代，原来一些边缘地带的经济体开始重新崛起并逐渐成为核心，这是当今世界发生的最大事件。此时，全球正在发生两个并行、互动的革命：发达国家进行的工业革命以及发展中国家突然扩散的急剧增长模式（被称为包容性革命）。随着多元文化的离散式发展，全球化2.0开始呈现多元特性间的相互依赖，而非普遍使用单一的模型。人类社会出现了前所未有的密集整合，开始在多元文明图景上进行合作和相互学习，世界真正回归为"正常的多元化"状态，在强烈的社会流动面前，到处都表现出跨界整合与政治觉醒，人们正要求有尊严地参与有意义的政治活动，于是如何促进东西不同治理模式的融合，增强政治的平衡协调能力，逐渐成为主流和大趋势，这就是所谓的智慧治理。

再次，智慧治理的实质就是一个国家或城市政体对全球化2.0时代多元、多重挑战表现出的平衡能力，其基本要素包括下放权力、包容公民，同时把决策机制分散到有能力进行体制整合的各种机构中，由此增进代表政治权威机构的合法性和认可度，也就是说，实现智慧治理的最佳途径是将美国"消费者民主"和中国选贤任能的"现代科层制"相结合，形成"理想的混合宪政样板"，这需要做到如下几点：公民参与社群生活，立法机构和行政长官通过民主选举产生，将权威赋予一些独立的贤能机构，培养超越争端的道德力量，行政机关保持高水准、诚信度和透明度；评估治理效果等。

第二章　构建纵横互动的社会跨界治理体制

社会治理体制,是对政府如何管理社会作出的制度安排,包括机构设置、功能界定、权限划分等,搭建社会治理的主体结构等内容。伴随着经济的不断增长与社会整体文明程度的进一步提高,积极顺应公民社会发展的需要和特点,架构一套权责分明、结构合理的社会治理体制,成为一个国家或城市实施高效社会治理的根本制度保障。自20世纪70年代以来,在新自由主义的影响下,为了应对政府财政压力和社会服务需求,发达国家进行了一场声势浩大的政府体制改革运动,称为"新公共管理运动"或"新公共服务运动",主要围绕处理好政府与市场、政府与社会之间以及政府与政府之间关系,积极构建有限政府、效能政府和整体政府,构建了"跨公私、跨部门、跨地域"的社会跨界治理体制,为有效的社会治理提供了根本制度基础。

一、构筑小政府、大社会的跨公私合作治理体制

(一) 构筑小政府体系的理论与实践

1. 小政府的理论演变

政府作为人类社会的一种特殊利益集团和统治阶层,是经济增长、劳动

分工、阶层分化、政治选择的结果,像任何事物一样,经历着一种起源、成长、衰落以及由小到大的成长演变过程。在正常发展语境下,总的发展趋势必将是政府工作人员的不断增加、政府机构数量的不断增多和职能的不断扩大。但不论如何,对一个国家而言,政府到底应该保持多大、多小的程度,并没有一个统一的标准。从这一点说,从有机体的角度看,单纯从规模上来评价政府的大小,并没有实质性的意义,关键在于政府对市场经济领域和公共事务管理到底保持什么样的态度和价值观。近代以来,政府模式的演变始终围绕着政府与市场、政府与社会关系的主轴展开。纵观其发展历程,从自由资本主义时期亚当·斯密的消极意义上的小政府模式,到第二次世界大战前后凯恩斯主义的大政府干预,再到20世纪七八十年代哈耶克、弗里德曼、布坎南等新自由主义有限小政府的复归,乃至90年代有效政府的提出。政府的作用,经过了"否定—肯定—再否定—再肯定"的自我扬弃的过程。源自100多年前自由主义经济思想的"小政府"模式,也经历了一个扬弃的过程[①]。

(1)亚当·斯密消极意义上的小政府模式。一般认为,被称为"现代经济学之父"的英国学者亚当·斯密是最早提出小政府思想和"看不见的手"的人,他在其名著《国民财富的性质和原因的研究》一书中提出了经济自由或自由市场的理念,主张政治中立,不随便干预经济活动,使每个人得以按照自己的意志,自由地进行其经济活动,如此才能有效率,因此他也被称为"自由企业的守护神"。但需要指出的是,亚当·斯密所提倡的小政府模式,并不是说在处理政府与市场关系中政府绝对不要干预经济活动,让市场处于绝对自由的状态,实际上他的核心主张是:政府在面对微观市场经济活动的时候,尽量减少对市场微观经济活动的干预,或反对政府对市场机制采取破坏性干预,主张国家应"在其权力所及的范围内",对经济宏观方面进行适

[①] 王甲成:《"小政府":渊源、意义及其向度》,《江南社会学院学报》2005年第2期。

度的干预。他认为,在市场经济发展中,政府主要应该发挥好三个功能:一是保护社会免遭外来入侵,二是建立司法机构,三是建立和维护私人企业家不可能从中获得利润的公共工程和机构。斯密关于国家宏观干预经济的思想包含了直接干预和间接干预两个方面:在直接干预方面,一是确保一国经济运行的社会宏观环境,维护社会稳定,抵御外侮,保障公共安全;二是参与协调经济活动,"建设并维持某些公共事业及某些公共设施",但"所得利润决不能偿其所费",兴建交通,经营银行、邮政等;三是维持市场经济运行的必备秩序,"设立一个严正的司法行政机构";四是法律能够保障经济主体追求自身利益,能够保护和鼓励各类产业发展。在间接干预方面,他的主张包括:课征税收,法定利率,统制货币,发放信贷①。在这种思想指导下,西方国家均以建立低消耗的廉价政府为目标,把政府的职能范围、结构数量、人员编制以及行政费用等压缩到最小的限度内,小政府模式由此产生。

(2) 凯恩斯主义的大政府干预。大政府(big government)是一个被西方保守主义和自由主义用来描述政府过多干涉私人领域(如个人行为、食品选择)的一种政府体系,也指联邦政府对地方政府或城市政府自治能力和地方创新的控制或侵蚀。通常,政府人员规模、预算、权力等因素是衡量大政府的常用指标。概言之,大政府主要指两点:一是政府征收社会资源之多;二是政府主导社会发展之巨,进而由此带来雇员、公共服务支出庞大,政府卷入事务过多等,同时伴有腐败、低效、过多干预地方或私人部门事务、拒绝改革、缺乏责任的官僚、缺乏部门间权力制衡等弊端②。既然大政府可能存在如此多的缺陷,那西方国家为什么从原来的小政府治理模式转向大政府模式呢?实际上,大政府思想的起源是在 19 世纪末 20 世纪

---

① 孙宝强:《亚当·斯密不排斥政府的有限干预》,《中国经济时报》2009 年 5 月 4 日。
② 臧雷振、黄建军:《大政府还是小政府:灵巧型政府建构进路》,《中国行政管理》2013 年第 7 期。

初,随着西方国家从自由资本主义向垄断资本主义的转变,特别是1929—1933年席卷全球的资本主义经济危机,打破了传统的社会自我规范和市场自我调节的神话,自由放任原则的弊端逐渐显露,传统自由主义的消极国家观受到怀疑[1],正是在这个时候,英国经济学家约翰·梅纳德·凯恩斯1936年在其代表作《就业、利息和货币通论》中系统论述了一个国家保持经济繁荣的新兴政策选择,他反对古典经济学家和新古典经济学家都赞同的放任自流的经济政策,首次提出国家应该依靠财政政策和货币政策直接干预经济的思想。这一主张在整个西方经济学领域和全球政府政策改革中引起了震动,使其成为20世纪改变西方资本主义国家治理模式、发生根本性变革的最具影响力的宏观经济学家。在凯恩斯看来,资本主义市场中不存在一个能把私人利益转化为社会利益的"看不见的手",在经济自由主义的政策下,市场机制中公共物品供应乏力、外部性等因素导致市场失灵现象,资本主义危机和失业不可能消除,只有依靠"看得见的手",即政府对经济的全面干预,政府应该采取扩张性的财政政策,增加公共投资和公共消费支出,扩大公共工程等方面的开支,增加货币供应量等手段进行干预,资本主义国家才能摆脱经济萧条和失业问题,才能实现国家的有序发展。正是在凯恩斯理论的指导下,20世纪30年代到70年代,美国开始全面推行著名的罗斯福新政(专栏2.1),国会制定了《紧急银行法令》《国家工业复兴法》《农业调整法》《社会保障法案》等法案,增加政府对经济直接或间接的干预,缓解了大萧条带来的经济危机与社会矛盾。欧洲国家全面走上建设福利国家的道路,政府触角不断扩展到社会各个领域,甚至形成了人人从生到死都有保障的保姆式国家。至此,西方资本主义国家纷纷采取扩大政府公共开支来刺激经济、创造就业机会的全球化大政府治理模式。

---

[1] 庞金友:《大政府是如何可能的:当代西方新自由主义国家观及其批评》,《甘肃行政学院学报》2007年第4期。

专栏 2.1　1933 年美国罗斯福新政的主要内容

罗斯福针对当时的实际，顺应民众的意志，大刀阔斧地实施了一系列旨在克服危机的政策措施，历史上被称为"新政"，新政的主要内容可以用"三 R"来概括，即复兴(Recovery)、救济(Relief)、改革(Reform)。新政的主要措施实施结果："应当指出，罗斯福新政措施是总统权力全面扩张，终于逐步建立了以总统为中心的三权分立的新格局。他是总统职权体制化的开拓者。"

金融方面(新政是从金融方面开始的)。(1)挽救银行危机，改革与管理金融制度。为了解决银行货币荒，它委托各联邦储备银行根据各银行资产发行货币，授权复兴金融公司用购买银行优先股票的办法给它们提供流动资金。为了恢复民众对银行的信任，它规定由财政部整顿银行，并监督银行的重新开业。财政部根据要求采取了支持有支付能力的大银行，淘汰了无偿还能力的不健全银行。为保护银行储备和阻止黄金外流，它禁止储藏和输出黄金。(2)3月20日通过了罗斯福提出的节约法，缩减政府开支和退伍军人津贴5亿美元。(3)先后通过提供证券实情法、证券交易法及银行法，即著名的格拉斯—斯特高尔法以加强对银行、证券市场和货币的改革与管理。(4)美元与黄金脱钩，使美元贬值，放弃金本位制。实施结果：金融方面的措施获得了成功，通过以上措施罗斯福政府维护并加强了美国金融资本的私人所有制，也加强了国家对金融制度的管理与控制。

由于大萧条是由疯狂投机活动引起的金融危机而触发的。罗斯福总统的新政也先从整顿金融入手。在"百日新政"(1933年3月9日至6月16日)期间制定的15项重要立法中，有关金融的法律占1/3。罗斯福于1933年3月4日宣誓就任总统时，全国几乎没有一家银行营业，支票在华盛顿已无法兑现。在罗斯福的要求下，3月9日，国会通过《紧急银行法》，决定对银行采取个别审查颁发许可证制度，对有偿付能力的银行，允许其尽快复业。从3月13日至15日，已有14 771家银行领到执照重新开业，与1929年危机爆发前的25 568家相比，淘汰了10 797家。罗斯福采取的整顿金融的非常措施，对收拾残局、稳定人心起到了巨大的作用。公众舆论评价，这个行动犹如"黑沉沉的天空出现的一道闪电"。罗斯福在整顿银行的同时，还采取了加强美国对外经济地位的行动。从1933年3月10日宣布停止黄金出口开始，接二连三采取重大措施：4月5日，宣布禁止私人储存黄金和黄金证券，美钞停止兑换黄金；4月19日，禁止黄金出口，放弃金本位；6月5日，公私债务废除以黄金偿付；1934年1月10日，宣布发行以国家有价证券为担保的30亿美元纸币，并使美元贬值40.94%。通过美元贬值，加强了美国商品对外的竞争能力。这些措施对稳定局势、疏导经济生活的血液循环，产生了重要的作用。

工农业方面。在"百日新政"期间，罗斯福在解决银行问题的同时，还竭力促使国会先后通过了《农业调整法》和《国家工业复兴法》，这两个法律成了整个新政的左膀右臂。罗斯福要求资本家们遵守"公平竞争"的规则，定出各企业生产的规模、价格、销售范围；给工人们定出最低工资和最高工时的规定（原本工人每周工作55个小时，工资一共只有0.6美元，调整后标准：工人每周工作40小时，最低周工资12美元），从而限制了垄断，减少和缓和了紧张的阶级矛盾。在得到大企业的勉强支持后，罗斯福随后又尽力争取中小企业主的支持。他说大企业接受《国家工业复兴法》固然重要，"而产生丰硕成果的领域还在于小雇主们，他们的贡献将为1—10人提供新的就业机会。这些小雇主实际上是国家骨干中极重要的部分，而我们的计划的成败在很大程度上取决于他们"。中小企业的发展，为美国社会的稳定、经济的复苏发挥了积极的作用。为了推行新型法规，政府给接受法规的企业颁发"蓝鹰"奖章,上面标示着"我们尽我们的职责"等标语,以资表彰。

社会福利方面。新政的另一项重要内容是救济工作。1933年5月,国会通过联邦紧急救济法,成立联邦紧急救济署,将各种救济款物迅速拨往各州,第二年又把单纯救济改为"以工代赈",给失业者提供从事公共事业的机会,维护了失业者的自力更生精神和自尊心。罗斯福执政初期,全国1700多万失业人员及其亲属维持生计全靠州政府、市政府及私人慈善事业的帮助和施舍。但这部分财源相对于如此庞大的失业大军,无异于杯水车薪。解决这一复杂的社会问题,只有联邦政府才能办到。罗斯福新政的第一项措施,就是促请国会通过民间资源保护队计划。该计划专门吸收年龄在18岁到25岁、身强力壮而失业率偏高的青年人,从事植树护林、防治水患、水土保持、道路建筑、开辟森林防火线和设置森林瞭望塔,第一批招募了25万人,在遍及各州的1500个营地劳动。到美国参战前,先后有200多万青年在这个机构中工作过,他们开辟了740多万英亩国有林区和大量国有公园。平均每人每期干9个月,月工资中拿出绝大部分作赡家费,这样在整个社会扩大了救济面和相应的购买力。对于千千万万依赖州、市养活的人们,罗斯福还敦促国会通过联邦紧急救济法,成立联邦救济机构,合理划分联邦政府和各州之间的使用比例,制定优惠政策鼓励地方政府用来直接救济贫民和失业者。新政期间,全美国设有名目繁多的工赈机关,综合起来可分成两大系统:以从事长期目标的工程计划为主的公共工程署(政府先后拨款40多亿美元)和民用工程署(投资近10亿美元),后者在全国范围内兴建了18万个小型工程项目,包括校舍、桥梁、堤坝、下水道系统及邮局和行政机关等公共建筑物,先后吸引了400万人工作,为广大非熟练失业工人找到了用武之地。后来又继续建立了几个新的工赈机构。其中最著名的是国会拨款50亿美元兴办的工程兴办署和专门针对青年人的全国青年总署,两者总计雇用人员达2 300万,占全国劳动力的一半以上。到第二次世界大战前夕,联邦政府支出的种种工程费用及数目较小的直接救济费用达180亿美元,美国政府借此修筑了近1 000座飞机场、12 000多个运动场、800多座校舍与医院,不仅为工匠、非熟练工人和建筑业创造了就业机会,还给成千上万的失业艺术家提供了形式多样的工作,是迄今为止美国政府承担执行的最宏大、最成功的救济计划。这一笔钱经过工人的口袋,通过不同渠道和消费,又回到了资本家手中,成为以政府投资刺激私人消费和个人投资的"引动水"。

建立社会保障制度。从1935年开始的第二期新政,在第一阶段的基础上,着重通过社会保险法案、全国劳工关系法案、公用事业法案等法规,以立法的形式巩固新政成果。罗斯福认为,一个政府"如果对老者和病人不能照顾,不能为壮者提供工作,不能把年轻人注入工业体系之中,听任无保障的阴影笼罩每个家庭,那就不是一个能够存在下去,或是应该存在下去的政府",社会保险应该负责"从摇篮到坟墓"整个一生。为此,制定了《社会保险法》,法律规定,凡年满65岁退休的工资劳动者,根据不同的工资水平,每月可得10—85美元的养老金。关于失业保险,罗斯福解释说:"它不仅有助于个人避免在今后被解雇时去依靠救济,而且通过维持购买力将缓解经济困难的冲击。"保险金的来源,一半是由在职工人和雇主各交付相当于工人工资1%的保险费,另一半则由联邦政府拨付。这个社会保险法,反映了广大劳动人民的强烈愿望,受到美国绝大多数人的欢迎和赞许。

1937年5月24日,罗斯福向国会提交了受到广泛关注的关于最低工资最高工时立法的咨文。咨文承认"我国人口的三分之一,其中绝大多数从事农业或工业,吃不好,穿不好,住不好"。"我们必须铭记我们的目标是要改善而不是降低那些现在营养不良、穿得不好、住得很糟的那些人的生活水平。我们知道,当我们工人的一大部分还没有就业的时候,超时工作和低水平的工资是不能提高国民收入的。"由于国会没有对法案采取行动,1937年10月12日,罗斯福再次提出,直到1938年6月14日通过。这就是《公平劳动标准法》(又称《工资工时法》),它的主要条款包括每周40小时工时,每小时最低工资40美分;禁止使用16岁以下童工,在危险性工业中禁止使用18岁以下工人。关于最低工资的规定,随着经济的发展,日后陆续有所调整。这些社会立法,虽属社会改良的范畴,但对广大民众特别是工资劳动者甚有好处。为了解决社会保险制度的联邦经费来源问题,罗斯福破天荒地实行了一种按收入和资产的多寡而征收的累进税。对5万美元纯收入和4万美元遗产征收31%,500万美元以上的遗产可征收75%;公司税过去一律是13.75%,根据1935年税法,公司收入在5万美元以下的税率降为12.5%,5万美元以上者增加为15%。

调整三权分立体制。1937年2月5日,罗斯福提出建议,认为最高法院人力不足,案件过多,法官年迈,影响效率,因而如任职已10年满70岁还未退休,应增派一名法官,据此联邦最高法院法官可由9名增加到15名。根据1933年经济法,罗斯福颁布了第6166号行政命令,改组、合并和取消了一些行政机构,并加强了预算局的领导作用。1939年4月,国会通过了《新政机构改组法》,规定许多小机构合并为大机构。1939年9月8日,总统颁布了第一号行政命令,建立包括白宫办公厅、预算局、国家资源计划处、人事管理联络处和政府报告署等总统的办事机构。

资料来源:《罗斯福新政》,http://baike.haosou.com/doc/2077634-2197820.html。

(3) 新自由主义的极端化小政府。20世纪70年代初期爆发了两次石油危机,导致了整个资本主义世界陷入了60年代后期以来严重的通货膨胀、大量失业、低经济增长同时并存的滞胀局面。于是人们对凯恩斯主义提倡的政府宏观经济调控产生了悲观和质疑,认为政府的宏观调控和微调政策是失灵的,需要重新考虑政府与市场之间的关系。此后西方兴起了以奥地利经济学家 F.A.哈耶克(F.A. Hayek)为首的新自由主义经济理论(伦敦学派),其标志性事件是 1990 年由美国政府炮制的包括十项政策工具的"华盛顿共识",这一理论体系广义上还包括以弗里德曼为代表的货币学派、以卢卡斯为代表的理性预期学派、以布坎南为代表的公共选择学派和以拉弗、费尔德斯坦为代表的供给学派等。新自由主义的核心主张强调自由化、私有化、市场化、全球化,否定公有制、社会主义和国家干预,尤其反对一切形式的国家干预,提倡实行竞争性私人货币制度下的自由市场经济。在他们眼里,政府的存在被视为一种必要的"恶",他们将个人权利与平等对立起来,把是否侵犯个人权利作为判断政府存在合法性的依据,以近乎无政府主义的态度看待政府职能,宣扬最无为的政府就是最好的政府的理念。自 20 世纪 70 年代以来,这种极端自由主义政治哲学和经济哲学在西方大行其道。在其影响下,西方国家对内大力削弱政府职能,积极推行自由化和新公共管理运动,对外极力推销所谓"普世价值"。西方国家实施了一系列旨在强化市场调节,削弱国家干预的政策措施,使西方市场经济体制向更加偏向市场的方向转变,"大市场小政府"亦成为西方国家市场经济体制的典型特征[①]。这一改革运动以 20 世纪末的英国撒切尔政府改革法案和美国里根总统的小政府改革最为典型。但需要指出的是,在新自由主义的大行其道下,尽管西方国家自 20 世纪 70 年代以来,实现了经济的服务化、市场化、全球化,但伴随而来的金融自由化、经济过度虚拟化和政府财政债务化,最终导致了 2008 年的全球性金融危机,使得西方资本主义制度的缺陷与问题暴露无遗,全球范围内新自由主义重新引发了人们巨大的怀疑,或者说造成了新自由主义的寿终正寝。再加上欧洲福利国家近年来出现的种种福利危机以及中国因改革开放而形成的经济奇迹、中国模式的成功实践,这些都表明,在全球范围内,不同国家之间到底应该具有何种规模、何种权限的政府,并

---

① 何自力:《如何认识西方"大市场小政府"的市场经济模式》,《红旗文稿》2014 年第 22 期。

没有一成不变的固定模式,在未来的理论与实践中,试图将中国政府和市场有机结合的科层体制与西方三权分立的民主制度有机融合与创新,既充分发挥市场在资源配置中的决定性作用,又更好地发挥政府作用,必将成为未来政府体制改革与国家治理的新型探索方向。

2. 小政府的现代内涵

从上述大政府、小政府的轮回发展历程中可以发现,对大政府、小政府的理解,并不是指它的规模,重点在于它的职能与权限。对此,有国内学者提出所谓的小政府,主要指"政府权力小""政府职能小""政府规模小"的论断[①]。实际上,根据相关研究,政府规模的大小与经济增长、国家治理水平之间并不存在绝对的相关关系(表2.1),因此,现代意义上的小政府,并不是望文生义的政府规模最小化,而是在保持适度规模、机构精简、权责有限、边界清晰、能力超强的灵巧型政府、公共服务型政府和有效政府。

表2.1 政府规模与经济增长关系实证研究的不同结果

	政府规模衡量尺度	跨国研究范围及时间	对经济增长影响
恩根和斯金纳(1992)	政府支出	107个国家,1970—1985	政府支出与税收增加对经济增长影响为负
古拉(1995)	政府消费	撒哈拉非洲33个国家,1970—1990	政府消费与经济增长负相关
凯利(1997)	公共投资	73个国家,1970—1989	公共投资对经济增长有正面影响
克努普(1999)	政府支出	美国,1960—1985	政府规模缩减对经济增长和社会福利不利
达尔和阿米尔哈卡利(2002)	政府总体支出	19个OECD国家,1971—1999	显著负效应,但1990年代除外
罗梅罗-阿维拉和斯特劳赫(2008)	政府总体收入和支出、单项收入和支出	15个欧盟国家,1960—2001	政府消费和转移支付对经济有负面影响,但政府投资对经济有正面影响

---

① 王甲成:《"小政府":渊源、意义及其向度》,《江南社会学院学报》2005年第2期。

续 表

	政府规模衡量尺度	跨国研究范围及时间	对经济增长影响
科隆比耶(2009)	总体税收和政府支出	21个OECD国家，1970—2001	政府规模增加有稳定的正面影响(虽然很小)
伯格和卡尔松(2010)	总体改革收入和支出	24—27个OECD国家，1970—1995、1970—2005	政府税收和支出对经济增长有持续的负面影响
威廉·R.D.和埃马纽埃尔A.(2012)	政府支出和国债	175个国家	政府规模扩张对经济发展有负效应

资料来源：A. Bergh, & M. Henrekson, "Government Size and Growth", *Journal of Economic Surveys*, 2011. 转引自臧雷振、黄建军：《大政府还是小政府：灵巧型政府建构进路》，《中国行政管理》2013年第7期。

(1) 小政府是一个充分调动社会力量参与国家和社会治理的灵巧型政府。这就是说，一个国家和城市，不论其规模有多大，人们的需求永远是多元、多层的，光靠政府单方面的力量，不论政府规模有多大，也永远无法满足因经济增长、社会发展、科技进步而带来的人们的无限需求。因此，有效的国家和社会治理，关键在于要拥有发达的市场和私人领域，政府要学会调动私人化的市场和社会力量，以公私合作的方式，共同处理诸多公共事件和公共服务，政府形成一种主要依靠"巧力量"的治理方式。对此，美国前总统克林顿在2011年出版的《回归工作：为什么强劲经济增长需要灵巧型政府》(*Back to Work: Why We Need Smart Government for a Strong Economy*)中指出，当今政府在应对国家社会经济发展所面临的挑战时不可或缺，历史上的反政府情节是由于没有认识到何种类型政府匹配对应的国家与社会，他认为建立一个公私合作灵巧型政府将是一国未来国际竞争制胜的关键因素[①]。

(2) 小政府是职能有限、公私边界清晰、维护社会公平的公共服务型政府。正确处理政府与市场、政府与社会之间的关系，明确定位政府的基本职

---

① 臧雷振、黄建军：《大政府还是小政府：灵巧型政府建构进路》，《中国行政管理》2013年第7期。

能,在社会经济发展中充当恰当的公共角色,不缺位、不越位、不错位,是判断政府大小的重要标准之一。实践表明,西方一些学术流派提倡的所谓"干预最少的政府是最好的政府""小即是美""守夜人"等泾渭分明的论调,并不是一个真正的小政府所扮演的角色和职能。笔者以为,真正的小政府,是指在任何时候,都应该始终代表最广大人民群众的利益,站在公共利益的高度,对市场固有的不公平和违法性趋利行为进行规制和约束,弥补市场失灵和市民社会自治能力的不足,保障经济平稳有序增长、社会公平民主稳定,推动人类社会平等发展的公共服务型政府。在此过程中,政府要遵循"有所为有所不为"的原则,防止向全能型发展,重点强化公共管理、公共服务、宏观调控、法律保障、公共安全等职能,为特殊的弱势群体提供最基本的公共产品和生存保障,市场能办好的事情让市场办,社会能办好的事情让社会办,对微观经济领域和私人自治领域,政府不宜采取过多的权力干预和代替。

(3)小政府是一个具有较高组织效能、效率、适应性以及创新性的有效政府。既定的技术条件下(人员、组织、财力以及诸如通信等其他技术条件),具有以不断提高服务质量为导向的持续性创新能力和高效的执行力,是有效政府的基本条件。从效率角度来说,小政府或有效政府应该具有如下两个显著特征:一是法治化。政府权力受到法律的严格约束,把政府职能限定在一定的范围内,同时依法保障社会、市场和公民的基本权益不受行政权力的侵犯,只有具有法治化的运转机制和民主程序,才能实现公共政策的高效执行和诸多公共事务的有效处理。二是信息化。从提高技术效率的角度出发,率先使用全球最先进的技术手段(当今的互联网、大数据、云计算等技术),构筑一流的信息服务平台,加上大数据信息的公开,并与高素质人才、适度财力资源相匹配,提高政府服务效率和快速处理公共事务的能力。

3. 小政府体制的创建实践

根据前文所述,西方的小政府发展经历了一个不断扬弃的过程,可以说,在20世纪70年代到2008年全球金融危机之前,西方发达国家主要奉行的是"管得最少"的小政府治理模式,以促进市场化、全球化、社会化发展。但2008年金融危机的爆发,以及由金融危机引发的诸多社会危机,对西方过度崇尚市场自由的政府治理体制、治理能力都带来了巨大的冲击和挑战。为此,发达国家纷纷采取了诸多非常规手段和措施,对市场进行了各种积极干预活动,这似乎预示政府的职能又走向了不断扩大的道路。其间,中国有效应对金融危机的社会主义制度优越性也得到了全球认可。从这个意义上看,对一个国家而言,在全球化程度日渐加深的新时期,到底应该拥有一个积极发挥行政权力的大政府,还是拥有一个完全让市场自主运行的小政府,的确难以作出一个非此即彼的武断性结论,但积极吸收西方国家的有关经验,仍是我国社会治理体制创新的一个主要方法论。

从国别来看,澳大利亚、新西兰、瑞士、丹麦、英国、新加坡、美国等国家,是小政府体系的典型,其中澳大利亚、新西兰、瑞士是全球政府最小的三个国家。根据20世纪最后20年以来发达国家建设小政府(强政府)的国际性趋势和实践来看,存在如下做法和经验。

一是重塑政府价值与目标。也就是说,面对政府与市场之间的复杂关系,西方发达国家首先重新思考政府应该追求什么样的目标,遵循什么样的改革价值理念。对此,西方学术界提出过"5R"(restructuring-重构、reengineering-重建、reinventing-重塑、realigning-重组、rethinking-重思)[1]和"5C"(core strategy-核心战略、consequences strategy-结果战略、customer strategy-顾客战略、control strategy-控制战略、culture strategy-文化战略)[2]改革战略。在实施深刻、剧烈的"重塑""再造"政府实践中,他们突破传统、简单的行政改革理念,以公共利益和公共服务为导向,确立了顾客

---

[1] Lawrence R. Johnes, Fred Thompson, *Public Management: Institutional Renewal for the Twenty-First Centry*, Stamford, Connecticut: Jai Press Inc., 1999, p.32.
[2] David Osborne, Peter Plastrik, *Banishing Bureaucracy: The Five Strategies for Reinventing Government*, New York: The Penguin Group, 1997, p.39.

(customer)、竞争(competition)和效率(efficiency)导向的价值目标,即顾客导向重点关注广大民众的实际需求,满足处于不同生命周期的民众的公共服务需求,全面提高顾客或民众对政府服务的满意度,强化政府的责任性;竞争导向侧重打破政府传统体制下政府官员循规蹈矩、缺乏创新的做法,把公共组织推向市场,制造公私竞争环境和合理的公务员薪酬体系,就像英国所采取的市场检验和强制性竞争招标,以及新加坡政府设立量化指标对公务员的表现进行考核那样,强化政府服务的主动性、积极性,激励政府实施主动改革;效率导向强调政府在内部引进私人部门的成功管理方法,要花更少的钱、办更多的事情,同时激发市场和社会力量参与公共服务供给,实现资源的有效配置,同时也强调使用现代科技在公共服务和公共治理中的应用,增强政府对市场和社会的回应性、高效性。从这一点看,全面树立和建设公共服务型政府,全面提升政府治理能力,是西方发达国家推行政府改革与社会治理创新的逻辑起点。

二是依法转变政府职能。政府职能是指国家行政系统根据国家和社会发展的需要,依法承担的职责和功能,解决的是政府该管什么、不该管什么的问题。实际上,目前对此问题并没有统一的界定,更重要的是,由于各国的政治、经济、社会、文化、历史、传统等因素的不同,不同国家的政府在经济社会发展中所发挥的作用也不尽相同,甚至会随着经济社会的发展,政府职能有不断扩大的倾向。当前,关于政府应该管什么的职能界定问题,典型的有经济合作与发展组织(Organization for Economic Cooperation and Development,OECD)提出的两个层次的政府职能,包括第一层次的10项职能和第二层次的69项职能(表2.2)。西方学者一般认为,政府权限和职能主要体现在提供公共产品和服务、通过征税影响经济行为、调节收入分配和加强市场监管等方面[1]。

---

[1] 谢鹏等:《转变政府职能海外镜鉴之一:如何处理好政府与市场关系》,http://www.xinhuanet.com/politics/2015-06/17/c_1115644256.html。

表 2.2 经济合作与发展组织对现代政府标准的功能分类

第一层次	第二层次
一般公共服务	行政和立法机构维持；财政和金融事务；外部经济援助；一般性服务；基础研究；一般公共服务的研究；其他一般公共服务；公债；政府转移支付
国防	军队；民兵；外国军事援助；国防研发；其他国防事务
公共秩序和安全	警察；消防；法院；监狱；公共安全研发；其他公共秩序和安全事务
经济事务	一般经济、贸易和劳工事务；农业、森林、渔业和狩猎；燃料和能源；采矿、制造和建筑；交通；通信；其他产业；经济事务研发；其他经济事务
环境保护	废物处理；废水处理；污染治理；生物多样性和自然景观保护；环境保护研发；其他环境保护事务
住房和社区设施	住房发展；社区发展；水供给；街道照明；住房和社区设施研发；其他住房和社区事务
卫生健康	医疗产品、器械和装备；门诊服务；医院；公共医疗服务；卫生健康研发；其他卫生健康事务
休闲、文化和宗教	休闲、体育服务；文化服务；广播和出版；宗教和社区服务；休闲、文化和宗教研发；其他休闲、文化和宗教事务
教育	学前和小学教育；中等教育；高等职业教育；高等教育；普及教育；教育辅助服务；教育研发；其他教育
社会保障	疾病和残疾保障；老年人保障；军烈属保障；家庭和儿童保障；失业保障；住房保障；其他社会排斥保障；社会保障研发；其他社会保障

资料来源：独立国家战略研究团队：《有权有效的政府不可能是小政府：美国政府职能的扩张》，http://www.guancha.cn/jing-lue/2014_02_19_206698.shtml。

但综观发达国家政府职能转变的路径和实践，转变职能的基本趋势是依法对政府权限进行限制和收缩，政府承担的传统职能不断减少，或者说把原来政府承担的一些职能纷纷转移给市场企业和社会来完成，这主要体现在公共服务方面。可以说，法治化、私有化、自由化、社会化成为发达国家转变政府职能的主要措施。一是法治化。法制先行，依法规定政府的权力边界和法定职能,是发达国家转变政府职能的首要工作,确保政府职能的合法性。一般通过立法对政府的各项活动进行规范和限定,以确保市场在资源的优化配置中发挥主要作用,如韩国1998年正式颁布《行政规制基本法》,2014年又提出对《行政规制基本法》进行修订,其中,添加了规制成本总量限额制管理的规定,即在新设、加强规制时,应废除或放宽其他限制[1]。二是非国有化或私有化。比如,法国从20世纪80年代后期开始,也同其他西方国家一样对部分国有企业实行私有化。根据1986年的两个法令,将9家工业公司、42家银行和金融公司、13家保险公司、2家大众传媒企业实行私有化。90年代以来,将法航、里昂银行、法国电信公司等实行私有化[2]。在1979—1990年,英国政府对46%的国有企业进行了私有化改革,其中包括煤气、水、电、钢铁等一些重要部门[3]。三是自由化。即政府对市场和社会缓和规制,包括放松社会规制、市场规制、保护产业的规制等,重点是放松对市场的监管。如1981年2月,美国里根政府发布了第12291号行政命令,其中有一条规定,在一般情况下,政府不应当对企业的开设和经营方式、产量及物价等经济行为施加管制[4]。根据《戈尔报告》的建议,克林顿总统先后签署了12861和12866号行政令,要求取消联邦政府内部规制的1/2,对要求出台的规制进行严格审查,并就简化规制和改革行政程序进行创新[5]。表2.3反映了自1975年以来,特别是20世纪80年代以后美国放松规制的基本趋势。放松规制的主要目的是努力实现政府"不越位",但同时,市场企业受到法律的严格约束,政府加强监管,保持政府的"不缺位",

---

[1][3] 谢鹏等:《转变政府职能海外镜鉴之一:如何处理好政府与市场关系》,http://www.xinhuanet.com/politics/2015-06/17/c_1115644256.htm。
[2] 朱明熙:《现代西方发达国家的政府职能与作用》,http://theory.people.com.cn/GB/40537/3837951.html。
[4] 《西方发达国家政府改革及其对我国的借鉴价值》,http://bbs1.people.com.cn/post/2/1/2/136413438.html。
[5] 沈荣华:《国外大部制梳理与借鉴》,《中国行政管理》2012年第8期。

实现"政府的职责是掌舵而不是划桨"的效果。四是社会化。即在公共服务的供给方面,充分利用市场和社会的力量,推行公共服务的社会化,公共服务社会化在实践中主要采用四种方式[①]:一为政府业务合同出租,即把政府的一些服务外包给市场来提供;二为以私补公,打破政府垄断;三为建立政府部门与私营企业的伙伴关系;四为公共服务社区化(鼓励社区建立公益事业,如养老院、残疾人福利中心等,政府帮助组建邻里组织互助、街区联防等,以改进社会服务或控制犯罪活动)。

表 2.3　美国 20 世纪 70—90 年代政府放松规制的基本法案

年份	放松规制法案	内容
1975	证券规制法	取消股票委托手续费规制,根据证券交易促进不同行业的竞争
1976	规制改革法	放松费用管制
1977	联邦最高法院	放松准入管制、费用管制
1978	航空客运放松规制法	废除准入管制和费用管制,解散民用航空运输委员会,反托拉斯事件由民用航空委员会移交司法部管理
1978	天然气政策法	分阶段取消对井方价格管制
1978	司法部通告	限制美国应用国际航空运输协会的运费协定
1978	公共事业管制政策法	电力托运、相互连接的认可移交联邦能源委员,修订费用体系
1978	总统声明	要求修订双边航空服务协议
1979	国际航空运输竞争法	修订以引进竞争为目的的国际航空协定
1984	电缆电信法	实际上完全放松有线电视的管制
1985	关于银行业州际业务协定的最高法院判决	支持某州银行可以支配在其他州银行拥有的股票的州间协定
1996	电信法案	彻底打破了美国电信分而治之的局面

资料来源:陈振明主编:《政府再造——西方"新公共管理运动"述评》,中国人民大学出版社 2003 年版,第 86 页。

[①] 陈振明主编:《政府再造——西方"新公共管理运动"述评》,中国人民大学出版社 2003 年版,第 23 页。

三是精简重组政府结构。面对沉重的财政负担、政府低效率和官员惰性,对政府规模进行压缩,对政府组织结构进行调整重组,实施政府内部管理体制的改革,成为发达国家建设小政府、公共服务型政府的又一重要选择。这主要体现在两个方面:一是针对中央政府,采取合二为一或合多为一的方式,组建跨越多个管理职能的大部门,减少部门数量,构筑精干高效的大部门体制。如英国1968年将卫生部与社会保障部合并为卫生和社会部,1970年将贸易部与技术部合并为贸易工业部,2001年将农业、渔业和食品部与环境、运输和地区部合并,组成环境、食品和农村事务部,目前保持在18个部门[①]。澳大利亚在1987年推行大部制改革,使中央政府的部委数量从28个减少到18个,人数由5 300人减少到4 200人。日本在2001年通过的《中央省厅再编》改革方案,实施以大部门体制为重点的行政改革,中央政府最终确立了"1府12省厅"的精干架构,以克服部门主义的发展,同时计划到2010年将国家公务员总数削减25%,减至41万人,目前,日本成为中央政府机构最少的国家之一(表2.4)。二是以政府人事制度改革为突破口,大力推行政府公务员规模的缩编与分流。如美国1993年的《戈尔报告》提出并实施了联邦公务员队伍的大量裁减,5年内减少12%,总计减少252 000个职位,自1967年以来首次使公务员人数低于200万人;澳大利亚在1981年由"政府职能审查委员会"提出建议,在2年内减少工作人员1.6—1.7万,为联邦政府每年节约5.6亿澳元。为了有效分流公务人员,英国、澳大利亚等国家实施决策与执行相分离的机构改革,依法设立了一些法定的、以绩效为基础的执行机构(非政府机构),如英国的执行局、荷兰的管理局等,政府与其签订合同,允许它们在人力和财务管理上具有较大管理灵活性,但要求它对执行后果负有重大责任。这种做法既实现了决策和执行的有效分离,提高了政策的执行力和政策效率,更重要的是它

---

① 沈荣华:《国外大部制梳理与借鉴》,《中国行政管理》2012年第8期。

成为政府分流公务员的主要载体,如英国在20世纪90年代近2/3的公务员转移到100多个法定执行机构。在压缩政府公务人员规模的同时,采取人力资源管理的新思路,制定了充分调动工作人员积极性的合理薪酬体系和绩效管理体系,以结果为导向,引导公务员提高工作效率,改善服务质量。

表2.4 是否实行大部制国家的内阁部门数量比较

实行大部制的国家	数量	实行大部制的国家	数量	未实行大部制的国家	数量
美国	15	日本	12	巴西	25
英国	18	新加坡	15	墨西哥	25
法国	16	韩国	18	南非	28
德国	14	俄罗斯	17	新西兰	35
西班牙	15	乌克兰	17	印度	49
瑞典	10	波兰	15	马来西亚	27
瑞士	8	秘鲁	15	巴基斯坦	33
澳大利亚	18	阿根廷	11	古巴	32

资料来源:沈荣华:《国外大部制梳理与借鉴》,《中国行政管理》2012年第8期。

4. 大社会体系的建设方略

正是由于20世纪70年代以来,西方发达国家政府放松经济、社会规制以及政府职能转移等行政体制和公共政策的改革创新,政府的结构和角色开始重新被定义,新出现的角色向非政府组织(Non-Government Organization,NGO)(在不同国家文化语境下,非政府组织具有不同的称谓,有的叫非政府组织、有的叫非营利组织、有的叫志愿者组织等)开放,使得非政府组织有更多的机会进入服务领域[1],致使多元化的社会力量获得了

---

[1] [英]D.露易斯:《非政府组织的缘起与概念》,《国外社会科学》2005年第1期。

更大的发展空间。再加上国家采取专门的鼓励政策和制度安排,培育非政府组织体系,让非政府组织与政府一道提供公共服务、协同参与社会管理,全面提升社会资本,培育公民社会,帮助政府解决大量的社会问题。当前,非政府组织已经成为发达国家重要的经济力量和社会运行机制,成为社会治理的主体或第三部门,如根据美国约翰·霍普金斯大学萨拉蒙教授通过对35个代表型国家长期跟踪研究指出,到20世纪90年代末期,全球35个国家的非政府组织部门支出总和构成了全球第7大经济体,达1.3万亿美元,而发达国家更是普遍存在庞大的非政府组织部门,其经济规模平均占各国GDP 4.5%,雇用人员占非农业人口5%、服务业人口10%、政府公共部门就业人口27%[1]。仅美国,就有180万个非营利组织[2],其主要分为三大类:公共慈善机构(占59%)、私人基金会(7%)和其他,据统计,非营利组织的收入占国内总收入的6%,从业人员占全国雇员的9%,全美51%的医院,46%的大学,86%的博物馆,90%的音乐、舞蹈、艺术组织以及58%的各类社会服务由非营利组织提供[3]。这就塑造了发达国家社会治理体系中所谓的"大社会"体系。以美国为例,其主要做法和经验如下。

一是宽松的法人注册和管理制度。非营利组织能否具有合法的身份和地位,是其开展社会服务的第一条件。美国对非营利组织的管理,联邦层面并没有统一的非营利组织注册管理法,由州一级的法律规范非营利组织的组建、管理、理事的权利和义务、利益冲突的解决程序以及公信力等问题。在美国,非营利组织是否能够获得免税资格,既是政府对非营利组织进行促进及规制的重要法律和经济手段,也是非营利组织法律地位的重要特征。

---

[1] 陈向阳:《非政府组织在中国的现状及挑战》,《中国经济时报》2005年5月26日。
[2] 丁文:《美国非营利组织发挥社会管理助手功能的做法与启示》,《文史博览(理论)》2007年第2期。
[3] 安宁:《加强社会组织建设和管理工作——美国非营利组织税收激励和监管制度的启示》,《中国民政》2008年第1期。

实际上，非营利与免税具有基本相同的意义。据此，美国非营利组织生存与发展的主要法律依据是美国联邦税法第501条款，即"非营利组织"是指根据美国税法501(C)(3)规定的条件建立和运营的法人社团和基金会等组织，所有的非营利组织都接受联邦税务局的监管。因此，在美国非营利组织注册为法人，主要为了获取免税资格，以谋求长期发展。

二是制定明确的免税政策，构筑个人、政府、非营利组织三赢的格局。依据是否具有免税资格，非营利组织可分为获得免税资格的非营利组织和不具备免税资格的非营利组织[1]。一方面，美国政府对非营利组织实施免税政策。依据美国联邦税法的规定，一个非营利组织享受免税政策，必须满足六个条件：第一，非营利组织必须以宗教、慈善、科学、公共安全试验、文学、教育、促进体育竞赛、防止虐待儿童或动物等为目的；第二，非营利组织的成立必须完全出于非营利目的；第三，非营利组织的经营主要为了达到规定的非营利目的；第四，非营利组织不得为个人谋取利益；第五，非营利组织不得参与竞选；第六，非营利组织不得参与实质性游说活动[2]。另一方面，美国政府对个人和企业的捐赠行为实施税收优惠政策，鼓励社会对非营利组织进行捐赠，从而缓解了个人和企业的税负问题、政府的财政压力，以及非营利组织的经费短缺和独立发展问题，推动了全社会的慈善事业蓬勃发展。例如，美国税法规定企业向慈善组织的捐赠在当年应税所得10%以内的、个人在当年应税所得50%以内的，可以在税前扣除。捐赠人的遗赠可以免征遗产税。正因为如此，美国的慈善捐赠事业非常发达，2006年，全美捐赠额达到2950亿美元，占GDP的2.5%，其中75.5%来自个人，12.4%来自基金会，7.8%来自遗赠，4.3%来自私人企业[3]。

---

[1] 李培林、徐崇温、李林：《当代西方社会的非营利组织——美国、加拿大非营利组织考察报告》，《河北学刊》2006年第2期。
[2] [美]贝奇·布查特·阿德勒：《美国慈善法指南》，NPO信息咨询中心主译，中国社会科学出版社2002年版，第4—5页。
[3] 安宁：《加强社会组织建设和管理工作——美国非营利组织税收激励和监管制度的启示》，《中国民政》2008年第1期。

三是严格依法规制非营利组织,促使其规范经营。根据美国法律,对于不同类型、不同性质的非营利组织具有不尽相同的法律法规,并制定了详细的规定和监管举措,依法保证非营利组织规范经营。例如,美国税法把慈善性非营利组织分为公共慈善组织和私人基金会,公共慈善组织包括教会、学校、医院和医学研究组织等,它们主要受《美国联邦税法》第501条款和《国内税收条例》第170条款的规制;而私人基金会除了受上述法律的规范,还要遵守《国内税收条例实施细则》中规定的第4940—4946技术性条款。同时,《美国联邦税法》第501条款和《国内税收条例》第170条款规定,公众支持占总体支持的比重达到或超过1/3,那么,这个组织就自动获得公共慈善组织的法律地位;如果小于1/3,但大于1/10,且该组织能够通过事实和状况检验,它在法律上仍可保留公共慈善组织的地位。但如果公众支持率低于总体支持的1/10,则该组织降为私人基金会的法律地位[①]。与此同时,政府针对非营利组织制定了严格的年度报告制度和审计制度,对违规经营的非营利组织处以罚金或取消慈善免税资格(相当于"死刑")的制裁,依法迫使其严格依法经营。

四是依靠政策与规划引导,政府与非营利组织构建紧密的合作伙伴关系。保持政府与非营利组织之间的良好伙伴关系,让非营利组织充分参与社会管理、提供社会公共服务,是"小政府、大社会"的灵魂所在。把非营利组织作为处理社会问题和提供社会公共服务的重要伙伴,是第二次世界大战以后西方发达国家社会建设的重要趋势和特色,当然这需要一定的政策和规划引导。根据美国的实践,主要采取三种举措:一是减少开支,压缩行政成本,政府对医疗、教育等公共服务采取市场化趋向的政策,促使非营利组织在不断减少财政投入的情况下,其提高服务意识,提高服务质量。二是实施"政府购买服务"的规划项目和发展计划,建立健全社会化的评估机制,

---

[①] 李培林、徐崇温、李林:《当代西方社会的非营利组织——美国、加拿大非营利组织考察报告》,《河北学刊》2006年第2期。

与非营利组织签订协议,通过契约化的方式提供公共服务。例如,在规划项目方面,政府常与非营利组织共同商议选定项目,再通过招投标的竞争方式把项目落实到某个非营利组织。总部设在华盛顿的"联合规划组织"(United Planning Organization)是一个非营利组织,主要为社区的就业、家政、青少年教育、老人、孤儿和残疾人提供服务。该组织每年3 600万美元的经费中有80%—90%来自政府的项目支持。在评估指标方面,美国政府制定了全国统一的指标,用于评估政府资助非营利组织项目的实施质量。作为非营利组织中的资助项目获得者,首先要按照评估指标的各项要求实施项目;其次要在项目完成后的4—5个月内采用标准格式的文件提交结项报告,以供政府有关部门对项目进行评估验收[①]。据统计,美国联邦政府已经与私人公司、研究机构和个体顾问之间签订了大约2 000万个合同,每年所涉及的经费数额占联邦总开支的14%,国防部通过合同出租支出的资金约占其总支出的2/3,能源部和国家航空航天总局则是联邦政府最大的合同签约者。近年来,监狱管理也开始推行向市场购买服务的做法。

五是设立政府型的非营利组织服务机构和民间性的非营利组织联合组织,为非营利组织发展提供服务和社会支持。例如,在美国华盛顿设有"国家与社区服务公司",这是一个实行企业化管理的联邦机构,其主要职责是代表联邦政府设计和实施各种需由非营利组织承担的项目。它选择非营利组织在项目方面的合作伙伴,保证非营利组织更好地执行项目计划和使用经费,评估非营利组织完成的项目成果,针对非营利组织实施项目的相关问题开展培训和研究,等等。在地方层面,如纽约市设有"市长志愿者中心",该中心一方面负责汇集纽约市大约2万个非营利组织提供服务的各种信息,另一方面及时了解社区与市民的需求信息。在此基础上,该中心根据所

---

① 李培林、徐崇温、李林:《当代西方社会的非营利组织——美国、加拿大非营利组织考察报告》,《河北学刊》2006年第2期。

掌握的非营利组织供给服务的信息与社区和市民的需求信息,联系社会资源,组织志愿者,协调有关的非营利组织及时合理地向社区和市民提供服务,使供求双方在中心的安排下各得其所[1]。与此同时,为了帮助非营利组织得到政府的项目和资金,美国出现了许多专门为非营利组织提供帮助的支持性组织,通过提供信息交流、业务培训等,提升非营利组织获得政府资助的能力和机会。例如,旧金山成立于1956年的基金会中心(Foundation Center)就是很有代表性的一个支持性组织。该组织每年预算2 000万美元,58%来自收费服务,其他来自募金会的资助。该组织主要通过网络提供服务,其网站既包含了大量的基金会信息,也提供公益项目信息,同时还举办培训,为非营利组织提供及时有效的服务[2]。

二、全面构筑跨部门治理新体制

众所周知,在日益发达的当今社会,现实中的很多社会问题,并不存在一个严格清晰的边界。对此,如果仅仅依靠传统分工、专业化的科层制下的部门治理,就难以取得应有的成效,而要想获得良好的治理效果,必须采用多部门之间的协调与合作。据此,在新公共管理运动之后的20世纪90年代以来,西方发达国家又开始了新的公共治理理论探索与实践创新,提出了整体治理、管理"巧匠"等新治理理念,旨在解决复杂社会问题合作治理需求与专业部门治理局限性之间的矛盾,促成政府部门之间的合作化治理体系。

---

[1] 李培林、徐崇温、李林:《当代西方社会的非营利组织——美国、加拿大非营利组织考察报告》,《河北学刊》2006年第2期。
[2] 安宁:《加强社会组织建设和管理工作——美国非营利组织税收激励和监管制度的启示》,《中国民政》2008年第1期。

(一) 跨部门治理体制的理论基础

根据发达国家的学术研究,强调政府部门之间开展合作治理的理论思想主要有三个方面:一是"整体政府"或"整体治理",二是"无缝隙政府"理论,三是"管理巧匠"理论。对此作一个简要的概述。

1. 整体政府与整体治理

整体政府或整体治理的思想,主要是针对新公共管理改革造成的权力分散化、服务碎片化现状,西方国家兴起的一场新的政府治理模式创新改革运动,代表着当今政府治理的最新理念。西方学者们对整体政府进行了多层次、多角度的界定。克利斯托弗·波利特(Christoppher Pollit)在综合相关文献的基础上对学者们的界定进行归纳,提出了一种综合性的整体政府定义:"整体政府是指一种通过横向和纵向协调的思想与行动以实现预期利益的政府改革模式。它包括四个方面的内容:排除相互破坏与腐蚀的政策情境;更好地联合使用稀缺资源;促使某一政策领域中不同利益主体团结协作;为公民提供无缝隙而非分离的服务。"[①]可见,整体政府重在强调政府部门之间的资源共享和协调合作。根据整体政府理念而推行的整体治理,主要强调四个方面:一是整体治理以公众需要和公众服务为中心,强调政府的社会管理和公共服务职能,通过协调、联合、整合等方法促使公共服务各主体紧密合作,为公众提供无缝隙公共服务,把民主价值和公共利益置于首要位置。二是充分发挥信息化的优势,组建某种跨组织、跨部门的治理结构,构建政府、社会、市场通力合作的治理网络,有效克服政府自身的狭隘主义和各自为政,协同解决社会问题。三是防止过度的分权化改革,平衡纵向分权与横向集权的关系,尤其针对复杂性社会问题,要发挥中央

---

① Christopher Pollit, "Joined-up Government: A Survey", *Political Studies Review*, 2003, 1(1):35. 转引自曾维和:《当代西方政府治理的理论化系谱——整体政府改革时代政府治理模式创新解析及启示》,《湖北经济学院学报》2010年第1期。

或上级部门的宏观集权优势,为跨部门、跨组织治理体系的有效运转提供便利和保障。四是充分依托信息技术,整合职能相近的政府机构及其信息资源,组建大部制,提供一站式、信息化服务,全面提高政府的整体运行效率。

2. 无缝隙政府理论

无缝隙政府理论是美国学者拉塞尔·M.林登提出的一种跨部门合作治理的理论主张,是为了适应顾客社会和新技术变革而提出的政府流程再造方略。林登在提出无缝隙政府(seamless government)之前,先提出了无缝隙组织(seamless organization)的概念,即流动的、灵活的、完整的、透明的、连贯的组织,这种组织的顾客与服务提供者直接接触,两者之间不存在繁文缛节、踢皮球的现象,顾客的等待时间大大缩短,是以一种整体的而不是各自为政的方式提供服务,并且,无缝隙组织的一切都是"整体的、全盘的",是一个完整统一的整体,无论是对职员还是对最终用户而言,它传递的都是持续一致的信息[①]。正是在此概念基础上,他提出了无缝隙政府的基本理论体系。如果要下一个定义的话,所谓无缝隙政府就是以无缝隙组织为依据,以顾客导向、竞争导向、结果导向为价值,以满足顾客无缝隙的需要为目标,围绕结果进行运作,高效高质地提供品种繁多的、用户化和个性化的公共产品与服务的灵活型政府。无缝隙政府是适应后工业社会的一种先进治理模式,需要对传统的政府治理模式进行全新的结构和流程再造,其核心观点主要包括以下几点:一是伴随着经济全球化、信息化和后工业社会的发展,以生产者为主导的社会已经变成了以顾客、公民为导向的顾客社会,政府在以大规模生产为主导的工业化时期形成的向更高级科层组织负责为导向的传统服务方式,应该更强调顾客导向、公民导向、竞争导向、结果导向的核心价值,努力满足多元化、个性化的社会服务需求,这是再造无缝隙新政

---

① [美]拉塞尔·M.林登:《无缝隙政府:公共部门再造指南》,汪大海等译,中国人民大学出版社2002年版。

府的重要思想基础。二是无缝隙政府强调要从根本上变革公共服务的方式,政府要改变过去那种各自为政、互不协作、相互推诿扯皮的服务方式[①],进而以职能交叉的整体团队,为公民快速提供一次到位的服务,尽力将顾客成本降低为零。三是该理论提出了一种新的组织设计模式,即组织设计时根据自然的过程而不是人为的职能来确定,要求以不同的工作进程对组织进行设计,划分为几个职能交叉的团队。

3. 跨部门合作——管理"巧匠"理论

管理"巧匠"理论是由美国学者尤金·巴达赫在分析大量的政府跨部门治理案例及困境基础上提出的一种政府跨部门合作治理理论[②]。这一理论主要通过分析美国在多元主义基础上形成的部门化、专业化治理带给公众巨大不便或低效率的现实,以建房子隐喻为跨部门合作能力建设,阐释如何依赖坚定而聪明的能工巧匠(期望、意愿、能力、信任),在充满机遇和挑战的工作环境中(人力、财力、物力、协议、权责、支持服务等),对复杂性、整体性的社会公共事务进行跨部门合作行动,最终搭建多元化主体之间有效的跨部门合作体制与平台,旨在不断提升潜在的跨部门合作能力(合作质量和生产力)的治理策略。其核心主张包括以下几点:一是在对跨部门合作治理案例进行管理的过程中,最重要的问题是以适当的方式(聪明的、负责的、专业的、有创意的)就管理过程进行沟通,同时还要协调各方合作者带来的才能、权威和资源,使其发挥最佳效用。二是跨部门合作通常会面临一些重大的挑战,主要包括缺乏互信、人员流动等,这些因素往往会破坏来之不易的跨部门合作运转。三是为了提高跨部门合作治理的绩效,需要五个方面的运作体系支持:支持创意和行动的灵活性以满足应对新机遇、新问题时的挑战;激励调动基层员工;增加跨部门、跨行业领域、跨

---

① 杨宏山、皮定均:《构建无缝隙社会管理系统——基于北京市朝阳区的实证研究》,《中国行政管理》2011年第5期。
② [美]尤金·巴达赫:《跨部门合作:管理"巧匠"的理论与实践》,周志忍、张弦译,北京大学出版社2011年版。

边界的能力与信任;维持体系内的责任机制,使其能够服务于高质量理念与行动目标;发掘合作机构之间的财政资源交换,从而为高质量绩效提供先决条件与机遇。

(二) 跨部门治理体制的实践创新

从结构的角度看,跨部门合作可以分为等级制和协商制两种形式。等级制跨部门合作可以分成三种类型:第一种类型是积极采取自上而下的方式强力推动整体政府改革,如布莱尔政府的做法。第二种类型是强化或恢复中央权力,横向上促进中央各部门与专业机构的团结协作,纵向上强调中央政府对下属机构的控制。这种协同要求加强总理(首相)办公室的政治和行政能力,如英国、新西兰和澳大利亚;同时也要求统一财政,加强政府治理与责任机制,如加拿大改革。第三种类型是由首相或内阁建立新的组织机构以加强部门之间的合作,如新内阁/部委委员会、部际/部内或局际合作机构、府际委员会、核心机构、联合小组、高层网络组织。跨部门合作在实践中应用得非常广泛,可以实施组织变革,进行组织结构和财政预算合并或共享,建立虚拟或实际的联合行动小组,设置共同的客服界面,成立共同的管理机构,共享目标和绩效指标,通过磋商增加协同并管理各种平衡机制,分享信息以增强相互之间的认识等[1]。实际上,多头管理、重复服务、碎片化运作是国外社会治理体系面临的一个共性问题,在环境治理、公共服务、打击犯罪、公共安全等领域存在很多的案例,本书以青少年服务为例,对跨部门治理的实际运作加以说明,具体而言,青少年服务实践中的跨部门合作治理,具有如下相关经验[2]。

一是从城市层面努力理顺青少年服务的体制障碍。美国在州政府这一级,大多在政府部门内设专门的青少年工作机构,例如纽约州政府的社区工

---

[1] 孙迎春:《国外政府跨部门合作机制的探索与研究》,《中国行政管理》2010 年第 7 期。
[2] 陶希东:《跨部门协作:青少年服务跨界整合及政策》,《当代青年研究》2013 年第 2 期。

作部中设有青年工作局,专职负责青少年工作业务。而在纽约市政府中,成立于 1996 年的青年与社区发展局(Department of Youth and Community Development, DYCD)就是为纽约青少年及社区、家庭服务的市政府专职部门,该局现有职员 400 人,其重要的一项职责就是负责市、州和联邦所有有关青年及社区计划的经营管理工作。为加强青少年工作合力,纽约市还成立了青年工作协调会议(Interagency Coordinating Council ON Youth, ICC),其成员包括青年与社区发展局在内的纽约市 21 个相关部门,例如该市的警察总局、教育局、公共事务管理局、环境保护局、文化局、布鲁克林公共图书馆、流浪者管理局等都是青年工作协调会议的成员,青年与社区发展局的负责人一般在青年工作协调会议中兼任领导角色①。有统计表明,在 2000 年,联合国 185 个成员国中有 167 个国家建立了青年事务机构或协调机制,有 153 个国家制定了全国性的跨部门青年政策,另有 114 个国家实施了全国青年行动纲领,其中,同时采用以上三种举措的国家就已达 95 个②。

二是依法制定并实施专门的跨部门服务计划或跨界服务项目。例如,美国马里兰州普林斯乔治县在 1991 年创立了一个儿童、青年和家庭部,这一新的实体合并了青少年服务部和人力资源部门中所有关于托管服务和儿童保护的职能,在此基础上形成的"系统改革动议"最具代表性,也就是依法要求设置一些地区规划的机构(称为"地区管理委员会"),以在各县和巴尔的摩市推行跨部门合作服务,这些机构 50% 的成员来自私营部门,他们承担的任务是通过发展跨部门合作体系提供新的服务或填充现有服务领域的空白,提供方式可以是直接的,也可以是外包的。在一项为无家可归儿童建造居所而预留的州基金中,75% 被转拨给了这些地方机构以发展社区服务。

---

① 曾颖如:《美国纽约青少年工作研究及其启示》,《中国青年研究》2010 年第 7 期。
② 《政府青年事务管理体制和运行机制的研究》,http://www.5ykj.com/Article/xslwxzgl/68003.htm。

再例如,美国田纳西州因完善儿童监护服务于1991年实施了"田纳西州儿童计划"项目,过去被各部门分别用于监护服务的资金将被统一划入一个账户,并设立跨部门评估和监护协调小组(管理协调12个社区卫生机构),这一小组负责管理每一个儿童的案例,同时如果必要,他们能够使用账户上的资金向不同的私人部门购买服务[①]。

三是青少年服务的提供方式以政府购买服务为主。发达经济体在青少年服务体系的建设中,虽然政府发挥着一定的主导作用,如设立机构、提供资金等,但在服务供给方式上采取的是政府购买服务的方式,让大量的非政府组织和社会民间组织积极参与提供各种服务,即政府与社会组织通过搭建良好的合作伙伴关系,协同整合资源,跨部门提供青少年需要的各类服务。

三、构筑跨地域合作治理体制

行政区划作为政治权力的空间投影,在地方财政体制下,政区边界往往对社会、经济要素的跨界流动、基础设施和公共服务的一体化发展带来一定的阻碍或影响,特别是随着政区单元数量的不断增多,地方政府之间的冲突、竞争成为常态现象,跨区域发展越来越呈现碎片化的格局。伴随着高水平城市化的发展,发达国家国内出现了许多由多个城市逐渐延绵而成的大都市地区,这些大都市区往往跨越州、城市等不同行政层次的行政界线,为了充分有效地解决大都市区层面面临的跨行政区划公共性问题,创造了诸多有效的跨地域合作治理体制。以大都市区为例,西方发达国家通常采取以下八种跨地域合作治理体制安排:

---

① [美]尤金·巴达赫:《跨部门合作管理"巧匠"的理论与实践》,周志忍、张弦译,北京大学出版社2011年版,第53—56页。

（一）政区合并

政区合并的方式特别是市县合并，在西方国家由来已久。早在19世纪，美国就发生了多起合并案例，如1805年在新奥尔良、1854年在费城、1856年在旧金山都发生过大规模的兼并及合并。不过在20世纪初，美国的合并步伐停滞不前，特别是在1907—1947年的40年时间里，竟然没有一例成功的合并案例。1950—1970年，在众多企业和基金的资助下，美国许多大都市区酝酿进行合并，期望得到复兴。由于各方利益存在差异，而在美国决定是否合并需要公民投票表决，所以这种市县合并的议案虽然时有提出，但实际上真正合并成功的案例仍属少数。

（二）组建有权威的联邦式大都市政府

设立双层的大都市政府，让大都市政府统一处理跨越县边界的空气污染、水污染、垃圾处理、区域土地利用规划等事务，而地方化的诸如街道照明、公园游乐场、垃圾收集等事务仍由地方政府承担，这一双层制改革主张成为美国大都市区域政府体制改革和治理创新的新模式和新方向。在美国，最为典型的案例是1957年佛罗里达州迈阿密—戴德县大都市政府成立、波特兰大都市区政府，以及加拿大1954年建立的多伦多大都市政府，它是北美建立的第一个有效大都市管理机构。

（三）设立特别区政府

"大都市特别区"在地理范围上涵盖一个或更多的县域范围。在实践中，可以通过建立单一目的的大都市特别区，提供更多的服务功能，如港口设施、大型运输、机场、下水道、水供应、公园、公共住房、水污染控制等。在这一方面，有两个较为经典的案例，一个是纽约—新泽西港区；港务局是美国第一个跨州政府职能的公共机构。纽约市附近的机场、港口、隧道、桥梁和地铁多归它管理。正因为港务局将管理两地交通基础设施的职能整合起来，承担了跨政府的制衡，才可以更好地进行跨州基础设施的布局。可见，纽约的经验是创新性地调整政府职能，进行管理方式的创新。比如，港务局不是协调机构，而是制定和执行政策的跨州行政部门，这就避免各个政府单打独斗，同时避免不同利益主体之间的零和博弈。另一个案例则是洛杉矶大都市地区的加利福尼亚南海岸空气质量管理区。

（四）地方政府间服务协议

所谓政府间协议，就是不同地方政府之间通过签订合同的方式来提供某些社会公共服务，即一个政府采用付费的方式让邻近的另一个政府来为自己居民提供公共服务，其中一个政府是服务的生产者，另一个政府则是服务的安排者，在协议中明确规定公共服务的数量和质量。在美国大都市区的跨界治理实践中，政府间协议是当前社会公共服务提供中最普遍运用的方式之一，美国45个州允许自己的地方政府间签订服务协定，美国一项涉及1 629个市和420个县的调查表明，大约55%的地方政府与一个或多个地方政府间签订了联合规划、金融、公共服务提供等方面的政府间协议。

（五）制定州际协定

对跨州大都市区来说，州际协定涉及最多的是跨州界的桥梁、隧道等跨界事务，通过协议的制定来明确跨界基础设施的联合管理部门及其治理办法。例如，在跨越纽约州和新泽西州的纽约大都市区内，早在1919年两个州就制定了"隧道协定"，至1931年纽约港务局成立之前，两个州依据协定各自独立地管理这一隧道。

(六）跨界协调组织：区域委员会

由地方政府创立的多重目的、多重管辖权的公共组织，它们将多个层级的政府成员聚集在一起进行总体规划、提供服务，并培育区域合作精神。它们有不同的名字，从政府联合会到规划委员会、到各种发展特区。例如，旧金山湾区政府协会。旧金山湾区有 9 个县，100 个城市，为此成立了地方政府的协调组织——旧金山湾区政府协会。实际上，湾区政府协会的功能就是制定当地的发展规划，但内容同样超越了城市规划或区域规划本身的内容，涵盖经济发展、环境、生态保护与建设。

(七）开展或实施跨界区域规划

一种是民间规划机构，伦敦和纽约是其代表。大伦敦由 32 个自治市和伦敦城组成，为协调大伦敦的规划工作，伦敦很早就建立了大都市区的规划组织——伦敦规划咨询委员会。该组织是一个民间规划组织，只负责规划咨询事宜，迄今已发表了一系列有关伦敦的规划研究报告。纽约大都市区地跨纽约、新泽西、康涅狄格三个州，为此成立了三州区域规划协会，向有关政府提供咨询。到目前为止，纽约区域规划协会已编制了三次区域规划。美国没有都市圈水平上的综合发展规划机构。以纽约都市圈为例，只有一个名叫区域规划协会的私人机构做过类似的规划，该机构由基金会、个人和慈善机构捐助成立，没有任何政府部门参与。纽约都市圈也没有一个自上而下的发展规划。规划的实施效果比较有限。

另一种是政府规划机构，日本是其代表。与美英两国不同，日本的中央政府具有较强的行政管理权限。鉴于东京、名古屋、大阪等大都市区的范围已超过各自的行政区范围，日本政府在国土厅内专门设立了大都市整备局，负责编制日本三大都市圈的基本规划。迄今为止，日本已编制了五次首都圈基本规划。规划编制完毕后，经首相签发，即可生效。显然，日本大都市圈规划的实际效果要强得多。

(八) 非正式合作

与依靠法律和书面材料来约定的正式合作相比，非正式合作是多个行政单元之间一种完全依靠人事伙伴关系而开展的协作或互惠性行动，相关行政单元之间不需要任何的书面协议，这是跨州大都市区范围内采用最为普遍的一种跨界治理方法。这种非正式合作主要发生在警察服务中犯罪实验室和警察记录的跨界共享、邻里火灾防范、医疗服务、教育服务等领域。

第三章　构筑民主法治的社会公众参与机制

公众参与和民主政治是发达国家政治发展和社会改革的永恒话题,许多政治思想家和民主理论流派提出过诸多不尽一致的参与观,虽然在参与的形式、途径和程度上存在不同的争论,但对于强调公众参与是民主政治的基本特征和属性,这一点得到了普遍一致的认同。当今发达国家,正是在古典民主参与思想复兴和各类社会实践参与运动的推波助澜下,使得公众参与在国家治理和公共决策中占据着独特的地位,发挥着十分重要的作用。在社会治理领域中,包括环境保护、社区治理、公共服务、公共政策等方面,政府通过不断健全公众参与的渠道和机制,尽可能听取或采纳更多民众的合理意见或建议,保障公共决策的民主化、科学化以及社会的平等化发展,这些理应是社会善治必须遵循的基本规律和行动指南。综观发达国家的实践,可以发现,立法优先,建立健全公众依法有序表达多元利益诉求的相关机制,在行政立法、城市规划、环境保护、城市更新、应急管理、收入分配、遗产保护等领域践行积极的公众参与,以提升政府治理的民主化程度,促进社会的公平发展,成为发达国家实施有效社会治理的共同选择。

一、注重旨在保障公众参与权的立法工作

公民能够获取并知晓政府的相关决策信息,是公众参与的基本前提和

首要基础。因此，依法改善公民获取政府信息的状况，让公众在获取信息的基础上进行自由表达，成为西方发达国家保障公众参与的重要选择。目前全球有60多个国家为公众参与制定了明确的法律，如美国有《联邦行政程序法》(Administrative Procedure Act，APA)和《信息自由法》(Freedom of Information Act，FIA)，APA的基本原则是政府的程序必须合法，除国防、外交、人事等事务外，行政立法都要求有公众参与，违反程序制定的法规无效。绝大多数州制定了州行政程序。FIA的基本原则是政府的信息属于人民，人民有权获得除涉及国家安全、商业秘密、个人隐私以及法律特别规定之外的所有政府的信息[1]。如瑞典明确将公民利益表达权写入宪法，指出"在政府事务的准备过程中，本着获得必要的情报和意见，应同有关的机构进行商议。需要时有关的协会和私人团体也应有发表自己看法的机会。政府在作出任何重大决策前必须经过与各党派和利益群体协商，达成协议后最终由议会颁布实施"[2]；同时，制定《表达自由法》《政府宪章》《出版自由法》和《保密法》等一系列法律，构建了完备的信息公开体系，保证了公民的信息知晓权[3]。除了对公民的利益表达和信息获取提供法律依据外，为更好地保障公民对公共决策信息的知晓，西方发达国家依法进行政府数据或信息的公开开放工作，为有效的公众参与提供了保障，如在环境保护和城市规划领域，美国在1969年颁布实施了《国家环境政策法》(National Environment Policy Act，NEPA)，对于联邦政府在政策与项目决策中的环境影响评估等工作以及相关的信息公开、决策程序等进行了详细具体的规定；加利福尼亚州于1970年颁布实施了《加州环境质量法》(California Environment Quality Act，CEQA)，对规划编制和土地开发过程中信息公

---

[1] 王平均：《美国行政立法的公众参与制度》，http://www.chinalaw.gov.cn/article/dfxx/zffzdt/200506/20050600013919.shtml。
[2] 方然：《利益表达机制是建构社会主义和谐社会的基础——以瑞典模式为例》，《服务型政府与和谐社会》会议论文集，2005年，第18页。
[3] 殷蕾：《利益表达：公平正义收入分配制度的基石——以瑞典模式为例》，《经济问题》2013年第1期。

开的内容和公众获得信息的途径等进行详细的规定,并因此而被昵称为"信息完全公开法案"①。近年来,随着互联网技术的蓬勃发展,利用互联网开展政府数据和政府信息的公开,成为全球所有国家治理转型升级的主要战略选择,这一部分内容将会在第十章进行系统阐述。

二、构筑多元化的公众参与渠道与方式

根据不同的社会发展领域和相关议题,建立健全各种有效的公众参与渠道,充分表达公众的各种利益需求,是发达国家有效治理社会的重要方法。具体而言,公众参与和利益表达的主要渠道包括如下四个方面。

(一)依法保障言论自由与集会游行

依法实行的言论自由是发达国家公众参与和表达利益需求的基本前提,如美国建国初期制定的《美国宪法》明确规定,美国公民有言论自由的权利,其本意是要限制美国联邦政府的权力,监督政府官员②,但需要指出的是,西方国家的言论自由也是有条件的、有限度的,并不是绝对的言论自由。但无论如何,言论自由这一根本制度为公民、社会组织、媒体有效参与社会治理和监督发挥了根本性的作用。同时,在长期的工业化革命和工人运动的努力下,依法赋予民众进行非暴力集会、示威游行,成为发达国家民众表达利益需求和社会不满的主要渠道之一,如《美国宪法》第一修正案明确了公民拥有不可剥夺的进行非暴力集会和示威游行的基本权利。这就使得我们经常看到纽约、巴黎等特大城市民众针对各种社会问题进行形形色色的

---

① 王郁:《公众参与及美国城市规划制度的发展》,《城市发展研究》2009年第6期。
② 徐长银:《美国的言论自由是有限度的》,http://news.xinhuanet.com/world/2012-05/04/c_123073974.htm。

集会和游行,集会和游行成为民众正常表达心声和对社会政策不满的主要方式之一,但令人遗憾的是,有些集会经常演变成社会骚乱和暴力行为,可见当今西方社会发展中面临着诸多深层次的利益矛盾。但需要指出的是,这种利益表达方式仍然需要组织者的申请和政府的允许,具有一套严格的相关法律规定,非法集会和游行将受到法律的严惩。如法国根据1935年10月23日出台的法律,"所有公共场所的聚众游行都必须提前申报"。因此公民想要行使示威游行的权利就必须提前向当地省政府或市政府进行报备。组织者在申报材料中必须注明组织者的姓名、住址、游行目的、日期、时间、地点以及线路。游行将涉及的所有地区的警察局或市政府都应接到提前申报。《法国刑法典》第431-1条规定:借助威胁手段妨碍公民行使言论自由、工作、结社、集会或游行等权利的行为将被处以1年有期徒刑及1.5万欧元的罚款;如果借助暴力手段妨碍公民行使上述权利则将被处以3年有期徒刑以及4.5万欧元的罚款[1]。

(二) 组织开展各级各类听证会

听证会就是听取公民意见、证明有关政策是否正确、合理、合法的会议,在会上,拥有不同意见的双方可以进行相互提问、质疑和辩论,辩论结果通常对最后的处理方案有法律约束力。针对不同事项开展各级各类听证会,是英美政治程序的一个重要环节[2],成为普通民众参与国家、城市和社区公共事务决策最直接的方式之一。拿美国城市规划的公共参与来说,根据决策内容和决策行为的不同,听证活动的性质和程序设计也有所不同,大致可分为两种:第一种是立法性(legislative)听证,如因规划的决策与变更等而召开的听证活动,此类听证会是为了尊重立法机构的决议,主要采取的是咨询型听证(reference-type hearing)的非正式程序模式,广泛地听取

---

[1] 佚名:《法国示威游行相关法规"擅自"游行或被判6个月》,《欧洲时报》2015年2月5日。
[2] 张康之、石国亮:《国外社区治理自治与合作》,中国言实出版社2012年版,第142页。

公众的不同意见,就宏观规划中的战略性、政策性问题展开讨论并达成基本的理解和共识。第二种是针对准司法(quasi-judicial)行为和一般行政(administrative)行为(如规划许可等)的听证活动,主要对具体的、有针对性的异议进行调解、审查和裁决,采取更为严格的审判型听证(trial-type hearing)的正式程序模式,旨在保证裁决的公平公正性。一般来说,此类听证必须包括9个要素,才能满足正当程序的要求:(1)及时的通知和充分的告知(听证的时间、地点、讨论的问题等),(2)允许任何市民的参与,(3)设定基本的听证规则,(4)质证辩论程序的设置,(5)公开所有相关信息,(6)事实认定,(7)避免利益对立,(8)迅速裁决,(9)记录材料的保留。除此之外,对于此类听证的具体程序设计的细节,一般也以类似于法庭裁判的标准严格要求[1]。目前,听证制度已经成为欧美国家特大城市基层治理中听取居民意见、表达立场观点的重要制度之一,如纽约市的每个社区,每月都要开展社区听证会,通常选择便于居民参与的时间和地点进行,对涉及社区居民公共利益的议题、热点和难点进行相互沟通,成为公民积极参与公共事务、争取自己权利的有效平台。

(三) 开展多种类型的民意调查活动

民意调查发源于20世纪的美国,随后在全球经济和社会事务中得到了广泛的应用,通常而言,民意调查被用来获知用户或者民众对于政府及公共服务的满意度和评价。它使用的范围更加广泛,比如对生活质量改善、农村地区灌溉设施、医疗卫生状况、城市道路和教育设施、政府采购和公共预算透明度以及政府腐败等领域开展公民满意度调查等[2],成为民众参与社会公共事务治理的重要渠道之一。美国形成了包括政府和民间机构在内的诸多

---

[1] 王郁:《公众参与及美国城市规划制度的发展》,《城市发展研究》2009年第6期。
[2] 黄冬娅:《以公共参与推动社会问责:发展中国家的实践经验》,《政治学研究》2012年第6期。

民意调查体系,建立了多元化的民意调查网络,其民间最为著名的调查机构就是成立于1935年的盖洛普公司研究所,该公司目前拥有3 000多名员工,在美国有12个地区办公室,在全球20多个国家有它的40个分支机构,是美国影响力最大和最权威的民意调查机构。美国联邦政府和地方政府的相关机构非常注重开展民意数据的调查,以全方位了解民众的基本情况及其对相关政策和公共事务的态度与行为反应,为政府公共政策的优化和服务质量的改进提供依据,最典型的有美国情报局(USIA),主要负责收集国外民众对美国的意见,向总统和其他外交政策制定者提供咨询。此外,还有大量的委托私人商业研究公司和学术中心来收集公民数据[1]。除了民众直接参与的一些调查活动外,还有一种间接的参与表达方式,就是通过调查委员会的方式,如瑞典政府有专门的"调查委员会",组成人员包括国会议员(含反对党)、政府官员、专家学者和党派、工会、行业、媒体、民众的代表等,基本涵盖了社会各个阶层和利益群体,调查研究委员会独立地通过各种调查方式获取广泛的资料、信息和意见,最终形成调查报告提交给政府。调查委员会制度为各利益群体提供了合理的政治参与渠道,其组织形式实现各利益群体间的合理利益配比,缓和了利益矛盾,是瑞典利益表达机制的一大亮点[2]。

(四) 公众借助社会组织或利益集团参与公共事务

对广大民众而言,并非所有成员都有相同的机会参与社会公共事务的决策,因此,作为普通民众,相互组织起来形成专业性的社会组织,或者加入一个活跃的利益集团,向政府或当地官员表达他们的期盼和愿望,成为发达国家公众参与的一种重要形式。这种参与的典型代表包括各种行业协会、

---

[1] 李莹:《美国政府对民意调查的应用》,《理论界》2007年第5期。
[2] 殷蕾:《利益表达:公平正义收入分配制度的基石——以瑞典模式为例》,《经济研究》2013年第1期。

游说集团、民间社团组织等,其中各类行业协会通过收集信息资料、撰写分析报告,帮助政府理解制定某方面法规的重要性,协助议会、政府在制定法律法规时和有关利益群体沟通,保护协会会员的权利;游说集团和非政府组织是发达国家一种特殊的公众参与形式,当今美国华盛顿有成千上万个游说集团与非政府组织,它们可以通过互联网跨越国界,宣传自己的主张,招揽同情者,结识盟友,向政府和地方议员施加压力,这些组织的影响力日益增大,它们甚至称自己为企业和政府之外的"第三部门"[1];社会团体更是联结广大民众的一种重要参与平台和机构,而这些团体的利益需求,主要通过政府议员加以代表和反映,如美国在2001年全国城市联盟对市议员的调查中,议员们倾向于代表某个团体利益的占比排序为:邻里(86%)、老人(37%)、少数族裔(26%)、妇女(24%)、民族群体(21%)、商界(21%)、市政雇员(17%)、"其他"及环保人士(各占17%)、工会(8%)、房地产经纪人和开发商(7%)、政党(4%)。当问及议员认为哪个团体对议会决策影响最大时,排在第一位的仍然是邻里(54%),然后是商业团体(28%)、老人(24%)、房地产经纪人和开发商(16%)、市政雇员和少数族裔(各占14%)、妇女和"其他"(各占13%)、环保人士(10%)、民族群体(9%)、工会(8%)、政党(7%)[2]。可见,以广大基层社区民众为主体的邻里组织或团体,是欧美国家对市政决策最具影响力的团体。

三、构筑广泛的社会志愿行动参与

公民参加各类志愿服务,既是一个社会文明的象征,也是公众参与社会

---

[1] 郝雨凡、张燕冬:《游说政治——美国利益集团如何影响政府》,http://study.ccln.gov.cn/fenke/lishixue/lsjpwz/lssjs/13724.shtml. 2013-07-11.

[2] [美]戴维·R.摩根等:《城市管理学:美国视角》(第6版),杨宏山、陈建国译,中国人民大学出版社2011年版,第107页。

治理的重要方式之一。在这一方面，发达国家已经积累了志愿服务的丰富经验。发达国家志愿服务的具体经验包括：

(一) 营造将志愿服务作为生活方式的文化氛围

笔者以为，中国作为具有5 000年发展历史的古老文明国家，人们之间并不缺乏互帮互助的文化基因，只是随着改革开放以来人们过于追求经济利益，在某种程度上对社会整体信任度造成了巨大损伤，再加上相关法治建设不健全，使得当今社会出现"好人难做""不愿意做好人"的现象，这是与我国优秀的传统文化精神和经济发展实力不相适应的。而恰恰在这一点上，发达国家或发达地区表现出大多数居民在完成本职工作之余，坚持长期、义务地参与各类志愿服务活动，为社会、为困难群体提供必要的社会帮助或服务，已经成为其民众的一种重要的生活方式、日常生活的重要组成部分，从而使得志愿服务成为其民众的根植性文化性格，这才是发达国家或地区志愿服务高度发达的深刻原因，也是重要的结果和表现。这一点从发达国家或发达地区民众的志愿服务时间上可见一斑，根据一份研究报告，全球34个发达国家的志愿者人数占经济活动人口比重达到1.68%，而我国2013年的这一比重仅为0.01%。根据美国国家与社区服务机构的统计，2012年大约6 500万美国人当过志愿者，占美国成人人口的26.5%，共投入了79亿小时的志愿时；新加坡人参与志愿服务的时间，在2012年创下历史新高，有32.3%的国民参与志愿服务，当年全国志愿服务总时数达9 100万个小时，相当于人均72小时①，对比我国2013年的志愿服务时间只有3 579万小时，远远低于美国和新加坡的水平，社会参与水平明显偏低。

(二) 建立健全完备的志愿服务法律体系

要想做到志愿服务活动的常态化、长期化，必须具备配套的法律法规体

---

① 《让志愿服务更规范》，《国际先驱导报》2015年6月1日。

系,对志愿服务管理体制机制、志愿者组织管理、志愿者激励政策等作出明确的法律规定。发达国家或发达地区在推进志愿服务的过程中大都奉行法律先行的原则,构建了一套比较系统、完善的志愿服务法律法规体系,如美国的《志愿者保护法》、加拿大的《志愿工作法》、澳大利亚的《志愿服务原则》、西班牙的《志愿服务法》、波兰的《公共利益和志愿者法》等,通过立法的形式保障志愿服务依法运行[1],这成为世界各国的通行做法,也是重要的经验[2]。

(三) 组建专门统一的志愿者管理机构

社会志愿服务工作是一项具有协同性的全国事业,应设置全国统一的专职机构加以组织管理,制定统一的志愿服务计划,整合志愿服务资源,构建志愿者参与的有效渠道和机制,实现常态化、有序化的志愿参与活动。目前我国除了志愿者参与志愿服务活动的渠道不畅外,还存在志愿服务的多头管理问题,如文明系统、民政系统、教育系统、妇联系统等多个部门都在开展各自为政的志愿服务工作,相关部门之间关系界定不清晰,职责权限难以明确,造成了志愿服务资源的重复浪费以及志愿服务活动的盲目性、随意性和无序性。而针对这一点,西方的志愿服务体制具有一定的先进性,它们依法组建统一的志愿者服务组织管理机构,明确管理职能,保证了志愿服务活动的统一化开展。例如美国,1993年克林顿政府对联邦志愿服务体系进行了总体改革,依据国会通过的《国家与社区服务机构法》,组建了新的联邦机构"国家与社区服务机构"(Corporation for National and Community Service,简称为CNCS),该机构由一个高级别理事会领导,理事和首席执行官均需由总统任命,经参议院批准。这个独立机构合并了原有的"行动"和"国家与社区服务委员会"的全部职能,统管了所有国内的联邦志愿服务计

---

[1] 党秀云:《论志愿服务的常态化与可持续发展》,《中国行政管理》2011年第3期。
[2] 黄信瑜、石东坡:《台湾地区志愿服务立法评述及其启示》,《江苏社会科学》2012年第6期。

划。而在 2002 年,白宫又设立了志愿服务协调机构——"美利坚自由服务团",并发起了国内"公民服务队"计划和国际"缔造繁荣志愿者"计划,在有效动员社会民众积极参与志愿服务活动方面发挥了十分重要的功能和作用①。

(四)推行适度可行的志愿者激励

尽管无偿提供服务是志愿服务活动的真谛和宗旨,但这并不等于志愿服务不需要付出成本,因此,为组织志愿服务的公益创业人才和志愿者本身提供相应的待遇和补偿,也是持续开展志愿服务活动的必要条件。但这一方面,我国还存在较多的问题和困难。对此,发达国家或地区,除了强调志愿服务的无偿性、公益性特征外,积极推行配套、有效、可操作性强的志愿者激励措施,依法维护志愿者的合法权益,成为政府实现志愿服务活动规模化、持续化发展的重要战略选择。例如,美国规定,考虑到不少老年人的生活并不富裕,参与"养祖父母计划"和"老年伴侣计划"的志愿者,如经济收入符合法定标准,可领取每小时 2.65 美元的津贴;参加"服务美国志愿队"计划的志愿者除享受生活费补贴和医疗保险外,还可在服务期满后获得教育奖励②。例如,每年新加坡国庆日,都会向长期志愿服务的基层领袖颁发不同级别的公共服务勋章;他们还可享有社区内免费停车的优待;子女在小学入学时,可享有优先报名权。这些都是吸引和鼓励居民参与社区服务的重要措施③。

(五)对青少年和学生群体实施社会服务教育

前文已经提到,志愿服务的蓬勃发展,最终依赖的是一个国家或民族是

---

①② 徐彤武:《联邦政府与美国志愿服务的兴盛》,《美国研究》2009 年第 3 期。
③ 《让志愿服务更规范》,《国际先驱导报》2015 年 6 月 1 日。

否具有提倡互帮互助、慈爱友善的文化根基,而这种文化根基的培育需要靠教育的力量和社会实践的真切行动,一代一代往下传承和发扬光大。中国博大精深的优秀传统文化充分表明我们不乏志愿服务的文化基因和民族性格,但恰恰缺乏的是对大部分青年一代和下一代关于传统文化精髓的教育和传授。更重要的是,在当今以分数为导向的学生招考录取制度下,中小学生们本应该接受的各类社会实践活动难以得到实质性的保障。对此,发达国家或地区的经验非常值得我们学习借鉴,典型代表有美国推行的"服务性学习与社区服务制度",该制度通过立法规定,参与志愿服务活动是一个学生获得毕业资格证书的基本条件,如1993年马里兰州就开始实施,1997年的高中毕业生是首届必须达到规定学时才能拿到毕业证书的学生。2010年及以前的中学毕业生必须积累60个学时的服务性学习,从2011年开始增加到75个学时。孩子们小学5年级毕业,当年暑假就可以开始参加服务性学习,积累学时。从外州转学来的学生,如果原来所在的地方没有参加服务性学习的硬性规定,则根据转学的年级不同,有不同的学时要求,例如6年级转学学生要求75个服务性学习学时,12年级转学学生要求10个学时。正是这种强制性的社区服务教育,把志愿服务的思想、理念和行动扎根于孩子们心中,伴随他们的成长,志愿服务自然就成为社会大众的一种习惯性行为。

第四章 实行公私合作的公共服务多元化供给

社会治理是一个不断满足民众发展需求、不断解决社会问题的动态过程。通常而言,随着经济增长和社会生活水平的不断提升,人们对教育、科技、文化、卫生、体育等社会公共服务的质量和效率也会提出相应的要求。而顺应社会发展的进程与服务需求,创新政府公共服务的治理思维和供给机制,协同整合社会、市场等多种资源,为广大民众提供与经济发展水平相适应、多元化、多层次、可选择的公共服务,是检验社会治理有效性的核心因素。综观发达国家或城市,强化政府服务职能,创新公私合作伙伴机制,加大政府购买服务,成为政府应对日益严重的公共服务压力的主要途径和手段。本书主要围绕"政府购买公共服务"这一核心机制来进行公共服务供给的相关经验研究。

一、注重政府对基本公共服务的财政投入

在公共服务供给中,政府到底扮演何种角色,这在西方政治发展中经历了一个不断变化、不断创新的过程。在 20 世纪 30 年代以来的凯恩斯主义时期,西方国家政府对经济和社会的干预力度不断加大,政府的服务职能不断增强,而在 20 世纪 70 年代以后的新公共管理运动、新公共服务、新自由

主义时期,政府"掌舵而不是划桨""授权而不是服务"成为主导理念,公共服务的市场化、民营化成为公共服务供给的新方式,旨在提高公共服务的效率和质量。尽管如此,正确处理政府间关系,不同层级政府明晰各自的服务职责,注重政府对公共服务的财政投入,确保为广大民众提供足够规模的公共服务数量需求,依然是发达国家公共服务供给的基本经验。主要体现在以下两个方面：

(一) 自上而下的各级政府之间明晰的公共服务职责

税制结构是反映一个国家中央与地方政府关系的重要维度,也是政府履行公共职能的重要物质载体和依托。纵观全球,发达国家的税制不尽一致,如美国奉行联邦税、州税、地方税三级分税制,英国实行中央税和地方税两种方式。尽管税制结构不尽相同,但根据中央和地方所能掌握的财政能力来合理地划分不同层级政府的公共服务供给职责,形成政府事权、财权相匹配的格局,是西方发达国家公共服务供给的首要经验。如英国,中央税收占到全国总收入的80%左右,而地方控制的收入比例较低(10%—20%),这种以中央为主的税收结构决定了以中央为主的社会公共支出责任结构,如在2007—2008财政年度支出中,中央支出占到73%左右,地方支出只占27%。医疗护理、养老抚恤、教育、国防、交通、社会福利、警务等公共开支成为中央政府的主要支出职责。根据财权不断向上集中的特征,英国在纵向政府间关系构建上,从事权财政相匹配的原则出发,形成了不同层级政府之间较为明晰的公共服务职责(表4.1)。一般而言,中央政府主要负责具有大宗规模效应、重要的基本公共服务职责,非实体性的区域政府重在传达公共政策的供给和需求信息而不承担公共服务职责。在占全国人口85%的英格兰地区,地方政府设郡和区两级(苏格兰、威尔士和北爱尔兰地区只设统一管理区一级),家庭税、营业财产税收入按照一定比例在郡区两级划分。郡政府和区政府在城市规划、娱乐休闲、公园上有所合作外,分别提供一些十分细微的服务。教区也是没有财权的政府,它主要是帮助上一级地方政府完成一些琐碎的公共服务(表 4.1)①。

表 4.1 英国政府间公共服务职责划分

		政府主要支出职责
中央		医疗护理、养老抚恤、教育、国防、交通、社会福利、警务、其他
区域		没有直接的公共服务支出职能,而是对某些项目在地方的执行进行补贴,并起到在地方与中央的需求和政策间的上传下达作用
郡	统一管理区	儿童与教育服务、成人社会福利服务、高速公路与交通、环境与规划、文化服务(图书馆、文化遗产)、房务、警务、消防与安全、其他
区		城市规划、娱乐休闲、公园、街道清理、废品回收、消费者保护、选举、房务、颁发执照、殡葬、其他
教区		选举、目的管理、除鼠、道路修复、公车站台、公厕、公共牧场、慈善、其他

(二) 保持相对稳定、较大力度的社会公共支出

除了强调和明晰不同层级政府的公共服务职责外,从国家治理角度出发,在经济发展过程中,政府公共财政对涉及民生和公共服务的社会公共事务始终保持相对稳定、较大力度的投入力度,以此来确保公共服务的持续性供给,不断满足国民日益增长的社会服务需求,缓解经济发展与社会发展之间的矛盾,这是发达国家公共服务供给的重要财政制度保障。

一是政府公共支出占 GDP 较大的比重。政府公共支出占 GDP 的比重大小,不仅反映着政府职能的扩张趋势,也反映着政府不断满足日益增长的社会公共服务需求的能力和程度。发达资本主义国家的发展历程充分说明了这一点,即在崇尚个人自由的早期发展阶段,政府本着较少干预的方针,公共支出的目的重在"维持社会秩序"和"捍卫国家安全",而对经济、文化、社会等方面很少作为,投入也少,但随着经济危机和社会矛盾的不断加剧,

---

① 江依妮:《英国集权财政下公共服务供给的分析与启示》,《当代财经》2011 年第 4 期。

为了防止社会动荡愈演愈烈,不得不设法提高广大劳动人民的生活水平并提供基本的社会保障,由此而导致财政支出日益膨胀,其支出份额占国家GDP的比重也开始稳步增长。综观全球各国的发展实践,公共财政支出占GDP的比重,与国家经济发展水平直接相关,经济发展水平越高,这一投入比重也越高。纵向上看,随着经济的不断发展,支出占比也相应地保持增长态势;横向比较,经济发达国家的支出水平普遍高于发展中国家水平。数据表明,发达国家政府支出占GDP的比重在2008—2014年达到40%以上,新兴经济体和中等收入国家的平均政府支出占GDP比重在2008年后开始超过30%。我国在2015年的政府公共支出占GDP比重才达到30%的水平(表4.2)[①]。

表4.2 2007—2020年部分国家的政府支出占GDP比重

(单位:%)

年份	2007	2009	2011	2013	2014	2015	2020
发达经济体平均	38.1	44.0	41.9	40.9	40.7	39.8	38.4
美国	34.9	41.9	39.0	36.6	36.8	36.2	35.4
英国	39.5	45.9	43.8	42.5	41.5	40.4	36.4
德国	42.1	46.7	43.7	44.3	43.9	44.2	43.8
法国	52.2	56.8	55.9	57.1	54.6	54.7	51.4
日本	33.3	40.0	40.6	40.5	40.3	39.6	39.8
丹麦	49.6	56.8	56.8	57.1	54.6	54.7	51.4
新兴经济体平均	27.1	30.8	30.2	31.4	31.7	31.8	29.6
巴西	37.7	37.2	37.6	38.6	40.3	39.8	37.6
印度	26.4	28.3	27.2	27.0	26.5	26.7	26.5
南非	27.2	31.7	30.9	31.7	32.1	32.5	29.7
中国	18.4	25.6	27.1	29.3	29.6	30.9	28.5

---

① 邵鹏:《〈财政学〉第五讲(上)公共财政支出规模分析》,微信公众号《商业理想国》2018年12月3日。

二是医疗健康、社会保障、教育就业、福利等社会性公共支出是政府支出的主体部分。社会性公共支出主要包括教育、就业、医疗卫生、社会保障、收入保障等内容,社会性公共支出占政府支出的比重大小,实际上反映了政府对公共服务的重视程度与投入能力,比重越大说明政府履行公共服务职能的能力也越强。发达国家普遍经历了物质财富普遍匮乏和最低限度的公共服务供给阶段,然后是物质财富快速增长但公共服务供给水平的提高相对较慢的阶段,第二次世界大战以后,进入社会经济成熟期的发达国家才逐渐能够把相对丰裕的公共服务更均衡地分配到社会各个领域,形成政府财政支出中社会性公共支出占据主体的基本格局,社会性公共支出占政府支出的比重不断上升。以美国为例,1968年以前,在政府支出中,用于教育、就业、医疗卫生、社会保障、收入保障等社会性公共支出的比重基本处于35%以下,1971年超过40%,1974年超过50%,1995年超过60%,2002年已经超过了65%(图4.1)[1]。实际上,不管是中央政府还是地方政府,在法律规定的职责范围内,普遍重视并主动加大对满足人们发展需求的公共服务投入,是西方发达国家公共服务供给的一个普遍做法,也是一个重要的基本经验。如早在2007年,英国地方政府总支出的29.9%、28.5%分别花费在教育、社会保障和福利项目上,两者合计占全部地方政府支出的58%左右;法国地方政府在这两个项目上的支出比重分别为19.5%、17.4%,占全部地方政府支出的37%左右[2]。最新研究数据也表明,不管是中央政府还是地方政府(针对一些公共服务,发达国家也会形成不同类型的支出责任模式,有些服务的支出可能以中央和地方政府之间分配相当,有些服务支出则可能偏向中央或地方政府一极)[3],发达国家的政府财政支出结构中,都将

---

[1] 林宝、隆学文:《发达国家政府公共服务支出的变化趋势及启示》,http://blog.sina.com.cn/s/blog_5f2cfc110100ehgk.html.
[2] 寇铁军、周波:《政府间支出责任划分的国际经验与启示——基于发达和发展中国家政府支出结构的比较分析》,《财政研究》2007年第4期。
[3] 安体富、贾晓俊:《外国基层政府公共服务能力考察及对我国的启示》,《地方财政研究》2010年第5期。

较大的支出比重花费在社会保障、卫生健康、教育和福利等促进人类发展型服务支出上(图4.2),这为公共服务的足额化、规模化供给打下了坚实的物质基础。

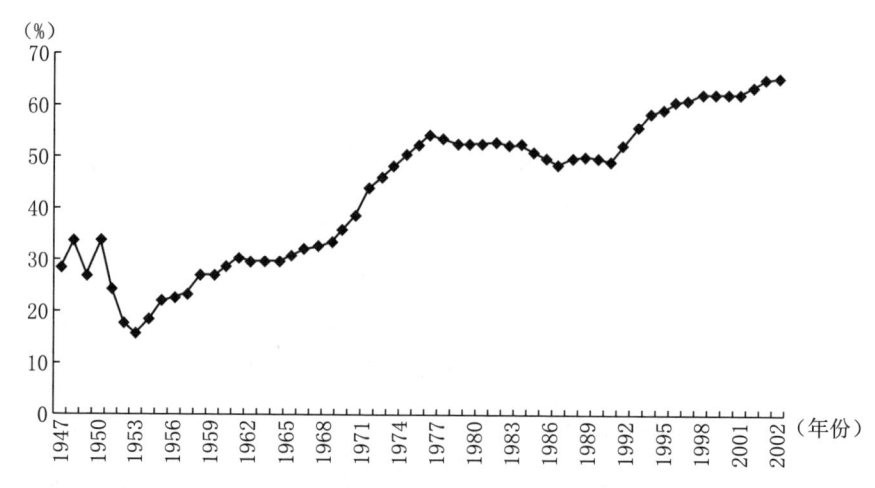

图4.1 美国社会公共支出占政府支出比重的变化趋势

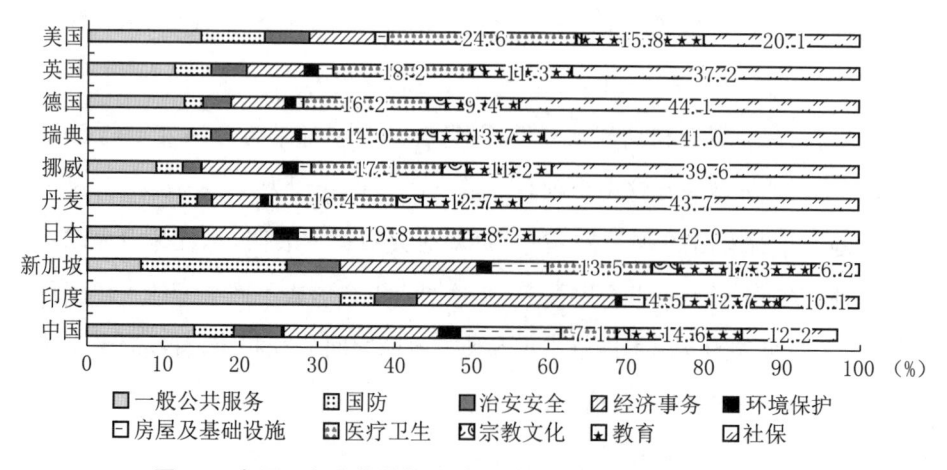

图4.2 各国一般公共服务、社会保障等促进人类发展服务支出

数据来源:中国财政部、印度财政部、IMF(中国数据为2018年,印度数据为2016年,IMF数据为2017年),CCEF研究。

资料来源:林采宜:《公共财政教育支出的国际比较》,微信公众号《首席经济学家论坛》2019年11月6日。

二、公共服务购买的多元供给机制

假若一个国家或城市政府不能为自己的公民或居民提供相对充足、较高质量的公共服务,无法有效满足民众的发展需求,那么其社会治理就不见得非常成功而有效。从这一视角来看,发达国家在20世纪70年代以来受"新公共管理""新公共服务""民营化"等理论思想的影响,政府除了继续强化公共服务职能外,着手在教育、社会保障、医疗等领域推行政府、市场、社会多元参与的公共服务供给体制改革,普遍建立健全政府购买公共服务机制,制定法律法规为公私合作提供保障,促使公共服务供给主体呈现多元化趋势,以提高公共服务的效率和水平,解决社会公共问题。围绕政府购买公共服务制度体系,主要举措和经验如下。

(一)建立多渠道、多元化的政府资助方式

在西方学者的学术研究中,政府购买服务的本质实际上就是"民营化"[1],是指政府将承担的行政管理或者公共服务职能转移给民间,由民间进行生产或者提供服务。"民营化"一般而言分为政府撤资(divestment)、政府委托(delegation)、政府淡出(displacement)三种类型。其中政府委托指政府将管理或者服务职能,部分或者全部委托给私人办理,政府仅承担监督责任。政府委托的具体方式包括合同外包(contracting out)、特许经营(franchise)、提供补助(grant)、抵用券(voucher)、强制(mandate)五种。调查显示,1987年美国超过5 000人口的市镇和超过25 000人口的县99%实行过合同外包;从1982年到1997年,地方政府在选择替代性服务提供方式

---

[1] [美]E.S.萨瓦斯:《民营化与公私部门的伙伴关系》,周志忍等译,中国人民大学出版社2002年版。

时,90%的服务使用合同外包的方式完成[1]。但根据美国城市研究所的一项实证研究表明,美国联邦政府主要采用以下五大资助渠道,给个人或社会组织提供资助以生产公共产品或服务,让其帮助政府解决公共服务短缺的问题,这些资助方式主要包括:一是直接补贴,主要在社会安全、食品、住房等领域,给个人直接提供补贴凭证。二是贷款担保,即为完成某种事情,政府为消费者或当事人提供低息贷款或贷款担保,但消费者需要偿还,如联邦学生援助基金就属于此类。三是支付保险费,例如有联邦退伍军人事务部给退伍军人支付个人保险费、联邦房屋安全紧急管理机构对因房屋损坏导致无家可归者支付保险和食品等,这种保险方式也应用在组织上。四是购买服务或服务外包,就是政府通过付费的方式成为公共服务的购买者,市场或社会组织作为服务的生产者或出售者从政府获得一定的经费,双方通过制定购买服务合同的方式,建立具有法律意义的合作伙伴关系,以此扩大公共服务的生产和供给。五是提供补助,也就是经过政府授权,给某些提供公共或非公共服务的非联邦实体提供一定的经费资助,尽管这些服务生产者并没有向联邦政府提供服务报表。在2011财年度,美国联邦政府通过这五种资助方式,总共支出了约3.3万亿美元,约占联邦政府总支出的30%,其中直接补贴占27.3%、保险支出占38.3%、提供补助占17.3%、合同外包占16.4%、其他占0.2%[2]。正是这种多元化的财政经费资助方式,为政府与市场营利组织、社会非营利组织之间进行多样化的公共服务合作或购买方式提供了重要条件。

(二)建立健全政府购买服务的相关法律规范

自20世纪70年代以来,西方发达国家为应付沉重的财政压力和巨大

---

[1] 常江:《美国政府购买服务制度及其启示》,《政治与法律》2014年第1期。
[2] Sarah L. Pettijohn, *Federal Government Contracts and Grants for Nonprofits*,http://www.urban.org/research/publication/federal-government-contracts-and-grants-nonprofits.

的公共服务需求,纷纷建立了公私合作的政府购买公共服务制度,至今这一制度已经运行了40多年。而在这一制度成功运行的背后,除了政府与非营利组织之间进行协商合作外,更加注重对双方具有硬性约束力的法律法规体系建设,旨在为公私合作供给公共服务提供法律依据和制度保障。例如,美国早在1977年制定的《联邦政府拨款和合作法案》,为政府是否采取拨款或合同购买的方式,提供了基本的判断标准和依据,此外还有《联邦政府采购法案》《联邦财产和行政服务法》《合同竞争法》《服务获取改革法》《联邦政府绩效和结果法》等,对购买公共服务的相关事宜作出了较为明确的规定。欧盟于1992年颁布《公共服务采购指令》,将机动车及设备维修、电子政务及相关服务、会计和审计、楼房清洁及财产管理、收费或依据合同的印刷和出版、污水和垃圾处理、人员安置与供应、调查及安全服务、健康与社会服务、文化及体育等27类公共服务全部纳入向市场购买范围,凡是超过20万欧元的公共服务,一律公开招标购买[1]。1998年,英国政府制定了促进公私合作的指导性协议——《政府与志愿及社区组织合作框架协议》,对志愿部门、政府法定部门在公共服务中的权责作出了明确的规定,成为政府各部门、地方政府与非营利组织之间的合作指南及工作备忘录[2]。日本政府早在1997年就制定了《利用民间资金促进公共设施等整备相关法》,2000年3月又制定了《关于制定利用民间资金等公共设施整备相关项目实施的基本方针》[3],其健全的法律法规构建了包括BTO(Build Transfer Operate)、BOT(Build Operate Transfer)、BOO(Build Own Operate)等较为完整的公私合作供给模式(专栏4.1)。可见,立法为先,依法运作,是发达国家实施公私合作供给服务公共或政府购买服务的重要经验之一。

---

[1] 谢海山:《国内外政府购买服务的简要历程》,《社会与公益》2012年第8期。
[2] 张汝立、陈书洁:《西方发达国家政府购买社会公共服务的经验和教训》,《中国行政管理》2010年第11期。
[3] 王婷:《日本政府如何向民间购买公共服务》,《中国经济周刊》2013年9月2日。

专栏 4.1　日本政府购买清理垃圾服务的基本做法与经验

生活垃圾处理是购买公共服务的典型领域。如今,日本新建垃圾处理厂采用的模式大体为:政府通过招标选择民间企业。民间企业成立特殊项目公司(Special Purpose Company, SPC)负责垃圾处理设施的建设和运营,SPC同地方政府签订项目实施合同。SPC取得废弃物处理法规定的各种许可,从金融机构融资,同保险公司签订保险合同。地方政府将收集来的垃圾送至处理厂,根据合同规定的条件委托SPC处理,同时根据合同规定的各项标准支付给SPC委托费用。委托费用一般由两部分组成,一是根据处理量计算费用,还有一部分是根据处理的质量,对符合标准的部分支付费用。由于废弃物发电可上网卖电,SPC的实际收入还包括卖电收入等。

建设运营生活垃圾处理设施的合同年限多为15—20年。由于项目周期长,其间会产生不确定因素。为保证项目平稳运行、确保处理质量,日本政府在设计项目时加入了两个重要条款。

一是地方政府保证一定的垃圾处理量。因为项目周期长,垃圾处理量的变动直接影响到项目的成败。

二是官民明确责任分担。新建垃圾处理厂项目的实施主体为政府,项目的主体在民间。根据适合风险管理的一方承担风险并使费用最小化的原则,确定民间和政府应该分担的责任内容,并将整个项目过程中的风险写入合同之中。这样,过去由政府承担的一些技术风险,利用私人主动融资(Private Finance Initiative, PFI)方式可适当地转移到民间主体上来。

事实证明,采用民间资金促进公共设施或公共服务的方式,通过充分的竞争,同旧模式相比可以节约两三成的成本。同时,民间的参与有利于政府导入新的技术并且减轻地方政府承担新技术的风险。

资料来源:王婷:《日本政府如何向民间购买公共服务》,《中国经济周刊》2013年9月2日。

（三）建立包括预算、判别、购买、监管、评估在内的完整程序

根据发达国家的实践来看，公私合作或政府购买公共服务是一项包括预算、判别、购买、监管、评估等在内的系统性工作，是政府与市场、社会之间的紧密配合，更是政府公共责任的直接体现，确保了所购买的公共服务的数量与质量。根据政府购买服务的主要运作过程来看，主要包括以下四个重要环节。

首先，发达国家从开始购买社会公共服务，政府就确立了财政资金的支付原则。如美国，政府严格规定该项资金只能用于社会公共服务领域，既要保证资金投入公平，免受不必要的影响和舆论压力，又能达到既定目的，实现产出效用最优化等。此外，引入绩效审核，分类别、分层次地预先评估采购不同的服务需要财政投入的比例、规模和水平，以匹配不同服务价值[1]。

其次，政府根据相关目的与法规来确定是否采取购买服务的方式以及何种方式。也就是说，到底哪些公共服务适合政府购买，而哪些服务只能由政府来生产和提供。如美国，根据联邦采购政策局的政策规定，涉及"政府固有职能"[2]的公共服务，不能采取购买服务的形式来供给，只能由政府来生

---

[1] 张汝立、陈书洁：《西方发达国家政府购买社会公共服务的经验和教训》，《中国行政管理》2010年第11期。
[2] 所谓"政府固有职能"，是指若某项职能与公共利益密切相关，应当由政府公务人员执行的，即属于政府固有职能，主要包括：(1)刑事侦查；(2)公诉和审判(仲裁和其他替代性纠纷解决方法除外)；(3)军队指挥；(4)外交事务和外交政策的决定；(5)政府部门政策的决定权，如对管制内容和适用范围的决定；(6)联邦施政计划优先顺序和预算请求的决定权；(7)联邦政府雇员的指挥管理；(8)情报和反情报活动的指挥和控制；(9)选任联邦政府雇员的决定；(10)联邦政府雇员的职位描述和考核标准的决定；(11)政府财产处分条件的决定；(12)联邦采购活动的重要决定，包括决定采购哪些财产和服务、参加有关招标投标的投票、批准合同文件、决标、合同管理、决定合同价格是否合理以及终止合同；(13)对信息公开请求申请的批准；(14)对决定重要权利或资格的听证会召开的批准；(15)核发联邦执照及检查的批准；(16)预算政策方针和策略的决定；(17)规费、关税、罚金、赋税和其他公共基金的征收、控制和分配；(18)财政账户的控制；(19)公共信托的管理。参见常江：《美国政府购买服务制度及其启示》，《政治与法律》2014年第1期。

产和提供,最大程度地确保公共利益。美国国际市县管理协会(ICMA)把政府购买的公共服务项目分成七大类:公共工程与交通、公共安全、公用事业、健康与人力资源、公园及娱乐、文化艺术和保障功能。这一做法就好似制定了一份"政府购买服务的负面清单",除此之外的公共服务,都可以通过公私合作的方式来供给。在此基础上,进行成本—收益分析,进一步评估确定到底采取哪种公私合作方式或政府资助方式,以保障政府从市场上获取低成本、高质量的公共服务。实践表明,采用合同外包,是美国等发达国家采取的主要合作方式,统计表明,美国联邦政府已经与私人公司、研究机构和个体顾问签订了大约 2 000 万个合同[1];2012 财年,纽约市政府通过 4.6 万单合同,采购的供应、服务和建设项目超过 105 亿美元[2]。

再次,根据不同服务的性质选择采取对应的购买程序。在确立了购买服务的类型与购买方式以后,政府开始从市场上寻找最合适的服务生产商或非营利组织,共同签订购买服务合同,而根据不同的服务内容,采取不同的签订合同程序,如美国,对有具体的服务质量标准、双方可以事先详细约定权利义务与价格、服务成本能够在事前进行估算、监管成本较低的服务事项,例如垃圾收集、拖车、道路维护等服务,采取公开招标或者竞争性谈判的方式,从多元竞争主体中选择最合适的服务生产者,实现服务成本的"最低价"和服务质量的"最优化"。公开招标的程序大致上分为确定招标的服务种类、准备招标合同细则、发布招投标说明、投标、评估标书和决标六个阶段;而对难以进行明确的成本收益衡量、服务质量标准不易量化、监管成本较高的服务事项,包括精神卫生服务、婴幼儿照料、养老服务等,政府主动寻找一些有实力、有知名度的民间服务生产者,要求撰写服务计划,政府从中选出最优者,采取邀标、协商合作、定向委托等方式

---

[1] 张建伟:《西方国家政府购买公共服务对我国的启示》,《东方企业文化》2010 年第 15 期。
[2] 蒋寒露:《综述:美国专家谈政府向社会购买公共服务》,http://world.people.com.cn/n/2013/0810/c157278-22516062.html。

签订服务合同①。

最后,实施严格的监管和评估。在服务提供过程中,政府并没有放弃自身对公共服务的应有职责,而是采取信息披露、全面质量评估、抽样调查、听取服务消费者反馈意见等形式,加强对服务提供商的过程监管,提高绩效评估的奖励力度和惩罚力度,以保障公共服务的质量。

(四) 人类服务和健康服务是政府购买公共服务的重点内容

在依法明确了政府购买公共服务范围和类型的基础上,政府把购买服务的重点放在人类服务和健康领域,旨在努力满足人的生存发展需求,提升人的生活品质,是发达国家公私合作供给公共服务的一个重要特点,也是值得我国政府购买服务借鉴的一个重要经验。如根据美国城市研究所的一项针对拥有 10 万美元以上资产的慈善非营利组织参与公共服务供给的情况调查,2012 财年,全美联邦政府与慈善组织签订的合同数和补助项目为 55 702 个,购买服务总支出为 1 374 亿美元,其中,人类服务和健康服务是政府购买服务的重点对象,这一点从其年度服务购买支出额中可见一斑,如 2012 年度购买人类服务和健康服务的支出额分别为 805 亿美元和 364 亿美元,分别占到年度购买支出总额的 58.6% 和 26.5%(表 4.3)②,成为政府购买服务的主体部分。

表 4.3 美国联邦政府购买服务(2012 年度)

购买服务类型	数量	比例	购买服务支出额(百万)	比例
艺术、文化、人事	7 189	12.9%	1 081	0.8%
教育	3 828	6.9%	5 223	3.8%

---

① 常江:《美国政府购买服务制度及其启示》,《政治与法律》2014 年第 1 期。
② Sarah L. Pettijohn and Elizabeth T. Boris, *Contracts and Grants between Nonprofits and Government*, http://www.urban.org/research/publication/contracts-and-grants-between-nonprofits-and-government.

续　表

购买服务类型	数量	比例	购买服务支出额(百万)	比例
环境和动物	2 359	4.2%	1 306	1.0%
健康	6 729	12.1%	36 448	26.5%
人类服务	29 483	52.9%	80 565	58.6%
其他	6 114	11.0%	12 769	9.3%
总计	55 702	100%	137 392	100%

资料来源：Urban Institute，*National Survey of Nonprofit-Government Contracts and Grants Finding From the 2013 National Survery*。

第五章 努力构筑中产导向的社会收入分配结构

　　注重社会收入的公平分配,努力缩小社会贫富差距,形成以中产阶级为主、"中间大,两头小"的"橄榄型"社会结构,是保持社会秩序与活力的有机统一、可持续发展的重要基础,也是任何一个国家推动社会治理的重要目标。诸多研究表明,当今时代尤其是进入 21 世纪以来,全球的社会差距仍处于不断扩大之中,社会不公平、社会不平等已经成为一个世界性治理难题。2014 年法国经济学家托马斯·皮克迪(Thomas Piketty)出版的学术著作《21 世纪资本论》从长时段的历史角度出发,系统地分析了欧美发达国家社会不平等的动态发展过程,并得出社会不平等仍然持续扩大的结论。世界不平均实验室的《世界不平均报告 2018》研究发现,全球最富有的 1% 的人群占有的财富份额从 1980 年的 28% 上升至 2016 年的 33%,与此同时底部 75% 的人群所占有的财富份额则一直停留在 10% 左右[1]。实际上,"中产阶层"和"社会不平等"都是多维度评价的专业性术语,具有特殊的内在规定,计算方法比较复杂,且众说纷纭,不是本书的研究重点,对此不作深入的专门分析,但中产阶层的扩大与一个国家或社会的社会不平等性紧密相关,不平等迅速增加之后会在一定程度上促进中产阶级收入的停滞,

---

[1] 世界不平均实验室:《世界不平均报告 2018(中文版)》,https://wir2018.wid.world/files/download/wir2018-summary-chinese.pdf。

他们在国民收入所占的比例会下降,中产阶级开始式微。近年来尽管经济自由化、私有化、全球化与政府规制缓和,在注重效率、释放市场活力的大背景下,发达国家面临着社会不平等、收入差距扩大、贫富两极分化、中产阶级萎缩等方面的挑战和危机[1],但发达国家拥有较高的中产阶级比重也是世界所公认的,如根据OECD的调查研究,英国的中产阶级占总人口的58%,OECD国家的平均水平为61%,美国皮尤研究中心研究显示52%的美国人属中产阶级,这一较高的比重既是OECD国家,尤其是一些发达国家顺利进入高收入国家行列的重要条件,也是长期以来保持社会总体稳定的重要结构性因素。因此,本章从社会治理的视角出发,主要对西方收入差距较小的国家,对旨在缩小收入差距、扩大或巩固中产阶层比重的收入分配制度改革经验进行系统归纳和总结,这对我国稳步扩大中等收入群体比重、推动共建共治共享的社会治理体系和治理能力现代化、不断迈向具有中国特色社会主义现代化强国具有十分重要的参考和借鉴价值。

一、依法构筑更多元、更富效率的初次分配格局

调节收入分配的第一个环节,就是在劳动力市场上或者企事业劳动机构中,让劳动者获得与付出相对应的最低收入或基本收入,切实增加劳动者的实际收入,实现劳动收入在整个国民收入中保持一定的比例,这是维持基本收入分配秩序的根基所在。以英国和美国为例,美国经济学家戈利(Golli)于2002年发表在《美国经济评论》(*American Economic Review*)上的一篇文章指出,美国和英国经济在过去50年中,劳动收入占GDP比重在

---

[1] OECD报告:《发达国家中产阶层正在消失》,《新浪财经》2019年4月15日。

65%到80%之间波动(图5.1)。其研究还表明,过去60年间,大部分OECD国家的劳动收入占GDP比重在65%到80%之间。在这一点上,有研究表明,中国初次收入分配中劳动者收入的比重较许多国家都低,并且这一比重呈现不断下降的趋势:中国1990年国民收入初次分配中劳动所得的比重为53%,2005年下降为48%[①],2018年进一步下降为42.7%。实际上,纵观全球各国的经济发展与收入分配格局,可以发现,收入分配变化有着与经济社会发展不同阶段相联系的特征和规律,决定收入分配的关键因素是生产方式,劳动、土地、技术和资本等生产要素关系的变化贯穿于收入分配的变化过程,个人或居民的收入差距(规模性分配)与国民收入中的要素分配份额(功能性分配)具有内在的一致性[②]。在资本占主导地位、新技术革命推动新经济发展的收入分配阶段,初次分配时更多出于对劳动者利益的保护,政府主动采取确保劳动者获得应有的收入的分配方式,达到既增加收入又激发工作积极性的目的,主要有如下做法与经验。

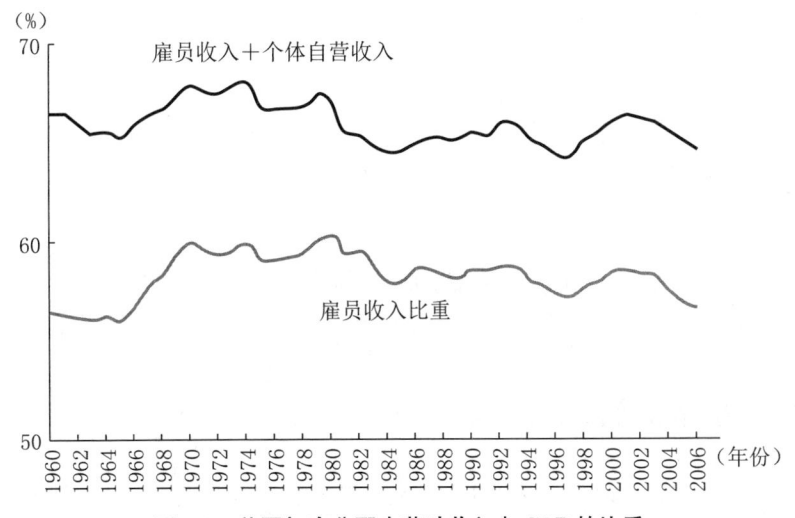

图 5.1　美国初次分配中劳动收入占 GDP 的比重

[①] 李稻葵:《重视GDP中劳动收入比重的下降》,《新财富》2007年9月21日。
[②] 张车伟、赵文:《功能性分配与规模性分配的内在逻辑——收入分配问题的国际经验与借鉴》,《社会科学辑刊》2017年第3期。

(一)通过立法调节和规范初次收入分配秩序

一些发达国家长期以来通过国家立法对初次收入分配水平进行调节,消除特权、垄断,规范收入分配秩序,通过立法来弥补市场机制的缺陷,是各国应对收入不平等的重要制度安排。德国先后颁布《劳资协议法》《企业法》《职工代表会议法》《共同决定权法》《家庭劳动法》《公共救助法》《失业救济法》等一系列社会法案,确保劳动者的基本经济和政治权利。日本政府通过制定《劳动基准法》《确保工资支付法》《确保工资支付法实施令》《最低工资法》等法律,对企业工资支付行为进行规范[1]。美国制定《谢尔曼反托拉斯法》《克莱顿反托拉斯法(1914年修正案)》《联邦贸易委员会法(1914年修正案)》三个法案,通过立法和司法手段对种种妨碍市场机制正常运行的社会障碍进行强力消除,以此保证反垄断的有效实施[2]。为限制财阀特权造成的不平等,1980年韩国出台了《限制垄断及公平交易法》,设立了国家公平交易委员会,并于1993年开始推行公职人员财产公示制度和金融实名制。针对东亚国家工业化过程中普遍存在的腐败现象,新加坡政府建立了现代公务员制度,实行"高薪养廉"和严格的反贪制度,为经济发展提供了一个相对廉洁的制度环境。瑞典是一个高度推崇信息公开的社会。2006年11月瑞典国家税务局开设了Ratsit.se网站,任何人都可以从该网站查询瑞典国内纳税人的收入和税负情况,以此将收入、逃税和漏税行为纳入全民监督之下[3]。

(二)依法建立最低工资制度

为了确保工人或劳动者在初次分配中获得应有的收入,西方发达国家

---

[1] 张瑾:《发达国家缩小贫富差距的经验和启示》,《全球化》2014年第4期。
[2] 陈雪峰、于哲:《美国收入分配机制运行经验及对中国的启示》,《经济研究参考》2015年第30期。
[3] 张来明、李建伟、喻东、冯文猛:《应对收入分配差距扩大的国际经验与启示》,《山东财经大学学报》2015年第4期。

在工业化过程中不断建立最低工资制度,为劳动者收入在国民收入中占到较大比重鉴定了制度基础。全球最早实行最低工资制度的国家是新西兰、澳大利亚,在19世纪末就创立了这一制度。如澳大利亚,从1904年起就相继制定了《调停及仲裁法》《工作选择法》《2006年劳资关系规例》《2007年最低工资决定》等法律法规,制定了联邦最低工资和特殊联邦最低工资两种标准,实现了最低工资水平逐年上升的状态。目前,澳大利亚领取最低工资的工人已达140万人,实施职业最低工资的行业已超过3 200个[1]。1795年英国议会曾经提出《工资法草案》,希望规定劳工的最低工资。1914年美国颁布的《克莱顿法》被称为"劳工大宪章",以保护劳工权利,限制垄断资本。1935年,美国有2/3的州制定和颁布了工资支付法。1935年的《国家劳资关系法》规定雇员有权参加劳工组织,从1935年到1945年,参与工会的美国劳工比例从12%上升到35%。1938年出台的《公平劳动法案》开始制定最低工资标准,要求企业支付给某些工人的工资不得少于每小时0.25美元,随后最低工资逐步上升[2],1947年5月14日通过了FLSA修正案,即《上班时间工资法案》,之后逐年对法案进行修正,向航空、零售、服务业、公立学校、护理行业、洗衣业、建筑业、农业、公共部门等领域不断拓展覆盖面,推行并不断提高最低工资标准。在美国历史上,名义最低工资提高了19次,15次是在商业周期膨胀阶段,4次是在商业周期紧缩阶段[3]。根据德国伯克勒基金会(Hans-Böckler Foundation)旗下的WSI研究所发布的《2019欧洲最低工资报告》,西欧国家的最低时薪在全球范围都属于较高水准,其中最高的是卢森堡(全球人均GDP第一的国家),达11.97欧元(约合

---

[1] 张明丽、杜庆、李方:《澳大利亚最低工资制度的实施情况及对我国经验借鉴》,《改革与战略》,2011年第8期。
[2] 张车伟、赵文:《功能性分配与规模性分配的内在逻辑——收入分配问题的国际经验与借鉴》,《社会科学辑刊》2017年第3期。
[3] 苏坚、苏志:《美国的最低工资制度及其借鉴》,《云南财贸学院学报(社会科学版)》2005年第3期。

91.36元人民币)/小时,而法国尽管人均收入在西欧处于中游,但法定最低时薪却仅次于卢森堡,排在第二(10.03欧元),紧随其后的是荷兰(9.91欧元)、爱尔兰(9.8欧元)和比利时(9.66欧元)(表5.1)。尽管国际学术界对最低工资制度的合理性存在激烈的争论,但毫无疑问的是,这一基本制度的运行,在提高一线雇员的实际收入、降低基层贫困家庭数量、缩小收入差距等方面发挥了较为明显的作用。

表 5.1 2019年世界各国法定最低工资标准

(单位:欧元)

国家	时薪	国家	时薪
法国	11.97	罗马尼亚	2.68
荷兰	10.03	拉脱维亚	2.54
爱尔兰	9.91	保加利亚	1.72
比利时	9.8	土耳其	2.3
德国	9.66	塞尔维亚	1.73
大不列颠联合王国	9.19	马其顿	1.63
西班牙	8.85	阿尔巴尼亚	1.17
斯洛文尼亚	5.45	俄罗斯	0.88
马耳他	5.1	乌克兰	0.78
葡萄牙语	4.4	摩尔多瓦	0.78
希腊	3.61	澳大利亚	11.98
立陶宛	3.39	新西兰	9.67
爱沙尼亚	3.21	加拿大	8.59
捷克共和国	3.11	日本	6.43
波兰	3.05	美国	6.14
斯洛伐克	2.99	阿根廷	1.72
克罗地亚	2.92	巴西	1.05
匈牙利	2.69		

资料来源:《2019年世界各国法定最低工资标准一览表》,趣财经2019年4月4日。

(三) 推行有利于提高劳动者收入的生活工资制度

最低工资是法律规定的工资,目的是使员工收入保持在所在地区的贫困线以上。但是,最低工资根本不足以为一个人提供谋生手段。不足以覆盖医疗、汽车或房客以及房主的保险等。因此,除了依靠国家的最低工资制度来确保劳动者获得最基本收入外,美英等发达国家还从社会公平、社会正义的角度出发,提出并实施"生活工资"制度,认为劳动者的工资必须足够工人本人和他的家庭过上有尊严的生活,能够保障他们在生病、工伤以及退休时的生活,即生活工资是为提供体面生活水平而确定的收入数额,是由平均生活成本决定的。如美国的生活工资运动开始于1994年的巴尔的摩,并在很多城市得到快速推广,到2009年,已经有100多个城市实施生活工资法案(表5.2)。通常要求生活工资的底线要高于州和联邦的法定最低工资线,使一个全职工人可以支撑一个家庭(3—4人)在联邦贫困线以上。比如,2003年,一个全职工人用于支撑四口之家位于联邦贫困线18 400美元以上,需要达到最低8.85美元/小时的工资收入,远高于联邦最低工资。加拿大政府也在积极倡导生活工资,主张家庭赚取收入应足以让他们支付生活的基本必需,使他们能够有尊严地生活在社会中,新西敏市是目前加拿大唯一一个效仿美国通过城市生活工资条例的城市。根据加拿大政策选择中心(Canadian Centre for Policy Alternatives,CCPA)的计算,大温哥华区生活工资是每个工作的父母19.62加元/小时或35 708加元/年。目前,英国很多城市议会宣传和践行生活工资标准线,有的城市将此作为经济发展战略目标之一来运行。截至2014年,全英国有超过1 000位雇主采用生活工资作为工资基准。接纳最低生活工资的雇主成为良好雇主的认可标志之一,现在有成千上万的签约雇主,并自豪地展示生活工资雇主标志。伦敦市当局自2005年以来每年均会调整生活工资标准,生活工资的基本计算思路是,最低工资至少要让员工能过上体面的生活。截至2016年7月底,英国最低生活工资指标标准是 8.25 英镑/小时,伦敦市最低生活工资标准是 9.40 英镑/小时[①]。

表 5.2　美国部分城市生活工资情况[②]

法案	首次颁布时间	覆盖群体	生活工资标准	备注
巴尔的摩市生活工资条例	强制性,1994年首次采用	公共劳务合同雇员	2014年,公共劳务合同生活工资为每小时11.07美元(有效期至2014年6月底)	2014年,在马里兰州和巴尔的摩市,所有拥有至少2名雇员商业的最低工资为每小时7.25美元
洛杉矶生活工资条例	强制性,1997年首次采用	生活工资适用于拥有3个月或25 000美元以上合同的城市承包商,也适用于洛杉矶机场的雇员	2014年,洛杉矶具有保健福利金的生活工资为每小时10.91美元,无保健福利的为每小时12.16美元(有效期至2014年7月)	生活工资还每年为病假、休假或个人需要提供12天的带薪假期。加上额外10天的家庭或个人疾病无薪假期。2014年,对于其他雇主,加利福尼亚州的最低工资为每小时8.00美元
波士顿工作和生活工资条例	强制性,1998年首次采用	适用于通过赠款、贷款、税收优惠、债券融资、补贴或其他形式获得政府性资金100 000美元援助的城市承包商和公司,例外为不同方案的建设项目、青年方案和实习方案	2014年,波士顿生活工资为每小时13.76美元(有效期至2014年6月底)	2014年,对于其他雇主,马萨诸塞州最低工资为每小时8.00美元
芝加哥生活工资条例	强制性,1999年首次采用	适用于接受政府性资金的某些城市承包商和公司。其中承包商包括非本市雇佣的保安人员、停车场服务员、临时工、家庭和医护人员、保管人员和文职人员,不包括非营利组织	2014年,芝加哥生活工资为每小时11.78美元	2014年,对于其他雇主,伊利诺伊州最低工资为每小时8.25美元

---

①② 贾东岚:《国外生活工资理念及制度研究》,《中国劳动》2018年第4期。表5.2内容略有删减。

(四) 企业普遍建立并实施员工弹性福利计划

员工福利计划是指企业为员工提供的工资收入外的福利一揽子计划。从广义角度,员工福利可以被概括成是"除直接支付的工资以外的各种形式的非直接性补偿"。根据美国商会的年度员工福利调查报告,员工福利包括以下几个方面的内容:(1)法定给付金。包括社会保障金、失业补偿和员工补偿金。(2)私人年金和福利计划。包括退休收入、健康保险、人身保险、伤残收入、利润分享和储蓄计划。(3)非工作时间内所获报酬。非工作时间包括两部分:一部分是指工作间歇时间,如午休时间、喝咖啡的时间、洗手的时间,这些休息时间也要计入计酬时间;另一部分是指休假,如带薪年假、法定节日、带薪病假、事假等。(4)超过正常工作时间所获报酬。如加班、放弃法定假日和带薪年假等。(5)其他各种福利。专为员工提供的服务或折扣、员工教育培训、帮助照管员工子女等。由此可见,员工福利涉及员工个人经济保障的方方面面[①]。实际上,从收入来说,企业发给劳动者的福利待遇,尽管不一定表现为以金融性资产给付的报酬,但间接提高了普通劳动者的实际收入,从而成为决定员工实际收入水平高低和初次分配格局的一个重要因素。在发展早期,发达国家的员工福利在职工收入中一直处于边缘地位,如即使在发达的美国,1943年时其员工福利在个人全部工资收入中所占的比重还不到5%。但如今,情况已经发生巨大变化,1990年美国商务部的一份调查显示,在美国,员工福利占到了员工全部工资的38%;据美国劳工2012年6月公布的一份员工福利情况调查显示,不同行业中员工福利的支出比重虽有微小差别,但总体上几乎占到了总收入的1/3[②]。员工福利已经不再是一份"边缘性"工资安排[③],而是直接进入劳动者收入薪酬体系、关乎

[①③] 赵慧萍:《发达国家弹性员工福利计划及其启示》,《开放导报》2006年第2期。
[②] 雷昊、孙洁:《美国弹性福利制度对完善我国员工福利计划的启示与思考》,《西安财经学院学报》2013年第4期。

劳资双方利益的一个关键性因素。当前,发达国家企业普遍建立了相对完善的员工福利体系,并实行"自助餐式"的弹性福利制度,由企业提供一份列有各种福利项目的"菜单",然后由员工从中自由选择需要的福利,这既提高了员工的可支配收入水平,也降低了企业的福利管理成本。

二、实施以税收、社会保障为主的政府再分配机制

在收入分配体系中,除了初次分配,还有二次分配环节。发达国家除了注重以保护劳动者利益为主的初次分配外,政府通过税收、社会保障等手段,对社会收入进行再次分配,旨在发挥"限高、提低、扩中"的作用,从而扩大中产阶级的收入水平和规模比重。具体而言,在二次分配中主要采取如下相关措施。

(一) 依靠更加公平的税收体系促进社会收入分配的结果公平

一般而言,经济发展水平决定税源结构,进而决定税制结构。当经济发展水平和人均收入水平提高时,政府就会更多地考虑促进收入分配公平的社会目标,从而使直接税的占比提升[1]。工业革命后,税收占国民经济收入总额的比重持续上升(30%以上),英、美、日、法等发达国家的税制结构大都经历了一个从以间接税为主、到直接税间接税为双主体、再到直接税为主体的变迁过程(表5.3),特别是随着工业化程度的不断加深和国民收入水平的不断提高,实施高额累进的个人所得税和遗产税制度,旨在推动社会收入的公平分配。

1. 注重发挥个人所得税的收入调节作用

个人所得税最早出现于18世纪的英国,作为一种直接税在调节收入分

---

[1] 黄剑辉:《中国将来的税收体制什么样? 先看看发达国家的经验》,http://rdcy.ruc.edu.cn/zw/xw/jrgd/fcd5e99b2bc84747be28d6f3628b157a.htm。

配、缩小贫富差距等方面具有重要作用,得到了广泛的认可①。如北欧的一些高福利国家,主要依靠高税收建立了其高福利体系(目前来看,北欧国家的高福利体系也面临着诸多困境和难题,能否确定一个合理化程度的福利水平,成为一个国家社会实现稳定和谐可持续发展的重要考验),典型国家如瑞典,2001年,其税收占GDP的比重为51.4%,比欧盟平均水平高出10个百分点。瑞典实行累进的个人所得税,个人收入的边际税率很高。据有关测算,如果年收入达到30万克朗,其累计个人所得税税率将会超过50%。收入的一半都要用于缴纳个人所得税。通过征收个人所得税,不仅有效遏制了高收入阶层的财富膨胀,而且使政府有足够的财力实施社会保障和社会福利。美国的政府税收收入中,个人所得税所占比重最大,如在2011财政年度,个人所得税占联邦财政收入的比重高达47.4%,同时,个人所得税实行6级超额累进税率,个人应税收入越高,征税比例就越大,通过税收调节,美国高收入与低收入者的差距大大缩小②。

表5.3 西方个别发达国家的税制结构

国家	所得税主要税种	货劳税主要税种
美国	个人所得税(40.3%) 社会保障税(24.0%) 公司所得税(7.6%)	销售税(7.7%)
日本	社会保障缴款(40.4%) 个人所得税(18.6%) 企业所得税(12.0%)	消费税(13.3%)
英国	个人所得税(27.4%) 国民保险税(18.9%) 公司所得税(8.3%)	增值税(20.8%)
法国	社会保障税(36.8%) 个人所得税(18.9%) 公司所得税(4.5%)	增值税(15.2%)

① 张慧珍:《个人所得税调节作用效果综述》,《北方经贸》2020年第10期。
② 茂路:《国外调节收入分配差距的经验及启示》,《经济研究参考》2014年第37期。

与此同时，发达国家普遍实行个人所得税专项扣除制度，采取"个性化"的减税方式，以充分考虑不同家庭的不同需求，照顾弱势群体，促进社会收入的公平。例如，美国个人所得税税前扣除的逻辑分为三个阶段：第一阶段为经营费用扣除，旨在将不同性质的纳税人调整到大致相同的纳税起征点，由于现实生活中，取得工资的成本费用由雇主承担，为了公平起见，同样允许雇主税前扣除为取得收入而扣除的经营性成本。第二阶段为个人费用扣除，美国税法规定的个人费用扣除方式有标准扣除和分项扣除两种，纳税人可以自主选择。标准扣除额根据不同的申报纳税身份进行扣除，是固定的。分类扣除制度是按照法律规定的标准扣除实际成本。第三阶段为个人与家属生计豁免扣除。类似于我国规定的专项附加扣除，旨在扣除纳税人自身及其赡养家属所需要的基本生计费用，与标准扣除一样，个人豁免额每年要根据物价水平进行调整[①]。在日本，除全体纳税人都可以享受的38万日元（约合3 423美元）基础扣除外，还有种类繁多的个税扣除项目，包括抚养扣除、配偶扣除、寡妇（鳏夫）扣除、残障扣除、医疗费扣除、社保费扣除等十余项。在英国，家庭生计开支也可从个税缴纳额中扣除，具体抵扣项目繁多，充分考虑到不同人的家庭负担、婚姻状况、健康程度、工作强度等，以体现税收制度的公平性和补偿性。例如，在抚养扣除方面，就需要综合考虑纳税人的收入水平、工作时长、育儿费用、子女是否残疾等情况来确定。在发达国家，根据社会需求适时对扣除项进行微调非常常见。例如，日本政府为缓解未婚妈妈的贫困问题，从2018年6月起，允许其享受此前仅适用于离异和丧偶者的个税扣除。在英国，个税扣除标准每年都会根据物价变动进行调整，实现家庭生计开支扣除的"指数化"。多年实践证明，"指数化"调整可有效避免通货膨胀导致家庭税负加重问题[②]。

[①] 梁天琪：《个人所得税扣除项目的国际经验与比较分析》，《现代商业》2020年第24期。
[②] 祝裕：《个税专项附加扣除海外镜鉴：兼顾公平和效率》，《每日经济新闻》2018年12月28日。

2. 着力发挥遗产税的收入调节分配功能

在发达国家,遗产税和赠与税是两种相辅相成的古老税收制度,遗产税为主,赠与税为辅,尽管两者在整个税收体系中的比重不是很高(比利时、法国、日本、韩国和美国的不少年份超过了1.0%,其余国家比重一般在1.0%以下),但遗产税在实现代际公平、减缓财富集中趋势等方面具有特殊作用,已成为世界100多个国家公平税负、进行财富再分配的重要手段。综观全球主要发达国家的遗产税制度(表5.4),主要实行总遗产税(美国、英国为代表)、分遗产税(法国、德国为代表)、总分遗产税(以意大利为代表)三种遗产税制度,不同的国情使得具体税率也不尽一致,但共同实践表明,遗产税制度的实行,在减少收入不平等、促进慈善事业的发展等方面,确实发挥了独特而有效的功能和作用[①]。

表5.4　部分发达国家的遗产税制度

国别	税制模式	税　率	税收减免
美国	总遗产税制	超额累进税。<1万美元,18%;<2万美元,20%;<250万美元,49%;>250万美元,50%	婚姻扣除、慈善捐赠、家族企业免税额、债务扣除、丧葬费用、未成年子女扣除等
德国	分遗产税制	超额累进税。配偶、子女直系亲属7%—30%;非直系亲属12%—43%;其他17%—50%	配偶之间赠与、居住和拥有的住房免税;一般性财产免8万马克;配偶免60万马克;子女免40万马克;其他人免10万马克
英国	总遗产税制	比例税,不超过7年的赠与财产,40%。每增一年,税率降低8%	死亡7年前赠与财产免税。遗产税免32.9万欧元;配偶间减免。慈善捐赠、公共捐赠免税;生前赠与年减免3 000英镑
法国	分遗产税制	超额累进税,子女、父母5%—40%;兄弟姐妹23 299欧元之内35%,之外45%。远亲最多交60%	遗孀所缴遗产税只对财产的另外一半征税;父母与子女免税7 699欧元;赠与税每6年免税30 390欧元

---

① 刘之舟:《课征遗产税与降低不平等——基于欧美发达国家的分析》,湘潭大学硕士学位论文,2016年5月。

续　表

国别	税制模式	税率	税收减免
日本	分遗产税制	遗产税、赠与税相同,超额累进税,税率分6档,10%—50%	5 000万日元＋法定继承人数×1千万日元,父母子女以外,纳税为计算税额的1.2倍
韩国	分遗产税制	超额累进税10%—50%	国外税收抵免;已经缴纳的赠与税可以抵免;短期继承抵免
智利	分遗产税制	超额累进税,因血缘关系不同,遗产税1%—30%	遗产税:配偶免37 650美元以下不征税,兄弟3 765美元以下不征税
捷克	分遗产税制	遗产税与赠与税相同,超额累进税7%—40%	依据遗产所有者与继承人或赠与者与接受者之间的关系
芬兰	分遗产税制	超额累进税。直系亲属10%—16%;非直系亲属20%—32%;其他人30%—48%	遗产税:2万欧元以下不征税
希腊	分遗产税制	超额累进税,依据血缘关系20%—40%	遗产税:6 000欧元以下不征税
爱尔兰	总分遗产税	遗产税、赠与税相同,比例税2%	遗产税:10 820英镑以下不征税
意大利	总分遗产税	比例税。遗产税,直系亲属4%;兄弟6%,其他家庭成员全额课征63%	直系亲属免100万欧元;兄弟免10万欧元
荷兰	分遗产税制	比例税。直系亲属20%;非直系亲属40%	成年人免60万欧元;未成年人免1.9万欧元

资料来源:李永刚:《借鉴国际经验开征遗产税的探讨》,《中国财政》2019年第1期。

(二) 以健全的社会保障制度促进收入分配的公平

社会保障是指社会成员因年老、疾病、失业、生育、残疾、死亡、灾害等原因导致生活困难时,国家和社会能够给予的基本生活保障。除了依靠个人所得税、遗产税等税收制度的收入分配调节外,按照高税收、高福利的思路,建立健全完备的社会保障制度,也成为发达国家促进收入结果公平、缩小社会差距、促进社会和谐的重要方式。如具有典型"福利国家"特征的北欧发达资本主义国家瑞典,从20世纪60年代以来实行"实现充分就业,收入公正分配,共同富裕,人人价值平等"的社会政策,建立了针对老年、残疾、儿童、妇女、贫困家庭等不同群体的生育、儿童、疾病、伤残、失业、遗属、单亲家庭、住房、教育、养老等福利保障,被称为"从摇篮到坟墓"或"从胎儿到天堂"的社会保障制度,对全体国民实行普遍、全面的福利保障,广大国民解除了生、老、病、死、伤残、失业等后顾之忧,其保障体系主要由公共保障安排、集体协议保险安排和私人协议保险安排三个部分组成[1]。有研究显示,根据1980—2000年的财政再分配分析,瑞典社会保障在调节收入分配方面所起的作用高达82.5%。但需要指出的是,这种全社会、全方位的社会保障制度,虽然有效促进了社会公平和社会稳定,但也给税收带来了巨大压力,影响国家竞争力的提升,甚至表现出了容易养懒汉的"福利病",为此从2003年开始,瑞典开始了传统社会保障制度的新一轮改革,以缓解高福利给国家发展带来的沉重负担。例如,最先建立社会保险制度的德国,已经建立起一个包括医疗保险、养老保险、失业保险和事故保险在内的相当完善的社会保障制度,根据法律规定,除个别高收入者外,所有职工都必须参加社会保险。他们每月要缴纳保险费(直接从工资中扣除),医疗保险费占工资的14%左右(因医疗保险机构不同略有差异),养老保险费占19%,失业保险费占4%。这三项保险费由职工本人支付一半,所在单位支付一半。事故保险费全部由职工所在单位支付。职工及其家庭在遇到疾病、年老、失业和工伤的情况下,可从保险机构得到经济上的支持[2]。从各国经验看,成功的社会保障制度具有三大特点:一是全方位。各国社会保障制度的保障重点均为弱势群体,保障制度涵盖养老、医疗、失业、意外事故、社会救助等多个方面。如德国的社会保险,立足于社会团结,分别为意外事故、健康、长期护理、退

---

[1] 孙清香:《瑞典社会保障体系简析》,http://se.mofcom.gov.cn/article/ztdy/200511/20051100899964.shtml。
[2] 金子:《漫谈德国的社保制度》,https://www.sohu.com/a/299577009_99943479。

休和失业五个领域的风险提供保障。二是平等性。在养老和医疗保障方面，大多数国家实施了统一或类似的保障标准，最大限度避免了由于社会保障水平的人群差异带来的不平等。三是适度性。社会保障水平并非越高越好，需要与经济发展水平和人口结构相适应，才能保持保障体系的可持续性[1]。但需要指出的是，放眼全球，社会保障制度本身并不存在一个十分完美的统一模式，尤其是在保障程度的把握上，更考验着国家决策者的适度性平衡问题，确保社会保障促进社会的公平，更注重效率。实际上，从20世纪20年代开始，西方的"第三条道路"社会福利思想对整个发达国家的社会保障制度改革产生了深刻的影响，其主要目标是修正社会福利制度实施中的极端国家制度化或者过分自由市场化，以建立起体现国家、企业与个人共同责任，政府、市场、家庭和个人共同义务的社会福利制度[2]。这一思想对广大发展中国家同样具有十分重要的借鉴和指导意义。

三、实施以社会慈善事业为主的社会第三次分配机制

在国家、企业和个人之间的经济利益分配体系中，相对于市场根据要素贡献进行初次分配和政府体现国家意志进行再分配，通过多种途径和多种方式的捐助活动，促使许多富人的财产被直接或间接地转移到穷人手中，客观上起到国民收入再分配作用的第三次分配[3]，是社会主体自主自愿参与的财富流动。较之于初次分配更关注效率、再分配以强制性来促进整体公平

---

[1] 张来明、李建伟、喻东、冯文猛：《应对收入分配差距扩大的国际经验与启示》，《山东财经大学学报》2015年第4期。
[2] 丁建定、裴默涵：《"第三条道路"社会福利思想主张的发展》，《社会保障研究》2020年第6期。
[3] 高辉清：《第三次分配亟待推进》，《广州日报》2006年8月2日。

正义,第三次分配体现社会成员的更高精神追求,是在向善、为公、乐施等社会价值理念的引导下,在法律政策的鼓励和促进下,由既看得见又看不见、并非由利益驱动或公权力强制却充满活力的"社会之手"所推动的,是促使资源和财富在不同社会群体间趋向均衡的微循环行为[1],能够弥补政府再分配在广度、深度和供给质量等方面的功能性不足,有助于缓解贫困、缩小贫富差距,更精细化、精准化实现社会公平与正义、提升国家和社会凝聚力[2]。简言之,第三次分配的直接表现就是社会慈善、公益事业的充分发展,尽管西方国家在不同文化语境中,对"慈善"的理解不尽一致,但其共同之处就是鼓励更多的富人和中产阶级乃至普通居民,积极参与社会捐赠和公益事业活动,旨在推动社会财富向更需要帮助的人和贫困弱势群体方面转移,既缩小不断拉大的社会收入差距,又促进社会的公平和谐发展。

相比较而言,欧美等西方发达国家在以宗教为主的慈善文化影响下,社会慈善事业获得了长足的发展,远高于中国的慈善发展水平。有研究表明,2007 年,我国的善款总量为 309 亿元人民币,同期的美国为 3 551 亿美元。2008 年汶川大地震时,我国的善款达到历史峰值 1 070 亿元(包括汶川地震捐助款),也只相当于美国的 4.88%。2009 年,我国的全部善款不到 400 亿元,同年 2 200 万人口的澳大利亚有 75% 的公民参加了捐款,总额超过 200 亿美元。2011 年,我国社会捐款和个人捐款为 267 亿元,人均捐赠 60.35 元。2015 年,社会捐赠款创历史新高,为 654.5 亿元。同年,美国慈善捐赠款为 3 733 亿美元,超过中国香港的 GDP 总量,较 2014 年增长 3.8%。2018 年度,我国境内接受国内外捐款、捐物总计 1 439.15 亿元,占全年 GDP 的 0.16%,美国同年社会捐赠占 GDP 的比例为 2.1%[3]。2008 年全球金融危机以来,全球经济衰退和现代科技的快速发展,给西方国家的慈善公益事

---

[1] 杨斌:《第三次分配:内涵、特点及政策体系》,《学习时报》2020 年 1 月 1 日。
[2] 李鹏:《重视发挥第三次分配作用》,《学习时报》2020 年 2 月 19 日。
[3] 余少祥:《我国慈善立法的实践检视与完善路径》,《法学杂志》2020 年第 10 期。

业发展既带来诸多挑战,也带来了许多机遇,不断推动慈善事业创新性发展。总体而言,西方发达国家推动社会慈善事业发展的经验主要体现在以下几点。

(一) 建立健全法治化的慈善运行机制

发达国家推动慈善事业发展的首要经验就是非常重视法制建设,让慈善在法治化轨道上运行。例如,英国的慈善立法已经有400多年的历史,早在1601年,针对日益恶化的失业和贫困问题,英国议会颁布了世界上第一部慈善法——《慈善用益法》,首次对慈善目的进行界定,勾勒出慈善活动的框架,这部法律为英国慈善事业发展奠定了基础,1953年制定了《慈善信托法》;到1960年,英国(英格兰和威尔士)议会在整合基础上制定了统一的慈善法,开始实施慈善组织登记;1993年,英国议会在《1872年慈善受托人社团法》《1960年慈善法》和《1992年慈善法》第一章的基础上,制定了新的《慈善法》;2006年,总结数百年来的判例法实践,对《慈善法》进行了重大修订,第一次在法律上对慈善目的做出了定义,进一步明确了慈善委员会的法律地位、慈善组织的监管和服务、慈善组织的类型,设立了慈善上诉法庭,对慈善组织的募捐行为做出规范。除《慈善法》外,英国慈善组织根据其组织性质类型、是否在其他机构注册、组织行为的不同,受《税法》《合同法》《刑法》《公司法》等法律的规制[1]。美国尽管没有专门统一的《慈善法》,有关慈善的规定散见于宪法、税法、公司法等法律法规中,各州有自己对慈善组织的相关法规,但其联邦政府的《税法》和《公司法》是慈善事业发展的两大主要法律依据,税法涉及慈善的外部激励和监督,而公司法则规制慈善机构的内部治理[2]。1894年,美国《关税法》规定非营利的慈善组织的免税优待,公司相应慈善捐赠的减税。1913年《联邦所得税法》取代旧法,形成了由国税局

---

[1] 罗军、杨智艺、朱涛:《英国慈善组织监管制度及其启示》,《社会治理》2020年第8期。
[2] 赵海林:《从行政化到多元化:慈善组织运作研究》,中国社会科学出版社2013年版。

(Internal Revenue Service，IRS)监管慈善组织的行政管理体制。1950年，开征"不相关营业所得税"，目的是使慈善组织专心于免税活动。1954年美国财政部颁发的《国内税收法典》，首次将慈善免税条款统一并入法典第501条中。该条款分别按(a)(b)(c)……等17个类别的形式，对每一类别的非营利组织免税情况做出了非常详细的规定，享受免税优惠的慈善组织都需要登记注册。"慈善""慈善目的""公共政策要求""政治活动""免税资格"，主要依靠普通法案例的解释[①]。德国的慈善法律法规主要包括三部分：慈善机构的组织立法；慈善机构税收优惠的立法；涉及筹款、群众集会、福利组织等方面的立法。日本早在1896年民法第34条确定了"公益法人制度"，2008年，日本对公益法人制度进行重大改革，颁布了新的《公益认定法》，将持续了上百年的主管部门审批改为"公益认定"，日本慈善事业由此步入新的发展阶段。韩国1951年制定《捐款献物募集禁止法》；1995年12月，这一法律修正为《捐款献物募集限制法》；为营造成熟的捐赠、慈善文化，2007年修订为《捐款献物的募集和使用相关法律》[②]。可见，法制先行，依法明确慈善组织的设立，保障其规范化、法治化运作，是推动慈善事业发展的共同举措和基本经验。

(二) 设立独立化的慈善监管机构

在法律引导和鼓励下，西方发达国家产生了诸如慈善公司、法人型慈善组织、非法人社团、慈善信托、慈善医院、慈善基金会等形式多样的慈善机构。如在美国，截至2018年，仅在国内税收署登记注册的慈善机构就有118万个；德国有各种可接受捐赠的慈善协会60多万家、基金会1.9万家；英国有16.82万家慈善组织。面对如此众多的慈善组织，政府依法成立独立的专门监管机构，成为确保慈善事业有序规范发展的重要选择。为此，英国早

[①] 俞飞：《没有〈慈善法〉的美国怎样监管慈善组织》，《中国经营报》2014年6月9日。
[②] 佚名：《为慈善立规 国外怎么做的》，《环球时报》2016年3月8日。

在1853年制定《慈善信托法》的时候,就依法成立了专门监督管理慈善组织的英国慈善委员会(The Charity Commission),全称为"英格兰和威尔士慈善委员会",它是一个不隶属于政府任何部委、直接对议会负责的非内阁公共管理部门,主要发挥公共利益认定、慈善组织认定[①]、公募资格证书发放、监测慈善组织不动产、评价慈善组织绩效、接受并处理慈善组织的投诉、监管慈善受托人行为、调查违规行为等职能,对慈善组织具有广泛、准司法性质的监管权力,促使各类慈善组织在实践中合法合规运行。在行政管理上,美国的慈善组织主管机构是国内税收署,根据国内税务法规定,慈善机构必须向国内税务署上报年度财务报表,称为990表[②]。在德国,为了规范慈善机构的运作,设有德国社会福利问题中央研究所和德国天主教联盟两家独立机构,负责监督善款的使用情况,其中德国社会福利问题中央研究所创立于1893年,是专门监督在德国募捐的非政府组织对善款使用情况的独立机构[③]。

(三) 公开透明化的慈善社会监督机制

依靠严格的财务审计、向政府汇报等多渠道监督机制,确保慈善组织公开、透明和规范运作,确保慈善组织具有极高的社会公信力,是慈善组织不断发展壮大的重要保障,也是发达国家慈善事业蓬勃发展的重要经验之一。实践表明,官方强有力的行政监督是确保慈善组织公开透明的首要监督方

[①] 慈善组织申请注册需要接受慈善委员会的评估,分三个方面:首先,慈善组织的成立要以法律规定的慈善为目的,包括消除贫困、推广被认为是有益的宗教信仰、发展教育,以及其他被认为是对社会有益的活动,如社区团体、娱乐、体育等。其次,被提名的托管人应无犯罪记录。托管人要负责整个组织的运行,资质非常重要。根据英国法律,任何涉嫌不诚实或侮辱弱势群体的人都不能成为慈善组织的托管人。另外,慈善组织的工作计划必须合理。如果委员会认为一个组织拟采用的运营方式是不现实的,会向该组织提出质询。如果委员会认为现在已经有了类似的组织,没有必要再成立一个新组织,也会拒绝批准。慈善组织一旦注册成功,就应当履行相应的义务,这样可以确保它们能够继续得到公众的信任,同时也不会因为不适当的行为被慈善委员会制止。

[②③] 《国外善款咋监管:美国监管与自律并重 德国独立机构严查》,http://news.cctv.com/china/20080530/102089.shtml。

式,例如英国法律规定,慈善组织应当向慈善委员会和公众开放,必须准备随时诚实地回答委员会的质询。在公众提出疑问后,慈善组织要尽快予以答复,让公众清楚地了解它们的政策。慈善组织必须每年在其财政年度结束后的 10 个月内向慈善委员会提供它们的账目。委员会将在网站上公布这些账目的详细情况。另外,慈善组织必须填写慈善委员会发放的年度回报表,提供它们过去一年活动的详细情况。不同规模的慈善组织,其回报表的内容也有所不同,规模越大,要求组织提供的信息就越多。同时,还有第三方的社会监督,如美国法律规定,慈善组织除了接受监管委员会的调查监督以外,有义务接受社会第三方的监督,慈善组织的捐款、会员会费、管理人员薪酬、慈善开支去向都有记录,而且这些资料要完全对社会公开,任何人都有权查阅。在这种强大的社会监督机制下,西方发达国家的慈善组织一般都能遵循公开化、透明化的运作原则,建立健全相对较为完整的信息披露制度,赢得了捐赠人和社会的尊重和信任,为社会慈善事业的持续发展奠定了良好的基础。

第六章　注重以劳资关系为核心的社会利益协调

人类社会的发展进步,实际上就是群体结构、利益结构不断走向复杂化、异质化的过程。相应地,不同群体、不同利益集团之间的利益分化抑或利益冲突,也就成为社会发展进程中不以人的意志为转移的客观规律。恩格斯曾经指出:"人们之间的社会关系说到底是一个利益关系问题。人要生存、发展,必须要从事获取利益、满足自身生存需求的社会活动,在获取利益以满足自身需要的社会活动中,彼此之间必然发生一定的社会关系,这种社会关系归根到底是一种利益关系。"[1]因此,利益是促进现代人类社会发展的张力和动力,利益分配是否均衡对社会能否有序有重要影响,利益协调的模式与程度决定社会秩序的层次[2]。一般而言,伴随着经济增长方式的转型发展,社会利益结构会发生相应的变化,利益分化必将不断明显,随之会产生多种多样的利益集团或群体及其相互之间的冲突与矛盾,当利益失衡超过社会承受力时,社会就会陷于失序之中。因此,对于一个国家或城市而言,在推动经济增长方式不断发生转变和社会财富不断积累的过程中,政府能否及时建立健全社会利益协调的相关法律和制度,有效化解不同利益部门、群体之间的矛盾与冲突,就成为维护社会秩序稳定、促进社会文明进步的关

---

[1] 王伟光:《利益论》,人民出版社2004年版,第134页。
[2] 贾玉娇:《社会建设:利益协调与有序社会》,《重庆大学学报(社会科学版)》2012年第4期。

键因素。综观发达国家的社会治理实践,在长期工业化、现代化的转型发展进程中,尽管存在因利益冲突导致的社会骚乱行为,但多领域、多渠道的利益协调与社会冲突化解机制,在整体上保障社会和谐稳定发挥着十分重要的功能和作用。

一、建立健全协调劳资双方利益的社会对话机制

由劳动者和出资方构成的劳资关系是任何一个国家的重要社会关系之一,和谐的劳资关系是有效社会治理的重要体现。从人类社会的长时段发展来看,自从产生劳动分工以来,劳资双方的矛盾由来已久,只是在不同时代背景下,双方的矛盾程度表现得不同而已。英美等西方发达国家是最早开始工业化进程的国家,劳资关系经历了资本主义原始积累时期、自由资本主义时期、垄断资本主义时期和国家垄断资本主义时期的不断发展[①]。而随着经济全球化的发展,新经济类型不断替代传统产业,使得各种企业开始面临严峻的国际竞争压力,环境问题、社会问题、收入分配问题、失业问题等相继出现并愈演愈烈,社会多样化趋势也日渐明显。特别是第二次世界大战以后,欧洲国家表现出了更加突出的劳资纠纷与失业矛盾,直接影响到国家的战后重建工作,于是在国际劳动组织和欧洲共同体的推进下,逐渐建立了旨在顺应社会多样化发展、有效化解劳资矛盾的社会对话机制。其中,以欧洲国家为代表,劳资双方之间在不同层次建立的社会对话或社会伙伴机制,是创新社会治理机制的重要成果和表现。

(一)建立跨国治理视野下的社会伙伴关系

社会伙伴关系,是第二次世界大战后西方国家针对政治背景和管理战

[①] 陈恕祥、杨培雷:《当代西方发达国家劳资关系研究》,武汉大学出版社1998年版,第58页。

略的改变以及经济的挑战所提出的一种战略方针,用来加强社会各阶层间的合作,使他们形成对话的机制,以缓解劳资矛盾,维持社会稳定①。一般而言,良好的社会对话机制需要满足四个条件:具有既独立又有能力的劳资组织体系、劳资双方具有公平对话的意愿、尊重工会的自由以及集体性的讨价还价行为、获得官方的参与和支持。以社会对话为操作技巧的社会伙伴机制,被率先应用到欧洲共同体的跨国治理当中。根据欧洲共同体(及以后的欧盟)治理的实践来看,所谓的社会伙伴实际上就是劳资双方组织对欧盟决策的参与以及双方在欧盟层面的对话谈判。在欧盟跨国治理层面,社会伙伴机制主要体现在两个层面。

一是总体性社会对话,指1984—1985年发展形成的欧洲委员会与三个跨行业的欧洲工会和雇主联合会,即欧洲工会联合会(代表工人利益的共同体最高代表,1973年建立)、欧共体工业联合会(1958年)与公共参资企业和综合经济利益企业欧洲中心(这两个组织均为代表资方利益的共同体最高代表)之间的对话,以及没有委员会参加的三个组织之间的内部会谈。

二是部门级的社会对话,指行业内部的工会组织和雇主联合会通过对话和协商达成正式或非正式的协议,这一级别的对话机制要早于总体性对话机制的发展,如早在1955年欧洲共同体就建立了"欧洲煤钢共同体三方咨询委员会",通过社会伙伴对本部门就业情况的反馈,使其参与到该部门的社会和其他政策领域的政策咨询中;1963年,在该委员会的推动下,欧洲共同体农业部门成立了反映农业工人社会问题的联合咨询小组,该小组在1974年改为联合委员会(Joint Committee),由代表雇主利益的共同体农业组织雇主团体(Group of European Employers' Organizations in Agriculture, GEOPA-COPA)和代表工人利益的欧洲农业工人工会联盟

---

① 谢丽华:《社会伙伴关系:内容、后果与启示》,《南昌大学学报(人文社会科学版)》2002年第2期。

(European Federation of Agriculture，EFA)组成,就共同农业政策领域的问题举行劳资对话,该委员会的行政管理工作由委员会下属的就业和社会事务总司负责。同样在该委员会的推动下,在陆路运输、内河航行、铁路、海上运输、民用航空、海上捕鱼、邮政、电信等领域劳资双方都建立了联合委员会,并曾达成一些协议。特别是1997年海上运输领域的社会伙伴达成的有关规范工作时间的协议,还被理事会在1999年以指令的形式通过,成为共同体法的一部分[①]。社会伙伴机制的建立,为劳资双方充分参与欧盟层面的社会政策开辟了渠道,也为劳资双方协商对话、协调利益奠定了制度基础,随着社会利益的不断复杂化,这一基本协调制度也处在不断发展和完善之中,如2000年欧盟在社会伙伴基础上,在社会公共政策决策领域又引进了开放式协调法,其作为一种新型的治理模式,为成员国治理、公民社会的发展和社会秩序的重建注入了新的活力。

(二)在宏观国家治理层面建立健全劳资政三方集体谈判机制

哈佛大学经济学家、曾任美国劳工委员会秘书的约翰·T.唐劳普指出:"劳动关系体系由三组主体构成,即工人与工会组织、管理者与管理者组织、政府有关机构,它们在既定的社会环境中相互作用,从而形成协调行动的共同意志。"可见,成立能够代表劳资利益的代表组织,是政府主导下开展劳资对话、协调劳资关系的前提和基础。因此,从国家层面,依法建立健全全国性的劳资代表组织,并构建政府、雇主组织、工人组织三方的集体谈判制度,成为发达国家调节劳资关系、治理国家与推进社会和谐的重要制度选择。

一是颁布实施完善的劳资关系法律体系,依法明确劳资双方的权利义务。如美国在1947年制定了新版《劳资关系法》,总共104条,明确规定了

---

① 杨解朴:《欧盟治理下社会伙伴的角色变化》,《欧洲研究》2007年第5期。

劳资关系委员会、职工、雇主以及双方努力建设和谐劳动关系的权责,该法规定工人有结社权和罢工权,工会有权代表工人进行集体谈判、签订集体合同,还规定了劳资纠纷处理的机构和程序;在此基础上,1959年国会又制定了《劳资关系报告与揭露法》(又称《兰德勒姆-格里芬法》),主要内容是加强政府对工会内部事务的监督;德国规范劳资关系的基本法律有《民法典》以及《基本法》《工作章程法》《共决法》《人事代表法》等70多部法律法规,内容涉及劳动关系的确定、劳资协议管理规定、工作时间及带薪假、解雇保护、企业共决权和劳动保护等内容。德国劳动法律强调对雇员与雇主权利义务的平衡以及权利和义务的对等性。雇员的义务,也就是雇主的权利;雇主的义务,也就是雇员的权利。雇员的义务包括三个方面内容:劳动义务、忠诚义务和竞业禁止义务。与此相对应,雇主也有三个方面义务:支付报酬义务、保护义务和其他附随义务[1]。日本有劳资关系的《工会法》《劳动关系调整法》《国家公务员法和国营企业劳动关系法》以及有关劳动条件的《劳动基准法》《工商补偿保险法》《最低工资法》《劳动安全卫生法》和《工资支付确定法》等[2],对协调劳资关系作出了法律上的详尽规定。

二是健全全国性的雇主组织和劳工组织(工会),为劳资谈判提供有力的组织保障。如联邦德国在雇主一方,建立较为复杂的利益代表组织系统,包括全国性的雇主联盟——雇主联合会联邦联合协会、德国企业协会、行业联合会(机器和系统建设者联合会、化学行业的联合会是德国最大的两个行业组织)以及公共部门中两个中央级的雇主联合会:市政雇主联合会和地区雇主联合会[3];在雇员一方,建立了几十个行业和职业工会,又分别联合成全国性的工会组织,共同组建了"德国工会联合会",作为代表全国工人利益的组织[4],目前主要有四个工会联盟:德国商业工会联盟、德国公务员工会联合

---

[1] 郇公弟:《德国平衡劳资关系的"三大法宝"》,http://news.sohu.com/20080312/n255656255.shtml。
[2][3] 赵曙明、赵薇:《美、德、日劳资关系管理比较研究》,《外国经济与管理》2006年第1期。
[4] 任巍、周维:《基于社会伙伴关系的集体协商建设》,《理论探讨》2012年第1期。

会、德国职员联盟、基督教工会联合会①。北欧国家瑞典在 1897 年成立了工会联合会,1902 年成立了瑞典雇主联合会,双方在 1906 年 11 月签订劳资集体协议,成为瑞典劳资集体协议制度的开端②。在雇员组织方面,英国依据《工会法》组建了代表雇员利益的 63 家行业工会,最大的工会组织为英国联合工会,会员有 150 万人,有效维护了职工的合法权益,近年来随着职工权益状况的不断改善,职工入会率出现了一定的下降趋势,1970 年时入会率 49%,到 2008 年下降到 29%③;此外还有全国性社会伙伴——英国职工大会,扮演着工会与政府之间的中介角色,就平等就业机会、工人工资、工作时间、工作环境、养老金和福利制度、健康和安全等议题,向英国政府不断提出建议和要求,促使政府实施有利于工人和劳动者的政策,有效地维护了工人和劳动者的利益④。独立而强大的工会组织和雇主组织,为实现劳资利益关系的平衡提供了有力的组织保障(专栏 6.1)。

专栏 6.1　英国伦敦工人罢工致地铁停运

当地时间 2015 年 7 月 9 日,由于就伦敦地铁和第一大西部铁路新增服务线路的薪资谈判破裂,英国伦敦地铁工人举行大罢工,导致大范围的交通中断,数百万市民只能改用乘公交、骑自行车和步行等方式出行。工会从 8 日下午 6 点左右完全关闭了地铁的运营,举行 24 小时的罢工,这将影响数百万通勤者的出行计划。《泰晤士报》说,这次四家工会组织的 24 小时罢工行动将导致 13 年来伦敦地铁首次全面停运,将有近 2 万名工

---

① Andrew Gordon, *The evolution of labor relations in Japan: Heavy industry, 1853—1955*, Cambridge: Harvard University Press, 1985: xvi, 524,转引自赵曙明、赵薇:《美、德、日劳资关系管理比较研究》,《外国经济与管理》2006 年第 1 期。
② 殷雷:《瑞典收入分配制度中的利益平衡问题研究》,河北师范大学博士学位论文,2013 年,第 36 页。
③ 宋海兵、刘小昶等:《"团结起来才有力量"——走近英国工会》,《山西工人报》2010 年 11 月 23 日。
④ 常晶、张利华:《英国职工大会 "社会伙伴"政治参与之模式分析》,《辽宁大学学报(哲学社会科学版)》2010 年第 2 期。

> 会成员参加此次罢工。罢工缘起今年年底将要推出的通宵地铁服务。工会一直就薪资、值班表问题与公司存在分歧。公司提出的"最后"条件是今年平均加薪2%，并为上通宵夜班的司机支付2 000英镑。

资料来源：《英国伦敦工人罢工致地铁停运　市民排队租自行车出行》，《北京青年报》2015年7月10日。

三是建立政府、劳方、资方的三方集体谈判制度（Collective Bargaining）。集体谈判制度这一概念最早由璧翠思·波特尔在《产业民主》一书中提出，所谓集体谈判是指"雇主不是面对雇佣劳动者个体并与之订立劳动合同，而是面对集体的意志、决定，订立统一的合同，合同订立的原则建立在当时条件下的雇佣劳动者的群体抉择"[1]。第二次世界大战以来，伴随着资本主义市场经济成长和劳工运动蓬勃兴起，集体谈判制度现已成为西方市场经济国家协调劳动关系的一种普遍适用的调整机制[2]。

首先，雇主与劳工组织实行集体合同或协议制度。西方国家的集体合同在称谓上有所不同，如德国对行业的集体合同称为"集体合同"，对企业签订的集体合同称为"企业协议"，丹麦称集体合同为"劳资协议"等。1860年英国工会订立的集体协约、1870年美国煤矿工人联合与雇主之间的协约以及1873年德国书籍印刷工人联合会的集体协约，是全球最早的劳资集体合同的典型代表。当今德国在大多数行业实行集体合同制，由雇主协会与工会之间统一签订。集体合同是在不违背国家法律规定的基础上，劳资双方进行协商的结果，其对双方的权利义务和相关准则，特别是对劳动关系的确立、内容及终止，以及包括工资水平、工作时间及其他工作条件等，都作出了明确的规定，合同一旦签订，就具有了法律效应，成为劳资双方处理矛盾的主要法律依据之一。近年来，集体合同不仅在冗员时保护雇员不被无故裁减，所有雇员工资有保障，而且还从缩短工作时间、使工作时间更有弹性上

---

[1] 陈恕祥、杨培雷：《当代西方发达国家劳资关系研究》，武汉大学出版社1998年版，第191页。
[2] 杨琳：《集体谈判制度在西方》，《瞭望新闻周刊》2010年5月5日。

保护了雇员的权益,如德国集体合同对工人代表的保护是"在担任代表的四年期限里和离任后一年,企业不得解雇"[①]。集体合同起到了稳定劳资关系的作用,只要集体合同有效,它就能排除劳动纠纷的出现,避免劳资双方提出新要求[②]。

其次,重大利益协调问题实行三方共同谈判。当劳资关系出现重大利益纠纷的时候,按照国家的法律规定,在政府引导和参与下,劳资双方代表组织一起进行谈判,通过三方合作的方式加以协调解决,但不同国家履行谈判的级别、方式方法存在一定的差异。大多数西欧和北欧国家,包括德国、意大利、荷兰、瑞典、挪威和芬兰等,大多实行独立于企业之外的行业范围的多雇主谈判制度(中央级别或产业级别),由雇主协会代表本行业的单个雇主进行谈判,签订集体协议,而其他国家,如英国、美国、日本等国家则以企业级谈判为主[③],在此过程中,政府主要发挥协调和监督的作用,并非直接干涉劳资双方的约定。但需要指出的是,西方国家这种所谓民主的劳资谈判机制,在一定程度上,也给创建和谐的劳资关系产生了一定的负面影响,经常见诸报端的西方各类工人大罢工、游行等行为,无疑在提升劳动者地位和保护劳动者权益的同时,给城市社会的有序运转和公共安全带来潜在的威胁,甚至造成一些集体暴力事件或恐怖事件,透支和侵蚀了经济增长的社会成本与代价。

四是成立完备、权威的劳资纠纷协调处理机构。即便建立了相对完善、公平的劳资关系协调机制,但现实中终究会发生很多的劳资纠纷事件,而能否成功有效地化解这些纠纷和冲突,是对政府社会治理能力的考验和检验。对此,西方发达国家普遍建立了权威的劳资或劳动纠纷仲裁机构,如1928年,瑞典政府设立了专门的劳资纠纷法庭,为合理解决劳资争端提供了规范

[①] 郑刚:《德国与丹麦集体合同及其立法》,《人民法院报》2004年9月13日。
[②] 郇公弟:《德国平衡劳资关系的"三大法宝"》,http://news.sohu.com/20080312/n255656255.shtml。
[③] 《西方国家集体谈判制度及其借鉴意义》,http://www.calss.net.cn/n1196/n554247/n555047/1220635.html。

的程序和权威的法律保障。德国在1952年专门制定了《劳动法院法》,依法设立基层劳动法院、州劳动法院和联邦劳动法院三级仲裁机构。法国根据《法国劳动法典》,针对个人劳动纠纷,与每个大审法院管辖范围相对应设立有"劳资调解委员会"(也称"劳动争议委员会"),作为处理劳动争议的一审法院,主要对调解不成的个人分歧做出判决,劳动者如果对判决不服,可以上诉至高等法院社会庭,对高等法院的判决仍不服的,可以上诉到最高法院社会庭。该委员会主席由一名雇主和一名雇员委员轮流担任,主席和副主席不能由雇主或雇员同时担任,委员会委员从雇主和雇员中选任,任期五年,可连选连任。针对集体性劳动争议,则主要由地区或全国调解委员会进行调节。除此之外,法国还实行中间人调停制度,帮助调解处理劳动争议[1]。日本处理劳资纠纷关系的机构有劳动委员会、国际劳动财团和审议会,其中劳动委员会是对劳资纠纷进行斡旋、调停和仲裁的主要机构,往往通过协商的方式解决争议。

(三) 在企业微观层面建立双方协商与职工参与管理机制

企业作为劳动者工作的主要场所和市场组织,能否建立和谐的劳资关系,直接关系着整个社会劳资关系的发展状况,发达国家在企业层面设立的诸多劳资协调机制,在维护双方合法权益的同时也有效缓解了社会矛盾和冲突,这是微观层面社会治理的有效经验。在这方面,德国的"企业共决权制度"和日本的"劳资协商会议制度"具有代表性。如德国政府一贯强调雇主与雇员之间建立友好的"社会伙伴"关系,并通过各种法律强制资方实行"工人参与管理"的制度,实行工资由劳资双方协商决定的制度,从而有效地保护了劳动者的利益,缓解或消除了劳资双方的利益对立和矛盾[2]。根据企

---

[1] 梅磊:《西方国家劳动争议处理程序的理论与借鉴》,http://www.chinacourt.org/article/detail/2008/01/id/283034.shtml。
[2] 朱明熙:《现代西方发达国家的政府职能与作用》,http://theory.people.com.cn/GB/40537/3837951.html。

业组织法的规定,企业要根据雇员人数的多少,建立相应的机构,代表雇员参与管理与决策。规定企业拥有年满18周岁、有选举权和被选举权的雇员超过5人,且工作满6个月的雇员超过3人时,应选举产生职工委员会。委员会任期4年,人数与职工总数成正比。拥有9名以上委员的,应组成企业委员会,负责职工委员会日常工作。职工委员会主要任务包括职工培训、企业养老保险的磋商、保障就业岗位、参与裁员决策、加班时间的确定、解雇保护咨询、引进新的工作时间模式等。100名雇员以上的企业应成立经济委员会,负责了解生产经营状况,向职工委员会报告。雇主与职工委员会每月至少会晤一次,协商有关事宜。为调解可能出现的分歧,可成立协调处,劳资双方派遣等额人员组成,主席由中立人士担任或劳动法院任命。职工委员会及经济委员会的经费由雇主承担。目前,德国约10.5万家企业设有职工委员会,雇员总数超过1100万人。在雇员超过500人的股份公司、有限责任公司及合作社,1/3的监事会成员由雇员代表担任。民意调查显示,近90%的人认为,监事会在协调资方和劳方的利益方面取得了成功[1]。日本几乎所有的企业都实行劳资协商会议制度,目的是要加强劳资双方的沟通与合作,使企业在提高生产率的同时改善工人的劳动条件,协商的内容主要是那些不适合在集体谈判中解决的有关生产经营的问题[2]。

二、建立健全庭外非诉讼社会纠纷调解机制

随着经济的不断发展、社会分工的不断细化和群体利益的分化,一个国家或社会的民间纠纷和矛盾也会越来越多,如果政府不加以高度重视并努

---

[1] 郇公弟:《德国平衡劳资关系的"三大法宝"》,http://news.sohu.com/20080312/n255656255.shtml。
[2] 赵曙明、赵薇:《美、德、日劳资关系管理比较研究》,《外国经济与管理》2006年第1期。

力化解的话,不断积累的社会纠纷和矛盾就会成为引发更大社会危机的潜在影响因素。为此,一方面,奉行法治精神,加大社会领域立法,强化仲裁体系建设,依法调解社会利益关系,是发达国家一贯的主张和做法;另一方面,除了强调依法调解外,发达国家也非常注重针对社会纠纷和矛盾的非诉讼调解机制建设,促使很多民事纠纷和矛盾不是走司法程序来解决,而是通过采取法庭外调解方式加以化解,既减轻了法庭工作压力、降低了社会诉讼成本,也有效维护了社会关系的和谐稳定。总体来看,其主要经验包括以下几点。

(一) 采取多元化的替代性争端解决方式

自20世纪后半期以来逐渐兴起的"替代性争端解决方式"(Alternative Dispute Resolution,ADR),主要是指矛盾各方在庭外调解、第三方参与帮助等方式下,不同意见方达成无诉讼协议的手段,是争议解决的非诉讼流程和技术。ADR机制以它的替代性、非对抗性、开放性、非法律指导性、灵活性、自主性以及保密性等特点,满足了当事人双方既希望快速妥善解决纠纷,又能够维持私密、继续交易的需求[1]。因此,ADR越来越多地被用作与法院系统本身一起解决争端的工具,成为一些国家纠纷解决的优先选择方式或主渠道[2]。

一般而言,替代性争端解决通常至少分为谈判、调解、合作法和仲裁四种类型,其中,谈判是两个或两个以上的人或群体之间的对话,旨在就一个或多个问题中的至少一个问题发生冲突而达成一个有益的结果;调解是一个结构化的互动过程,公正的第三方通过使用专门的沟通和谈判技术来协助争端方解决冲突;合作法也称为合作执业法、离婚法或家庭法,是一种法律程序,使已决定分居或终止婚姻的夫妇可以与包括律师、教练和财务专家

---

[1] 欧秋钢:《浅析美国替代性纠纷解决机制》,《上海保险》2018年第9期。
[2] 范愉:《当代世界多元化纠纷解决机制的发展与启示》,《中国应用法学》2017年第3期。

在内的合作专业人士一起工作,以便避免法院的不确定结果,并达成最能满足双方及其子女特定需求的解决方案,而没有潜在的诉讼威胁,该过程使各方可以达成公正的解决方案;仲裁是由一个中立的独立方(称为仲裁员),听取矛盾双方的论点,收集证据,然后决定争议的结果,仲裁可以是非约束性的或约束性的,非约束性意味着该仲裁员的裁定是咨询性的,并且只有在双方均同意的情况下才是确定的,约束性意味着该决定是终局的且可强制执行的,相比较而言,仲裁类似于法院的裁决或审判,比调解更为正式,它具有更大的灵活性和采取超出联邦法规的行动能力。实际上,在实践过程中,由于社会实践的复杂性和当事人需求的差异性,西方发达国家在 ADR 的实际应用中表现出更大的创造性、多元性和丰富性。总体来看,除了利用传统的调解、协商、仲裁方式外,还有案件评估、修复小组、模拟法庭、社区调解、自愿和解等形式,为矛盾冲突的利益当事人提供更多的对话机会和调解方式,尽最大可能地促进社会利益的和谐。例如,美国除了采取调解、仲裁外,经常采用的 ADR 途径还包括:(1)早期中立评价。具体做法是由当事人口头提出主张,在第三方的引领下进行讨论,并适时给予当事人围绕解纷进行谈判的机会,但第三方并无权力在双方无意达成和解时做出有约束力的结论。(2)中立专家的事实发现。通常都是在涉及复杂专业问题的纠纷解决过程中,专家向双方当事人提供客观的事实评价,以帮助纠纷双方当事人辨明事实。(3)简易陪审团审判。这种方式与通常意义上的审判程序非常相似。需要指出的是,陪审团的结论只能作为参考,并无约束力。并且如果当事人达不成和解,则不影响原先审判程序的继续进行。(4)小型审判。这是一种混合了谈判、中立方评价、调解或裁判的混合性方式。(5)由双方当事人合意,选任一位中立裁判,多为退休法官充当第三方并提供中立评价[①]。

---

① 段文芳:《美国非诉讼纠纷解决机制及其对中国的借鉴价值》,《山西经济管理干部学院学报》2015 年第 1 期。

(二) 将替代性纠纷解决机制制度化和法制化

虽然普通法系国家和大陆法系国家之间的立法方式存在差异,但美国、澳大利亚、英国、欧盟等按照法治化的精神,从各自国情和文化出发,围绕替代性纠纷解决机制议题,制定专门的非诉讼程序法律体系,依法推动、强制执行替代性纠纷解决机制,是一个共同的选择和经验。例如,1951 年,日本国会通过了《民事调停法》,除了家事案件和劳动案件外,宅地建筑物、农事、商事、矿害、交通、公害等所有民事纠纷都纳入民事调停的范围,具体调停工作由法院调停委员会和民事调停委员会负责,根据当事人的申请依法进行调停处置,2003 年日本政府对该法进行了修订完善,开始实行律师任法官制度,允许有 5 年律师工作经历的律师担任调停法官,授权其对民事纠纷进行调停;于 2007 年又实施《ADR 促进法》,对市场化民间非诉讼机制作出了法律规定。韩国拥有包括诉讼和解、诉讼调解在内的诉讼合意解决机制[①],1990 年韩国政府统合分散在不同法律领域中的调解规定,制定了统一的《民事调解法》,把所有的民事纠纷纳入法院调解的范围,以充分利用和尊重双方当事人合意为基础进行社会民事纠纷的化解,对推动社会和谐发挥了重要作用;2009 年 2 月韩国大法院对《民事调解法》进行了修订,其最主要的变化是设置调解中心和任命常任调解委员,2009 年 4 月 13 日分别在首尔和釜山设立了两处调解中心。调解中心设 2 名负责人,11 名常任调解委员,调解委员履行调解事务及接受调解担当法官或调解长的委托,听取双方当事人意见以解决纠纷或办理其他有关调解事务的必要事项[②]。除此之外,还有美国 1998 年颁布的世界第一部《ADR 法》、2008 年欧盟的《关于民商事调解若干问题的 2008/52 号指令》(简称《欧盟调解指令》)、2009

[①] 包冰锋:《民事纠纷合意解决机制的韩国经验及其启示》,《韩国研究论丛》2017 年第 2 期。
[②] 杜相希:《韩国〈民事调解法〉修订动向及主要内容》,http://www.law-lib.com/lw/lw_view.asp?no=11020。

年匈牙利的《调解法》、2010年希腊的《调解法》、2011年俄罗斯的《调解法》、2012年德国的《法庭外争议解决促进法》、2016年波兰的《促进友好型纠纷解决法》等①。可见,依法推动社会矛盾和民间纠纷的庭外非诉讼调解已经成为全球趋势,更是一些发达国家进行社会利益调解、化解社会矛盾的主要方式之一。

(三) 兼顾非诉讼调解工作的民间性和职业性

作为矛盾双方或利益方之间的自治调停模式,ADR机制必须要处理好调解工作的民间性和职业性之间的关系,这是最大程度地发挥非诉讼调解实效性的重要基础所在。根据发达国家的实践经验,一个国家从自己的体制、制度、环境和实际需要出发,兼顾并充分发挥民间性和职业性的双重优势,采取多样化的调解模式,是ADR成功运转的重要保障。也就是说,对于一些具有民间调解历史基础的大陆法系国家,特别是亚洲国家,在一些针对民间社会的社区调解、市场化调解领域中,较好发挥社会矛盾调解的民间优势和特点,在诸多调解过程中更多强调的是民间非政府组织、社会公众的参与和非职业化定位,而不是过度强调调解的职业化、规范化要求,保持更少受到政府和司法机关领导的自主原则。但是,在行政调解、商事调解、行业调解、司法调解等领域,许多国家和地区比较重视调解的职业性。在大部分调解发展较早且发展程度较高的国家或者地区,对调解行业的规范程序水平较高。这种规范形式主要体现在两个方面:第一是建立调解员的认证标准制度(一些发达国家在国家层面建立有调解名录或者培训的标准化流程);第二是建立调解员的注册制度。通过这两项制度,对调解员的职业发展作出了严格的行为规范和要求,尤其是在调解发展市场化比较发达的国家,一般都对调解员的行为建立统一的行为准则,如美国针对调解员行为规

---

① 龙飞:《替代性纠纷解决机制立法的域外比较与借鉴》,《中国政法大学学报》2019年第1期。

范制定有专门的《美国调解员行为示范规范》和《美国 JAMS 调解员职业道德准则》①,旨在保障调解员能够依法、公平、公正地进行民事纠纷的调解工作。可见,在 ADR 机制运行过程中,平衡好调解工作的民间性和职业性之间的关系,既发挥好调解的民间性、大众化优势,又要注重调解员的职业化程度,是一个很重要的议题,调解的民间性和职业性两者不可偏废。需要根据社会分工的程度,实行多样化的社会利益调解方式,对一些专业性不是很突出的社会冲突领域则要更多发挥调解的民间性优势,而随着社会分工不断细化深化,专业化程度很高的纠纷领域(如行政调解、商事调解等),就需要专业律师、法官等作为调解员队伍的成员。

三、完善化解社区邻里矛盾的微观调解机制

社区是社会的基层单元,是人民群众生活、居住的主要场所,也是各种社会纠纷和矛盾多发的地方,因此,健全矛盾化解机制,打造人际关系和谐的社区,是中外城市社会治理的共同任务。发达国家在特有的文化背景下,在调节人与人、个体与群体之间关系上,形成了不同于东方国家先讲德治的法治理念,这成为西方国家社会治理法治化的思想文化基础。可以说,法治先行成为西方发达国家化解社会矛盾的一个基本原则。在普通民众的社区生活中,一方面,针对邻里之间可能出现的一些小纠纷,也制定了诸多细微的法律(俗称"鸡毛蒜皮法"),依法明确了社区居民在处理邻里关系时必须遵守的基本规范和规则,如果出现邻里纠纷,依法妥善处理和化解;另一方面,搭建社区纠纷调解机制,充分发挥民间组织、志愿者的力量,引导居民参与社会矛盾的化解,通过社会化方式处理基层社会冲突,形成社会矛盾化解

---

① 龙飞:《替代性纠纷解决机制立法的域外比较与借鉴》,《中国政法大学学报》2019 年第 1 期。

的微观基础。

(一) 制定调解邻里纠纷的"鸡毛蒜皮法"[①]

这在美国纽约最为典型,主要针对邻里噪声污染、宠物扰民、社区停车、乱穿马路等社区纠纷和行为规范,制定了许多细微的基本法律,包括邻里噪声整治法、家庭宠物限养法、社区泊车管制法、乱穿马路整治法、街头"涂鸦"管理法、"门前三包"管理法等,为社区行为规范作出了具体的规定,也为邻里纠纷和矛盾的化解提供了基本遵循原则。本书主要以家庭宠物限养法和"门前三包"管理法为例加以说明。

宠物扰民甚至伤人是城市社区中经常出现的邻里纠纷和矛盾,据美国"防止伤害中心"1997年的报告,平均每年有300万美国人被狗咬伤,其中大多受伤者是年幼的孩子。为此纽约州通过《恶犬法案》禁养恶犬。该法案对于"恶犬"的定义是:对人有明显威胁行为,无故攻击他人致残或死亡的犬。该法案还规定,咬人犬的主人要被处以400美元罚款,造成严重伤害的要处罚880美元,咬伤至死的要处以1 000美元罚款。如果一条犬已经被认定有危险倾向,而主人却没有严加防范和处理,而后又咬伤、咬死他人的狗,狗的主人要被判入狱90天,同时罚款1 000美元。另外,纽约市的法律还规定,居住纽约市公房(产权属于纽约市政府的廉租房,租给低收入家庭居住)的家庭不能养狗,如果住家坚持饲养,市政府有权让他们搬出公房。针对养狗主人不及时处理狗屎的行为,该法案规定违规者将被处以50—100美元罚款。如果养狗出现狗叫扰民可处以45—525美元的罚款。邻居如果发现狗主人对狗存在虐待行为的话,可以打电话向"狗的法庭"电视节目进行举报,只要邻居拿出相应的证据证明狗的主人有虐待狗的行为,该法庭就可以判处主人有罪。

[①] 谢芳:《纽约的邻里纠纷与"皮毛法"》,《社区》2004年第1期。

"门前三包"是指任何社区家庭和社区商业必须保持自家门前的卫生状况良好,打理好自己家门前的绿化和花园,公共地带不得随意堆放杂物,以无阻碍地方便人行走,这也被纳入邻里法律范畴之内。根据"门前三包"管理法,如果违反上述规定,邻居完全可以根据有关法律起诉事主。如果哪户人家疏于打理庭院,导致杂草丛生,社区中的其他居民就会看不下去,轻者提醒你立即改善,重者告到社区委员会,委员会推荐园艺工人打理庭院,当事家庭承担雇人除草的花销。社区商家必须负责清除自己家门前的积雪,根据纽约州的法律,上午 9 点以前必须将人行道上的积雪清扫干净,如果不及时扫雪,路人在其门前摔伤、跌倒,那么商家、房主负全部责任。商家对于门前的树木也要负一定的责任,在夏季需要主动给沿街树木浇水,居民和商家可以举报那些破坏树木的行为,大家齐心协力搞绿化。

(二)建立社会化的社区调解机制

社区调解机制旨在维护个人利益,同时加强人与团体之间的关系和联系,是保障社区秩序生成和社会融合的城市基层治理模式。社区调解为解决个人、团体和组织之间的分歧和冲突提供了建设性的帮助,它是避免破坏性对抗、长期诉讼或暴力的替代方法,它使处于冲突中的人们有机会为解决他们的争端和控制结果承担责任。综观全球,美国的社区调解机制较为成熟,本书主要总结和归纳美国的社区调解机制经验。自 20 世纪 70 年代以来,为了顺应社会转型和化解基层社区的纠纷矛盾,美国发起了一场全国性的社区调解运动,在美国多个城市开始运行运用志愿调解者的社区调解实验项目,使其以社区自组织和公民参与为特征、强调公私合作与非诉讼解决途径的社区调解机制日臻完善和成熟[①]。至 2011 年,美国社区调解项目达 400 多个,全职员工 1 300 多人,调解志愿者超过 2 万人,受委托案件 40 多

---

① 徐君:《美国的社区调解机制及其建构》,《中国行政管理》2013 年第 10 期。

万件。志愿者每年人均奉献 35 小时调解当地纠纷,按当前行业价值 26.83 美元/小时计算,每个项目得到的志愿服务价值近 5 万美元,社区调解总价值达 2 000 万美元[①]。主要经验包括如下:

一是国家层面成立社区调解工作机构。在美国,社区调解运动是一项国家行动战略,由国家成立专门机构,按项目化的方式,在全国各州、各大城市中进行实施。在国家层面主管社区调解工作的机构叫"国家社区调解协会"(National Association for Community Mediation,NAFCM),其宗旨是支持以社区为基础的调解方案和程序的维持与发展,在适当的决策、立法、专业及其他领域发出令人信服的声音,并鼓励调解资源的开发和分享,最大程度促进社区和谐、动员社区资源是协会的使命愿景。具体而言,NAFCM 承担着以下主要职责:社区调解工作的积极倡导者,在立法、决策、专业及其他领域,发出社区调解的国家声音;促进社区调解和协作解决问题的价值观、理解、公众意识和实践;引导私人和公共机构了解社区调解的经验、广度、好处和应用,并为社区调解开发财政资源;作为社区调解发展和实践的国家信息交流中心;促进成员之间在培训、资金、技术、项目和政策制定等领域的沟通和互助;创建和维护社区调解的国家目录和数据库;鼓励和促进社区调解方案之间的区域和国家合作项目;促进和鼓励社区调解方案和非争端解决组织在地方和国家一级的合作;发展和维护与国家、地区、州和其他争端解决相关的组织的联系,以促进社区调解的发展;支持社区调解的研究、项目评估、调解理论发展、创新和质量;表彰和奖励社区调解中的志愿者;发展地方和国家社区调解领导能力。特别需要指出的是,在引导全国社区调解工作的进程中,NAFCM 特别强调员工、董事会、委员会和成员的多样性,社区调解方案努力反映每个社区的实际情况和多样性特点,包括众多传统、习俗和价值观,谋求社区多元价值观和生活方式的和谐共存。

---

① 陈勇、高陈:《当前社会解纷资源整合与利用的若干思考——以美国纽约州和我国部分地区社区纠纷调处中心为分析样本》,《法律适用》2013 年第 6 期。

二是设立统一的城市社区调解中心。搭建社区纠纷调解的多元空间载体(社区调解中心、社区争议解决中心、邻里司法中心等),是开展化解邻里纠纷矛盾活动、提供各类调解服务的必要条件。其中,主要发挥法院系统的功能、在城市社区设立的社区调解中心,是美国基层社区矛盾调解的重要渠道和组织载体。社区调解中心的主要特点与职能是:社区调解中心是一个私人的非营利或公共机构,由代表社区多样性的调解员、工作人员和管理/咨询委员会等具体为社区居民提供调解服务;利用训练有素的社区志愿者提供调解服务;调解的做法对所有人开放;通过自助服务的方式提高社区大众对服务的可获得性,并努力减少服务障碍,包括物理、语言、文化、方案和经济方面的障碍;为客户提供服务,而不考虑他们的支付能力,不因种族、肤色、宗教、性别、年龄、残疾、国籍、婚姻状况、个人外貌、性别认同、性取向、家庭责任、入学、政治派别、收入来源而歧视地提供服务和雇用;在冲突的最初阶段提供解决争端的论坛;在冲突的任何阶段提供司法系统的替代方案;启动、促进和教育社区形成良好的协作关系,以促使积极的系统性变革;参与有关调解价值观和实践的公众意识和教育活动。社区调解中心由志愿者组成的董事会领导,资金主要来源于项目服务收费,政府、法院、非营利组织、基金会及个人捐赠等。

三是提供与社区居民紧密相关的多样化调解服务项目。在开展社区调解运动的早期,社区调解服务项目旨在处置发生在社区邻里之间的矛盾纠纷,但经过多年的发展,社区调解服务范围得到了大大的拓展,为社区居民提供100多种调解服务内容。美国社区调解协会将社区调解服务类型划分为社区、家庭、法院附设(court-connected)、住房、学校和工作场所等类别。诸如邻里关系、店主与消费者、与政府决策有关的争议、财产与土地利用、警民关系、债务、组织间或组织内、移民问题、环境问题、宗教信仰问题、轻微人身伤害等,属于社区类纠纷;诸如父母与子女的争端、分居和离婚、监护权和探视权、家族生意、家庭暴力、老年人赡养等,属于家庭类纠纷;诸如小额索偿、民事诉讼、轻微犯罪、破产、遗嘱认证等,属于法院附设类纠纷;诸如屋主与屋主协会、房东和承租人、房舍收回、丧失抵押品赎回权等,属于住房类纠纷;诸如同学之间、旷课、以强欺弱、特殊教育、教职员工与学生等,属于学校类纠纷;诸如同事、欺负或骚扰、上司与下属、歧视与均等就业等,属于工作场所类纠纷。美国社区调解的发展不仅表现为所覆盖的种类及范围的快速扩张,还体现在调解机构帮助学校、商业部门及其他组织去发展内部纠纷解决机制上。社区调解机构还在学校及其他很多地方教授冲突解决相关课程,以求尽早和尽可能地避免或减少冲突的发生①。

四是推行以志愿者为主体的社会化调解运作机制。在美国社区调解中心的实际运作中,主要依靠的是调解志愿者力量,形成社区主导、志愿者主体、公众参与、社会支持的社会化运行机制。一般而言,社区调解中心从各行各业中招收调解志愿者,他们是商界领袖、教育者、家庭主妇、法律专业人士、宗教领袖、社会工作者等,充分体现着社区调解多样化、多元化的价值观。通过涉及多领域的专业培训,富有专业知识和热忱态度的志愿者,在社区调解中发挥着积极而多重的角色功能,成为社区矛盾纠纷调解的主体人力资源。如奥兰治县争端解决中心有5位专职人员和50余名志愿调解员,他们每年为约3 000名居民提供服务。据统计,全美国平均每个社区调解服务项目的志愿者人数为50人,每个全职的工作人员大约对应着16位志愿者,志愿者每人每年在地方冲突调解上的平均贡献为35小时。与此同时,分布在社会上的大量协会、研究机构等,也都参与到社区调解中心的运作之中,力所能及地提供专业化的支持和帮助,共同推动社区调解中心的可持续发展。正是在这种社会化的运行模式下,社区调解治理已经成为美国成本较低、效果明显的社会治理工具,在促进社会和谐、社区包容方面发挥着越来越重要的作用。

---

① 徐君:《美国的社区调解机制及其建构》,《中国行政管理》2013年第10期。

第七章　建立健全多层次社会保障与福利体系

　　在现代社会发展和社会治理过程中,由于市场失灵和个人脆弱性的存在,由政府主导的社会保障,是现代工业化社会化解各类社会风险、满足不同社会群体利益的重大制度安排,对提升人们的安全感、幸福感具有十分重要的功能和作用,也是有效促进社会公平和正义、维护社会秩序、提升国家和社会治理效能的重要手段。发达国家在长期的工业化进程中,为了不断协调资本和劳动之间的关系及改善工人群体或大量弱势群体的生活条件、维护社会稳定,政府重视并不断完善形成了多元化社会保障和福利制度,对保障劳动人民生活、调节财富再分配、维护社会稳定、促进经济持续发展等均发挥了重要作用,也是社会治理创新的一大成功经验。但社会保障制度是一项深受经济发展水平和意识形态共同影响的国家制度选择,不同国家之间在社会保障范围、方法、模式上存在显著差异,比如,美国是全球唯一一个没有实行"全民医保制度"的发达国家,除了老人、残疾人、低收入人群及其他特殊人群实行公共医疗保险外,绝大多数人走的是私人医疗保险道路;还比如,欧洲一些国家普遍建立了"从摇篮到坟墓"的高标准福利政策,为其国民提供了最无后顾之忧的社会保障,但2008年全球金融危机后出现的欧洲债务危机,与其长期以来推行过高标准的社会保障制度直接相关。换句话说,作为社会治理的有效手段和工具,社会保障制度本身并不存在孰优孰劣的问题,而是一个不断试错的选择过程,西方发达国家的社会保障制度也并非完美无缺,既有经验,更有教训,尤其是在 2020 年全球新冠肺炎疫情的应对中,一些发达国家充分暴露了其社会保障制度的缺陷。因此,一个国家的社会保障制度只有与自身经济发展水平、民族文化传统、社会心理等相适应,政府、市场、社会共同努力,量力而行、尽力而为,保障各类群体共同过上幸福美好的生活,才可能是一个较好的社会保障制度体系。尽管前文已经涉及社会保障的相关内容,但由于其对于社会治理的重要性,本书通过专章的形式对欧美发达国家的社会保障制度经验加以系统总结,除了研究其在第二次世界大战之前开创建立普遍社会保障制度举措外,更重要的是旨在探讨长期以来伴随着国家经济社会的快速发展、人口结构老龄化少子化问题凸显、社会竞争加剧、社会不平等格局凸显等情况下,欧美发达国家是如何对其社会保障制度及时调整、改革、创新和完善,使之不断适应发展变化了的社会现实,保障公民基本生活,维护社会稳定,以便发挥社会保障制度在国家治理体系中的根本性、基础性作用。总体而言,这一经验主要体现在以下几个方面。

一、确立以"福利治理"为核心的社会保障价值理念

社会保障和社会福利作为保障劳动人民生活、维护社会稳定的重要制度安排,其背后的实质是社会资源的合理化配置,更代表着政府与公民、家庭、社会之间权力和责任的划分。因此,确立正确的社会保障抑或社会福利的价值理念,就成为构建更加可持续、更加公平的社会保障和福利制度的基础和前提。综观发达国家的社会保障制度演变的历史,可以发现,在资本主义发展的长时段内,在不同的发展时代和阶段中,资本主义社会发展的时代特征、面临的社会矛盾和社会问题不尽相同,相应地,也有不同的经济发展思潮以及社会保障价值理念主导着社会保障制度或社会福利体系的建设,

其间也产生了在国家高度干预主义下的欧洲福利国家。而伴随着20世纪70年代的经济滞胀危机,福利国家纷纷陷入危机之中(这一危机持续影响到现在),社会福利制度的调整改革势在必行。一路走来,在20世纪80年代以后,发达国家最终确立并走向了"福利治理""第三条道路"的社会保障价值理念,这既是发达国家对社会保障制度不断理性思考、不断探索创新的结果,也是一个国家构筑更加公平、更加可持续的社会保障和社会福利制度体系的重要经验和基础所在。对此,卢成会、吴丽丽[1]、丁建定[2]、雷雨若、王浦劬[3]等学者进行了较为详细的考察研究,根据这些研究成果表明,发达国家的社会保障价值理念主要经历了以下发展阶段。

(一)资本主义自由发展时期的"施舍"型社会保障制度价值理念(15世纪到19世纪中期)

15世纪开始到19世纪中期,是西方国家的自由资本主义时代,其间发生了工业革命,西方国家的社会经济制度开始从封建社会转向资本主义社会,最终资本主义制度得以形成和建立。这一时期,在文艺复兴、宗教改革、启蒙运动的影响下,社会保障思想也经历了从萌芽到初步形成的过程,以古典政治经济学和功利主义为代表的自由主义社会保障思想快速兴起,与此同时,空想社会主义社会保障思想走向顶峰,马克思主义社会保障思想也开始出现。但这一时期占主导地位的社会保障思想特征是强调个人自由主义,李嘉图、马尔萨斯等自由主义者认为,工业化的发展为个人提供了充足的机会,个人的生活与发展条件应该与自己的努力程度直接相关,每个人都应该凭借自己的努力来改善生活,如果个人在生活和发展中出现各种问题

---

[1] 卢成会、吴丽丽:《西方社会保障制度价值理念演变及局限性审视》,《河北科技大学学报(社会科学版)》2020年第4期。
[2] 丁建定:《西方社会保障制度的理论溯源》,《社会科学辑刊》2020年第5期;丁建定、裴默涵:《"第三条道路"社会福利思想主张的发展》,《社会保障研究》2020年第6期。
[3] 雷雨若、王浦劬:《西方国家福利治理与政府社会福利责任定位》,《国家行政学院学报》2016年第2期。

或贫困,都是由于自己的问题所造成的,并非是社会或政府的过错,相应地,社会保障强调自我保障、自助互助和最低限度的有限救助,社会和政府不应该承担个人的社会保障职责。在社会保障制度萌芽出现的英国,早在1601年颁布的《伊丽莎白济贫法》和《新济贫法》尽管代表着社会救助制度法制化的一个巨大进步,但其本质仍然是社会救助的"施舍"性质,只有当人们的自助互助的确无法满足现实生活需求时,才可以通过这一法案给予相关救助,更重要的是,当个人获得这些救助时,往往要以牺牲自由、人格尊严为代价,较低的救助水平无法满足人们的基本生存需求,使得许多社会成员仍在生存线上挣扎。

(二) 国家干预资本主义时期的"怀柔+意识形态"型社会保障价值理念(19世纪晚期到20世纪70年代)

19世纪末到20世纪70年代初,是属于西方发达国家的国家干预资本主义时代,西方的社会保障价值理念从原来强调个人责任为主的思想,向旨在发挥怀柔、凸显资本主义意识形态功能的国家保障思想转变。这是因为自19世纪末期以来,迅速发展的垄断资本主义导致了悬殊的社会贫富分化,社会问题不断产生,社会主义改革和集体主义思潮不断涌现,工人阶级已经无法满足自我调节的市场分配机制,工人罢工不断增加。特别是随着20世纪30年代发生的全球资本主义经济大危机,导致失业、疾病、养老等在内的大量社会问题接踵显现,第二次世界大战后又形成资本主义和社会主义两大意识形态阵营,强调资本主义制度的优越性也成为资本主义政党的施政初衷。正是在以上整体性大背景下,欧美发达国家的社会保障制度开始走向国家立法、更强调国家保障责任的国家主动干预社会资源配置、社会福利化发展的新阶段,社会保障制度的更大目的在于维护工人阶级的权益、防止工人运动和无产阶级革命、服务资本主义意识形态等,使得社会保障制度不仅成为维护社会稳定和政治安全的重要工具,也是彰显资本主义制度优越性和吸引力的重要手段,旨在建立健全社会保障、社会救助、社会福利制度体系,创建福利国家成为许多西方国家争相追求的主要目标之一(英国和北欧一些国家纷纷走向了福利国家的道路),政府向公民提供"从摇篮到坟墓"的高水平社会福利,政府变成了"保姆式政府"和"家长式政府"的角色。典型的国家表现有:19世纪末德国颁布的《疾病社会保险法》《工伤事故保险法》《老年与残障保险法》等标志性法律,以社会保险为主要形式的社会保障开始在西方国家中不断扩展和覆盖[①];1935年美国颁布《社会保障法》,标志着社会保障走向全面性发展;1949年英国颁布了《国民救助法》,标志着英国率先走上了福利国家的行列。

(三)新自由主义时期"权责平衡、多元共治"的"福利治理"思想的确立及完善(20世纪80年代至今)

20世纪70年代发生的石油危机,致使西方发达国家经济发展普遍进入滞胀阶段,西方福利国家的经济物质基础遭到破坏,财政压力逐渐加大,高水平社会保障和福利体系开始成为国家发展的沉重负担和包袱,实行高福利、高税收、高负债的福利国家进入危机之中,社会资源浪费严重,国民也不再积极向上,经济发展徘徊不前。这一危机充分表明,过分依赖政府承担和提供高福利的社会福利制度不具有可持续性。这时候人们对社会保障、社会福利制度开始新的反思——在社会保障和社会福利体系中,政府、社会、个人到底应该承担什么样的责任?学者们也开始提出新的理论体系和政策主张,最著名的理论思潮当属以哈耶克、弗里德曼为代表的新自由主义和"第三条道路"学派的崛起及其对经济发展和社会保障制度的影响。新自由主义反对政府的过度干预,主张要解决福利危机就得发挥市场机制作用,推行社会福利的私有化改革,以减少社会资源的浪费和低效配置,调动家

---

① 张泽华:《西方国家福利立法方面的进展及其启示》,《现代商贸工业》2021年第1期。

庭、个人的自我保障积极性。据此理论,英国撒切尔政府和美国里根政府进行了社会福利的私有化改革,但实际结果则是失业率居高不下、社会贫富差距进一步拉大,这表明纯粹依靠新自由主义的市场机制仍然无法解决社会福利领域的问题。与此同时,在英国、德国、法国等西方国家,兴起了强调"权利和责任平衡"的第三条道路或中间道路学派,包括艾哈德与德国社会市场经济社会福利思想、吉登斯与英国"第三条道路"社会福利思想、施罗德与"中间道路"社会福利思想等[1],它们都强调社会保障不能太过左或右,在政府建立最低社会福利标准的基础上,更要强调社会保障制度中的个人责任,权利和责任相统一,实现社会的公平正义。在这种背景下,20世纪90年代以来,主张政府与社会合作、多元共治的治理理论开始在全球兴盛,梅里安、弗拉姆和马丁等人认为,福利危机的实质就是治理问题,并提出了"福利治理"的新理念,即政府并非提供社会保障或社会福利的唯一主体,社会、家庭、个人以及公民认可的社会组织都可以成为福利的供给主体,强调政府、市场、社会和家庭共同参与、共担责任、协同合作[2],共同应对国家经济社会发展面临的风险和挑战。至此,多元共治合作的"福利治理"理念成为新时期西方发达国家改革社会保障和社会福利制度的重要价值理念。

二、依法健全多主体合作的多层次社会保障机制

正是在"第三条道路""福利多元主义""福利治理"等现代社会保障价值理念的影响下,20世纪80年代开始,西方国家开始注重公平和效率并举,给政府福利财政"减负",对社会福利和保障制度进行提高社会保障收费、降

---

[1] 丁建定、裴默涵:《"第三条道路"社会福利思想主张的发展》,《社会保障研究》2020年第6期。
[2] 雷雨若、王浦劬:《西方国家福利治理与政府社会福利责任定位》,《国家行政学院学报》2016年第2期。

低福利标准、延长缴费时间、严格监督管理、增加保障类型等市场化、结构性改革,旨在构建市场、国家、社区和社会组织等多主体合作参与的多层次社会保障与福利供给模式,努力消除传统社会保障面临的"政府失灵"(福利刚性导致的福利依赖)和"市场失灵"(福利供给的不充分),发挥社会保障和社会福利应有的社会服务功能,通过不断扩大社会福利的来源与渠道,让每个阶层找到与之对应的保障制度和服务,各得其所、各有其位,维护并促进整体社会的公平、稳定与可持续发展。

(一)国家实行第一层次的强制性社会保险制度

综观发达国家的社会保障和社会福利制度演变过程,在绝大多数时间内政府始终发挥着主导地位的作用,即便在面临福利危机以后,经过社会福利责任调整定位以后,政府虽然不再是社会福利的唯一责任主体和直接生产者,转而主要发挥"规划者、出资者、监管者"的新角色,但政府依靠公共税收财政实行强制性的国民社会保险制度,为绝大多数人群提供全国统一的生活保障,以促进国家经济发展和维护社会稳定。

例如,美国为了应对20世纪30年代经济大萧条导致的老年人贫困数量骤增的问题,1935年国会通过《社会保障法》,社会保险成为第一层次的国家强制性保障制度,主要包括养老保险、失业保险、伤残保险、医疗保险等,其中由美国社会保障署(其前身为经济保障委员会,是专门设立的养老保险管理机构)管理、依靠社会保障税及社会保障基金支撑、不分员工性质、全国统筹的基本养老保险,即联邦退休金制度,规定了一套完整细致的操作办法,为退休人员本人及其符合特定条件的配偶(含离异)、未成年孩子(含领养)提供退休金保障,目前这一制度已经稳定运行了近90年,覆盖了美国96%的人群。但是随着美国人口老龄化程度的不断提高(65岁以上老年人口占总人口的比重从1970年的9.75%提高到2018年的15.81%,据预测10年后老年人口的比重将超过21%),美国的这一养老保险制度也开始面临明显的财政压力,为此 2019 年美国政府提出了大幅改革退休金制度的议案(Setting Every Community Up for Retirement Enhancement Art of 2019),该议案于 2019 年 12 月 20 日生效。这一全国统筹的国家强制性保险制度,为美国经济增长与社会长期和谐稳定发挥了重大功能。在社会保障制度的起源地德国,养老保险也是实行强制性的法定养老保险制度,其保障范围既包括一般的养老金,也包括职业康复待遇、职业能力或就业能力丧失养老金等,原则上所有雇员都是法定养老保险的义务参保人,但在人口快速老龄化的压力和挑战下,德国也开始了提高养老金缴费比例和降低养老金领取比例的改革。2018 年"墨尔本美世全球养老退休金指数"位列第一的北欧国家荷兰,早在 1957 年 1 月 1 日就通过了《一般养老金法案》,建立了基本国家养老金计划,所有年龄处于 15—65 岁之间、合法居住在荷兰的居民,以及那些不居住在荷兰、但在荷兰工作、并向荷兰政府缴纳工资所得税的人,均自动纳入该保险计划,体现了人人平等的广覆盖、普惠性特点,为面对日益加重的老龄化挑战,从 2013 年开始推行了延长退休计划,到 2023 年时全国的退休年龄提高到 67 岁[1]。研究表明,政府财政拨款和公共投入是西方国家社会保障和社会福利治理最主要和最稳定的资源渠道[2],这一点,从发达国家社会保障支出占 GDP 的高比重当中也可见一斑(图 7.1)。

(二)建立来自财政转移支付的社会救助制度和普惠型社会保护制度

发挥社会保障的资源再分配作用,促进社会更加公平,也是社会保障的一项重要社会治理功效。因此,除了发挥政府、市场和社会的力量,努力构筑全民性强制社会保险的同时,针对特殊群体的生活服务状况,发挥政府财

---

[1] 猫橘:《权威报告:荷兰养老福利时隔七年,重返全球第一!》,https://www.sohu.com/a/276524519_737572。
[2] 雷雨若、王浦劬:《西方国家福利治理与政府社会福利责任定位》,《国家行政学院学报》2016 年第 2 期。

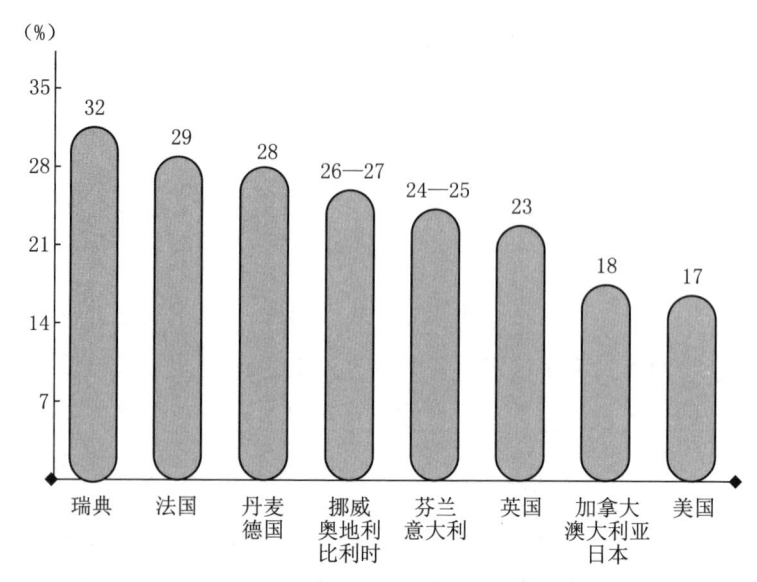

图 7.1 欧美发达国家社会福利支出占 GDP 的比重(2019 年)①

政转移支付功能建立健全社会救助制度和普惠性的社会保护制度,也是发达国家对抗社会贫困、降低社会排斥风险、改善弱势群体生活质量的重要保障制度选择。

首先,建立健全体系完整、覆盖面广泛、管理措施严格的社会救助制度。社会救助主要是针对经济贫困和特殊弱势群体,在生命健康历程中,为了维持最基本的生存和体面生活,政府为其提供无偿帮助(包括现金救助、非现金救助等)的财政转移性保障制度。研究表明,OECD 国家社会救助占社会保障支出的比重平均为 32%,美国这一比重为近 40%。综观西方发达国家的社会救助制度,各有侧重,不尽一致。例如,美国针对解决绝对贫困问题,在全国范围内建立了多元化的社会救助体系,目前,联邦政府有 80 多个支出 1 亿美元以上的社会救助项目,支出规模和救助人数居多的救助项目包括医疗救助、补充营养救助、补充保障收入、所得税抵免、贫困家庭临时救助、住房救助等,还有更多数量的支出在 1 亿美元以下的项目。研究表明,

---

① 《欧洲人为什么可以享受这么好的社会福利?》,https://www.sohu.com/a/447076806_100174634。

美国有将近 1/4 的家庭接受过一项或以上的社会救助项目;为了让真正的贫困者获得救助,美国对社会救助体系实施非常严格的管理措施,包括实行严格的受助对象认定程序、强化家计调查与收入核对、加强考核监督、加强与社会组织的合作等,在保证社会公平的基础上努力提高社会救助资源的使用效率[①]。德国法律规定,任何在缺乏外力帮助下个人无法解决生活困境的公民,都有资格得到不同形式的社会救助,包括日常生活救助和特殊情况救助(如丧失劳动能力、生病、年老等情况),政府在综合考虑申请者情况后,确定合适的救助方式。英国更是认为,获得社会救助是每个公民的基本人权,但在社会救助的具体实施中,更倾向于政府负责资金保障,采取向社会志愿组织购买服务的公私合作方式进行救助,进一步提高救助效率。在救助过程中,发达国家普遍重视家计调查与代理家计调查法、类别瞄准法、行为瞄准法、道德瞄准法和个案管理法等"瞄准机制"建设[②],保证社会救助的程序公平和结果公平。

其次,建立广泛普惠的社会保护制度。社会保护是与社会保障并行的一种主要针对老年人、贫困者、残疾人、儿童、失业者等社会弱势群体而建立的非缴费—普惠型社保制度[③]。社会保护在实现可持续发展、推进社会正义、减少社会排斥、促进社会包容等方面发挥着关键作用,也是西方发达国家社会治理的一个重要手段。近年来,随着国际竞争加剧、人口老龄化、劳动力市场变化、家庭性别角色的变化、现代新技术发展应用等,更多的新型社会风险被引发,传统的社会福利体系已经无法应对新的需求,于是欧美发达国家和国际社会更加强调普惠性社会保护的功能和作用,以减少社会贫困、失业和社会排斥。2012 年世界劳工大会通过的《关于国家社会保护底

---

① 李卫东:《美国社会救助的几个特点》,《中国民政》2017 年第 15 期。
② 陈婕璇:《社会政策瞄准机制的国际经验——以德、美、日的就业救助政策为例》,《就业与保障》2020 年第 23 期。
③ 世界银行认为,仅在遭遇风险时向低收入者提供临时性的救助和津贴是远远不够的,应该对人力资本投资(如对教育和医疗卫生投资)的主张进行公共干预,帮助个人、家庭和社区更好地管理风险;对受到社会剥夺的低收入者提供支持,创造更多的就业机会。

限的建议书》正式提出了全民性的社会保护概念,即通过不断的政府行动和社会对话而实现的一系列政策措施,其目的是确保所有的男人和女人都能享有尽可能安全的工作环境,获得充分的社会服务和医疗服务,并且在因疾病、失业、生育、伤残、丧失家庭主要劳动力或年老而造成收入丧失或减少时,能够得到足以维持生计的保障待遇。如今,在国际上,社会保护实际上正在逐渐取代社会保障成为新的国际共识[1]。欧盟在"欧洲2020"中提出了"社会保护现代化"战略,并倡导各国重新审视传统保障模式的弊端,在劳动者权利和义务之间寻找新的平衡,在劳动力市场(针对各类失业者)、贫困和社会排斥领域实施更加积极的社会保护政策,帮助人们获得更多发展机会或提高收入,提高个人防御风险的能力,促进社会的安全稳定。例如,在劳动力市场保护政策方面,针对普遍的青年失业问题,欧盟各国积极采取旨在提高就业率的"激活方案",帮助失业青年努力重返劳动力市场,如瑞典要求受助者只有愿意参加政府推荐的工作才能拿到失业补助,丹麦失业青年可以连续无条件领取6个月的失业补助,之后救助金的获得则是以参加工作或接受培训教育为条件;针对"有工作的穷人"群体,2010年欧盟开始推行"青年行动计划"(Youth on to the Move)和"新技能和工作议程"(An Agenda for new skills and jobs),旨在帮助提升劳动者(特别是青年就业者)的劳动技能、降低他们在劳动力市场的弱势性[2]。实际上,针对老年人、儿童、妇女等弱势群体的社会保护政策,欧美发达国家远比广大发展中国家健全,值得我们积极加以借鉴,但因篇幅所限,具体内容不再赘述。

(三)建立充分发挥市场作用的补充性保障制度

除了积极发挥政府的强制性保险作用让绝大多数公民拥有基本生活保

---

[1] 国际劳工局:《世界社会保障报告(2010—2011)》,人力资源和社会保障部社会保障研究所译,中国劳动社会保障出版社2011年版,转引自唐钧:《社会保护的国际共识和中国经验》,《国家行政学院学报》2018年第3期。

[2] 陈振明、赵会:《由边缘到中心:欧盟社会保护政策的兴起》,《马克思主义与现实》2015年第1期。

障外,在福利治理思想下,发达国家还注重市场、家庭、公民个人在社会保障中的责任,大力发挥市场的作用,利用经济手段(税收优惠等)和政府购买等方式,鼓励企业实行各种补充性保障制度和福利计划,引导个人购买各种个性化金融产品[①]。如果继续看美国的养老保障制度的话,美国政府除了依靠政府主导力量发展几乎涵盖所有社会成员、全国统筹、强制性的养老保险制度外,充分发挥企业和个人的力量,在营利性企业层面建立了企业退休金计划(即401k计划),包括待遇确定型(DB型,Defined Benefit)和缴费确定型(DC型,Defined Contribution)两种类型。虽然两者的具体制度措施和实施办法不尽相同,但一般而言,如果企业员工能够按照一定比例缴费,就能确保员工退休以后可以获得较高水平的保障收入,目前这一计划已经成为美国私人公司最主要的员工退休计划。在个人层面,建立了个人储蓄退休金计划(Individual Retirement Account,IRA),即针对没有加入401k计划的员工或个人,采取免征个人所得税的方式,鼓励他们每月在个人储蓄退休金账户中存入一定比例的金额(政府设有上限规定),参加个人储蓄退休金计划保障自身退休后的生活,年薪收入符合一定标准、年龄在70岁以下的任何公民,都可以自愿参加。据2017年美国投资公司协会(Investment Company Institute,ICI)数据统计,约有4 385万、将近4成的美国家庭参加了这一计划,为美国社会公民提供了有力的保障。基于这两种保障制度的私人养老金储备规模是基本养老保险基金储备的10多倍,有效缓解了替代率不足40%的基本养老保障的资金压力,也是当今美国养老保险中的重要支柱力量和不可分割的重要组成部分。与此相类似,德国除了建立法定养老保险外,近年来也积极主张和鼓励发展企业养老保险(企业补充性养老保障制度)和私人养老保险制度,采取通过设立雇主组织的养老保障基金会的形式,既提供担保又加强监管,促进企业保险安全稳定发

---

① 郑秉文:《社会保障制度改革的国际经验与教训》,《求是》2015年第7期。

展。目前德国的企业养老保险制度已经覆盖了近65%的企业员工,而律师、医生、自由艺术职业者等一般参加私人养老保险。在这一点上,荷兰除了基本国家养老金保险制度外,依据2007年《养老金法案》(其前身是1952年的《养老金和储蓄基金法案》),在企业层面普遍建立了职业养老金制度,参保人员涉及公务员和私人企业员工,是一项带有准强制性、共担集体风险的重要养老金制度,目前全国大约95%以上的员工参加了这一保障计划。

三、建立覆盖全生命周期的多元化社会福利体系

20世纪30年代尤其是自第二次世界大战以来,发达国家为了体现资本主义的制度优越性、稳定经济结构变迁、避免社会危机等目的,在贝弗里奇社会福利政策与凯恩斯经济学思想的启发指导下[1],欧美发达国家以第一个建成福利国家的英国为榜样,纷纷创建福利国家,实行覆盖全民的医疗保健、免费教育等高福利制度,针对有工作的普通劳动者和没有工作的老人、儿童、妇女、外来移民等多元群体,提供"从摇篮到坟墓"的高标准福利供给,国家实现了刺激消费、扩大就业、抑制贫富分化、化解社会矛盾的资本主义"盛世"发展景象。多样化、高标准社会福利成为"福利国家"的核心标准,例如,法国的公民从娘胎到死亡受到400多种福利的保护。但长期以来西方国家不断拉大的贫富差距及其福利改革进入"进退两难境地"的现实充分表明,社会福利是与国家经济发展水平紧密相关、具有刚性的一把"双刃剑",建立在适应经济发展水平和财政负担能力的适度社会福利体系,才会成为促进社会融合的稳定器和安全阀,但过高标准、过宽范围的社会福利体系,

---

[1] 马欣员、钟若愚:《社会政策的工具性作用:欧美福利国家的双维度改革标向》,《学术交流》2020年第6期。

反而经常诱发社会不满,甚至成为社会动荡的导火索。因此,从一分为二的观点来看,西方发达国家的福利制度,优劣并存,对包括我国在内的广大发展中国家而言,既有可借鉴的经验,也有值得吸取的教训。从经验上说,要求我们顺应经济总量规模和发展水平的不断提升,政府除了注重常规性社会保障制度的建设外,也要面对更广泛群体,尤其是一些劳动力市场外的弱势群体,从人们的生命周期出发,本着公平正义的理念,力所能及地构建一套具有中国特色的普惠性、多样化、适度性社会福利体系,让更多人共享国家经济发展与改革的成果,推动全体人民走向共同富裕。从教训上来说,我们在建立社会福利体系的时候,不能脱离我国仍处于并将长期处于社会主义初级阶段这个基本国情,要做到尽力而为、量力而行,最大程度地解决所有人民的后顾之忧,最公平分配社会福利资源,让真正面临生活困境、最需要帮助的人获得必要的救助,能够维持与全面小康社会相适应的体面生活,防止让社会福利成为阻碍经济发展、制造社会不公、激发社会矛盾的制度因素。从人类生命周期和社会正义的视角观察,发达国家注重建立的典型社会福利体系主要包括以下几个类型。

(一) 实施鼓励生育为导向的婴幼儿养育福利

婴幼儿作为国家的重要组成成员。在生育率不断走低的情况下,国家通过优厚的养育福利政策,分担家庭养育孩子的经济成本,为婴幼儿生存、生活创造良好的生活和教育环境,是西方福利国家的一贯做法。典型国家包括法国、德国、瑞典、芬兰等,如法国,孩子从在娘胎里的第5个月起到满3岁,如果父母收入低于一定标准,每个孩子每月可领取156.31欧元的幼儿补贴。如果父母为照顾孩子而停止工作或减少工时,则每月可领取320.67欧元到484.97欧元的育儿补助。如果家庭有两个孩子,每月补助108.86欧元,以后每增加一个孩子增加139.47欧元。孩子长到11岁时,每月补助再追加30.62欧元,16岁时每月再追加54.43欧元。此项补助直到孩子找到工作为止①。如果一个家庭雇用了家庭育儿保姆在家照顾不足6岁的孩子,可以申领雇用家庭育儿保姆补助,帮助家庭分摊育儿保姆的费用,其标准为:根据父母年收入超过17 473.55欧元、12 708—17 473.55欧元、低于12 708欧元三档给予,每个不足3岁的孩子,每个月可根据上述父母三档年收入分别获得130.90欧元、157.97欧元及199.78欧元补助;每个3—6岁的孩子,每个月可分别获65.46欧元、78.99欧元及99.91欧元补助②。德国所有职场妈妈都可以领取14周的"生育津贴",要是生了双胞胎,就再多给12周的"生育津贴",金额等于职场妈妈平常的税后工资;全职妈妈可以领取12个月的"父母金",每个月300欧(约2 300元),职场爸爸也可以休产假,领取2个月"父母金"③。瑞典政府规定,新生儿父母双方均有权享受育儿津贴,包括双方可以获得480天的假期及每天180克朗的家长津贴。在芬兰,从1938年开始,为鼓励生育、降低婴儿出生死亡率,怀孕母亲可以到政府领取新生儿"妈妈盒"(0—12个月的宝宝基本所需)或140欧元补助;母亲可以获得5个月的产假(如果带孩子还可以申请最长3年的带薪假),父亲可以请9周的陪产假,其间国家每月补贴300欧元,公司发60%—70%的工资;年满3岁的孩子可以进入市政托儿所,政府每月给予200欧元补助,而且一直到17周岁,父母每人每月可领取120—172欧元的保育补贴,单亲家庭或者残疾儿童家庭还可以获得额外的补贴。挪威实行包括托儿所、幼儿园在内的所有等级的全民免费教育,不满2周岁的婴儿如果不去托儿所,可以获得最高每月3 000挪威克朗(1挪威克朗约合1.1元人民币)的现金补贴。在英国,拥有永远居留权或英国国籍的父母,孩子出生注册后,无论其家庭收入多少,父母中任何一方都可以申请儿童福利金或子女津贴,

---

① 《世界12个国家的社会福利,没有比较就没有伤害》,https://www.sohu.com/a/254088304_100267303。
② 《法国社会福利制度》,https://www.sohu.com/a/285934040_812393。
③ 《全球最缺孩子的发达国家:生一个男孩奖励60万,来定居还送国籍?》,https://new.qq.com/rain/a/20210312A05J0900。

从1997年起每个家庭的第一个孩子每周可获得11.05英镑,该津贴2020年提高到21.05英镑,其余子女从可获得7英镑提高到13.7英镑,领取到孩子16岁为止;完成高中学业的孩子可领取补贴至18岁或20岁。英国政府通过用人单位给有孩子的员工一个减免所得税的福利——儿童保育券或子女税收补贴,一般是从每个月税前工资扣除,可以用于支付幼儿托管的费用,2003年至2020年,每个家庭每年都可以获得至少545英镑[1]。对此,欧美发达国家的婴幼儿福利不尽一致,不再赘述。也正因为如此,西方发达国家的每千人婴儿死亡率远远低于发展中国家的水平。

(二)依法建立健全儿童福利体系

儿童是国家的未来和希望。1989年联合国通过了《儿童权利公约》,该公约指出:关于儿童的一切行动,均应以儿童的最大利益为首要考虑。正是在这种理念下,许多发达国家高度重视儿童福利建设,通过儿童福利立法来保障儿童权益,支持家庭养育儿童,进而促进家庭良性运转。例如,英国早在1918年就通过了《妇女及儿童福利法》、1948年制定《儿童法》、2010年制定《儿童贫困法》,日本于1947年出台《儿童福利法》,美国于1980年颁布《收养援助及儿童福利法》等[2],围绕贫困救助、学习教育、生命健康、权益保护等,推行多元化儿童福利体系,确保每个儿童都能公平地获得高品质公共教育、相对均衡的健康服务和基本权益不受侵害等,保障所有儿童健康快乐地成长。

但欧美发达国家的具体儿童福利政策设计,存在显著的差异性。在瑞典,每个1岁到16岁的儿童,每个月都可领取约1 050克朗(约1 050元人民币)的儿童津贴,如果孩子生病,父母有权请假照顾生病的孩子,每个孩子

---

[1] 袁利平、张薇:《英国贫困儿童社会救助法律机制探赜》,《河北师范大学学报(教育科学版)》2021年第2期。
[2] 何芳:《推动儿童福利立法,实现新时代的"幼有所育"》,《光明网·理论频道》2018年1月26日。

最多可请假 60 天,国家社保承担 80% 的工资;从小学到中学,孩子教育实行全免费,一到九年级可以免费享受学校午餐和班车;16 岁到 20 岁高中生每个月可以领取 2 000 克朗左右(2 000 元人民币)的津贴。在法国,国民教育从小学到大学一路免费,如果家庭收入低于一定标准,孩子每个学期开学时可领取 249.07 欧元的补助;从初中到大学,学生可获得每个学期 54.9 欧元到 3 456 欧元的助学金。加拿大从小学到高中的教育(12—13 年)全部免费,学前教育尽管不是免费,但对低收入家庭的孩子,根据家庭收入情况,由政府部分或全部支付教育费;如果父母收入低于一定标准,不满 18 岁的孩子每月可领取 100 加元到 200 多加元的牛奶金。日本的幼儿园到初中实行免费教育,低收入家庭(年收入约 25 万元人民币)的婴儿在托儿所的费用全免,每个 18 岁以下的孩子可增加约合人民币 2.5 万元的个人所得税免税额,地方政府向不满 9 岁的儿童发放育儿津贴。丹麦孩子从生下来到 18 岁的牛奶费也由政府支付,低收入家庭孩子的学前教育也由政府买单,学生每月还可以拿到生活补贴①。在德国,不管孩子是不是在德国出生、是不是德国国籍,只要是合法在德国居住的孩子,自 2018 年起,一个家庭前两个孩子的儿童金每月为 194 欧元,第三个孩子每月 200 欧元,第四个孩子每月 225 欧元②,一直领取到 18 岁,如果别国的孩子愿意加入德国籍,能领取更多的福利。在个性化教学辅导方面,芬兰由班级教师、特别需要教师、学校顾问、心理医生、社会工作者和卫生健康工作者等组成的多学科综合工作小组,对有家庭和社会问题及学习问题的儿童提供各种咨询服务和解决方案,保证了少年儿童的全面发展,也凸显出以儿童发展为本的价值观念③。

---

① 《世界 12 个国家的社会福利,没有比较就没有伤害》,https://www.sohu.com/a/254088304_100267403。
② 乔继红:《德国福利制度利弊几何》,《经济参考报》2019 年 6 月 6 日。
③ 陆士桢:《从儿童福利的公正性原则看我国当前基础教育的问题》,https://news.ifeng.com/c/7fbballGAI4。

(三) 实施积极的失业救助福利

劳动力市场是福利制度体系的重要组成部分。对任何一个国家而言,努力降低年轻人的失业率,提高社会就业率,是社会治理的核心议题和重要任务。发达国家为了应对20世纪30年代经济危机造成的高失业率,建立健全失业保险制度、帮助人们过上体面的生活,这成为建设福利国家的重要内容,尤其是一些北欧福利国家为失业者提供了非常优厚的失业保障待遇和舒适的工作环境(甚至有些人认为形成了"养懒人"的格局)。但20世纪90年代的经济危机导致欧美等福利国家出现经济衰退、失业率上升、政府财政赤字严重等现象,劳动力市场再次面临高失业的挑战。正是为了应对经济衰退、失业率上升、财政压力加大等新挑战,西方发达国家开始了包括劳动力市场或失业保障制度的改革创新,重塑"从福利到工作"的理念,纷纷将其对失业者的福利性救助逐渐地向对积极参与工作的低收入群体进行救助转变,全面实施积极的"工作性福利",激励失业者加大再就业步伐,取得了显著成效,对促进经济发展、社会公平、提高社会效率等发挥了十分重要的作用。值得一提的是,2020年新冠肺炎疫情全球大流行对欧美发达国家的就业造成了巨大的冲击,出现了"失业潮"现象,对此他们依然依靠慷慨的国家福利来确保那些失业的员工获得某种形式的支持,如美国政府推出2万亿美元经济刺激计划法案,扩大失业保险适用的工种范围,将失业人群领取失业保险的时限由26周提升至39周;北欧国家政府为失业者提供高达工资75%的补助(挪威保障了自由职业者80%的平均收入,丹麦的这一比例为75%),帮助人们渡过难关。总体来看,西方发达国家推行的积极的失业救助福利,具体内容不尽一致,各有侧重和特色,在此对德国、英国两个国家的失业救助改革加以阐释和分析。

社会保障制度的发源地德国,在1927年就制定了《就业安置和失业保险法》,政府以失业津贴的形式防治失业问题,面对第二次世界大战以后因产业结构与劳动力结构的匹配问题而导致的大规模失业问题,在1969年又颁布《就业促进法》《职业培训法》《联邦教育法》等,从失业者和雇主两个方面出发,开始推行积极的失业救助政策,失业人员领取失业金待遇时必须按照劳动局的要求参与指定的培训或者工作,雇主如果留住岗位或雇佣失业者,也将会得到政府一定的费用补助。1998年的《劳动促进法》更强调劳动力市场供求双方主体在控制失业、保障就业方面承担更多的责任,但对其高水平的失业福利制度(失业福利的替代率超过工资的50%以上)并未产生根本性的触动或改革,劳动力市场供求双方都缺乏积极性[1]。进入21世纪以后的几年,德国经济和就业形势一度处于困境,经济乏力,失业率高企,而2003年一个失业者每月可以领取高达1 919欧元(折合人民币近2万元)的失业救济金(图7.2),1 000多万人处于失业状态,社会福利的合理性再次引发社会的关注,倒逼德国政府推行大力度的改革。时任总理施罗德成立"哈尔茨委员会"负责制定劳动力市场改革计划,2004年推出了"哈尔茨就业改革系列法案",总共包括4个法案,其中"法案Ⅱ"明文规定,失业者只有愿意接受较低水平的工作机会时,才可以获得失业补贴,要求失业者不能以新工作机会没有原来的工作机会优越而拒绝新的工作机会,这从根本上消除了失业者将失业金作为福利的懒汉思想,参加工作成为获得失业救济金的前期条件,发挥失业救济金的就业创业激励作用;"法案Ⅳ"则规定,取消按照失业前收入水平确定的政府补助,所有具备劳动能力者在长期失业情况下只能得到数额统一的基本救济金;职工一旦被解雇须立刻到职业介绍中心报到,并尽可能早地找到新工作而避免失业[2];失业补贴的领取时间最长不超过12个月,并规定失业者如果在过去的12个月内多次(三次)拒绝评估认为"可以担当的工作机会",法案则会强制

---

[1] 李才海:《国外失业保障制度的发展及其对我国的启示》,《劳动保障世界》2020年第6期。
[2] 何梦舒:《德国十年福利改革铸就业奇迹》,《北京日报》2015年1月5日。

取消申领者的住房和暖气费补贴①。该法案的推行,在德国社会产生了很大

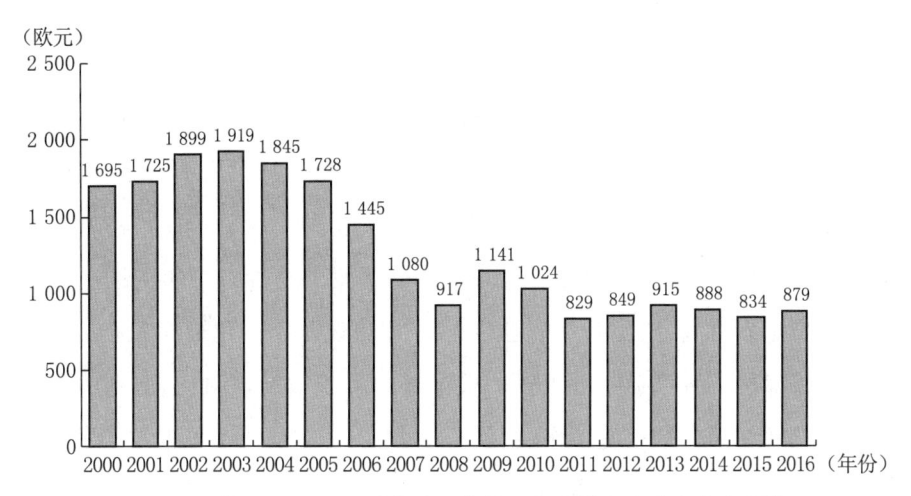

图 7.2 德国 2000—2016 年失业者每月领取的一类失业金金额②

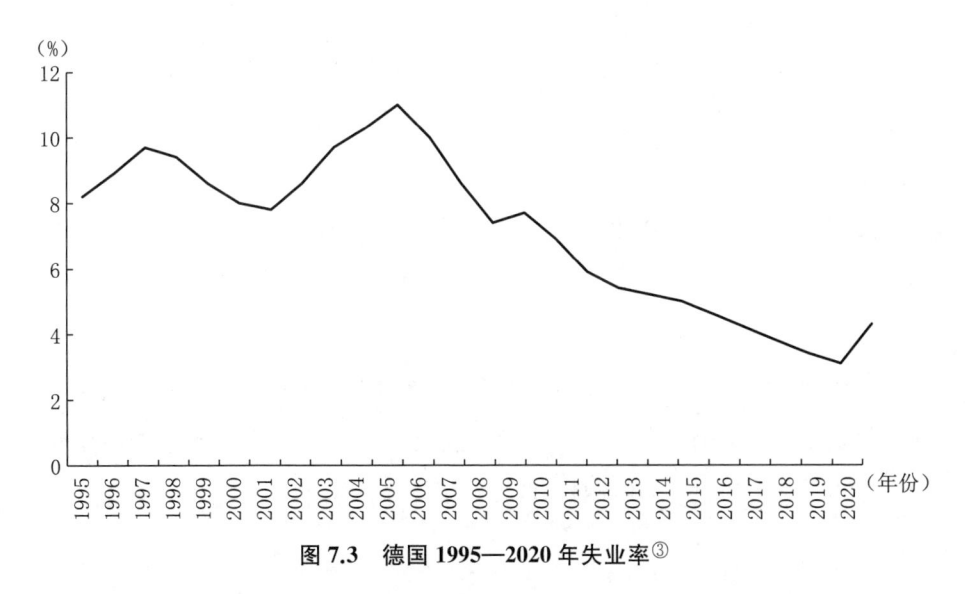

图 7.3 德国 1995—2020 年失业率③

---

① 杨力沨:《就业激励政策的国外经验借鉴及启示》,《经济师》2020 年第 11 期。
② 《失业≠无收入?不可思议的德国失业金令人羡慕》,https://www.sohu.com/a/346441930_100058054。
③ 参见 https://cn.knoema.com/atlas/%e5%be%b7%e5%9b%bd/%e5%a4%b1%e4%b8%9a%e7%8e%87。

的震动,引发了失业者的抗议,但经过10多年的实践发现,该政策对降低国家失业率发挥了积极的作用,年轻人的失业率为欧洲最低(图7.3);对提高德国失业保险金的盈余水平也产生了十分显著的效果。

与此相类似,英国在劳动力市场和失业保障方面,从1996年起,开始用"求职者津贴"取代了原有的针对失业者发放的"失业津贴"。与原来发给失业者更多带有福利性质的"失业津贴"相比,失业者要领取"求职者津贴"的条件更加严格,要求失业者在最近失业前的两年内至少有一年的国民保险税的缴费记录,而且要到就业中心签署"求职协议",承诺积极找工作。失业者需要每隔两周到就业中心报告一次自身的求职情况,并且在遇到愿意提供工作的雇主时必须接受工作,否则停发津贴[①]。求职津贴根据贡献多少和收入多少分为两种不同的类型。基于贡献的评判主要是根据工作时间的长短,工作时间长则贡献多,相应的求职者津贴也较高;基于收入多少的求职者津贴则要对其家庭财产和收入进行调查。根据法律规定,失业者领取津贴要满足以下条件,即失业超过一年者须参加私人企业提供的工作机会或参加志愿团体工作,时间至少4周;失业者失业时间超过两年的,必须全职从事提供的工作,才能领取相关社保津贴。这一法律规定解决了失业者长期依赖"失业津贴"维持生活,消极对待再就业的问题,使原来领取失业救济维持生活的失业者,用工作机会换取社会救济,激励了失业者再就业[②]。法国和葡萄牙政府,从2003年开始,针对长期失业者、就业困难群体和低收入群体先后实施了"就业激活援助计划",主要通过开展社会培训的方式帮助他们提高就业技能,结果表明,这一政策对降低长期失业率产生了正面的激励作用。

(四)提供生活、健康、照护等全方位的老年福利

老龄化是人类社会经济发展的客观产物,当前人类老龄化社会进程正

---

① 李才海:《国外失业保障制度的发展及其对我国的启示》,《劳动保障世界》2020年第6期。
② 杨力洋:《就业激励政策的国外经验借鉴及启示》,《经济师》2020年第11期。

不断加剧,联合国 2019 年发布的《世界人口展望》显示,预计到 2050 年,全球人口将从 2019 年的 77 亿增加至 97 亿,65 岁及以上人口比例将增至 16%,成为全球增长最快的群体,应对老龄化将成为世界大多数国家的一项共同战略。西方发达国家在创建福利国家的过程中,基本建立了保障生老病死的免费福利制度,为部分年老贫民提供了较为有效的养老保障。自进入 20 世纪,尤其是第二次世界大战以来,随着经济发展和社会进步,人均预期寿命延长、家庭小型化、出生率下降等现象集中出现,社会老龄化问题再次凸显出来,于是,如何充分缓解老年人贫困、提高老年人生活保障水平,成为欧美国家老年人保障制度、福利体系建设的重要内容。前文已经述及,为了应对日益严峻的社会老龄化问题及保障挑战,一方面,西方发达国家加大养老金制度的改革(包括延长退休年龄、提高缴费比例、推行企业年金制度、发展私人养老储蓄等),不断建立健全了由国家、企业、个人为主的多元退休金制度,逐步形成政府、家庭和个人共同承担责任的"三支柱"老年退休保障金制度,确保老年保障水平与政府财政能力相适应,实现养老退休金制度的可持续发展;另一方面,从提升老年人生活质量出发,围绕老年人的身体健康、个人生活、社会生活等,不断健全和完善老年福利政策,调动国家机构、福利机构、社会组织和专业人士一起参与,对老年人的生活保障、健康保障和照料护理保障作出统筹安排,实现老有所养、老有所乐、老有所为,努力提高老年人晚年生活质量。

例如,欧洲老龄化程度最严重的德国(目前老龄化程度在 25% 左右,预计到 2050 年将达到 40% 左右),针对老年人的相关福利制度主要包括如下内容[1]:一是老年人基本保障。《社会法典》规定,65 岁以上的老年人由于年龄原因,无法通过劳动获得生活来源以解决自身物质生活困境的,可以申请获得老年人基本生活保障。至 2017 年年底,约有 106 万人老人获得这一保

---

[1] 刘冬梅:《德国老年福利制度研究》,《社会政策研究》2018 年第 2 期。

障,约为全部成年人口的1.4%。相应地,国家为此支付的老年人救助支出也在不断上升,2011年支出达44亿欧元,约占社会救助总开支的19%。二是老年人救助。这是参照残疾人救助,对因患病无法日常自理的特定老年人而设立的一种补充性救助福利,主要包括:帮助老年人参与社会活动;满足老年人的居住需求;支持老年人入住养老机构;支持老年人从事适当的工作;支持老年人的文化教育需求;支持老年人与亲朋之间的联系等,从物质和精神方面为老年人创造良好的生活环境,让老年人生活更有尊严。三是老年人长期家庭护理。面向全体居民的家庭护理保险是德国建构的与医疗保险、工伤事故保险、失业保险以及养老保险平行的重要保险制度。为了满足老年人在家无人护理的困境,2008年德国制定了《护理时间法》,2012年修订颁布新的《家庭护理时间法》,老年人因身体机能原因在饮食、卫生和行动方面需他人照料者可申请护理保险的给付,近亲属为了护理老人可以获得两年的护理假期,其间每周必须到单位做零工满15小时,休假期间工资按全勤工资的75%发放,在护理假期结束后的两年内,工资仍然按照满勤工资的75%支付[1]。这一政策的执行,对老年人尤其是失能老人或老年痴呆症患者在家得到良好照护提供了制度保障。实行针对老年人的家庭护理或长期护理保险制度,是当前部分发达国家的一项普遍选择,如日本从2000年起开始实施长期护理保险制度,为老年人或残障者提供医疗、护理及生活相关援助。韩国自2008年起逐步建立起老年人长期护理保险制度,资金来源于长期护理保险费、国库和国民健康保险公团承担的经费、本人负担三个部分[2]。实际上,针对全体国民、儿童、老年人等群体的健康、医疗、生活、交通等各方面,发达国家制定有很多优惠举措和福利待遇,不再一一赘述。

---

[1] 陶建国:《德国老人家庭护理休假法制及其对我国的启示》,《德国研究》2013年第4期。
[2] 陆杰华、刘芹:《从理念到实践:国际应对人口老龄化的经验与启示》,《中国党政干部论坛》2020年第1期。

专栏 7.1　奥地利的国民福利体系

奥地利是世界上福利体系最好的国家之一,有着作为欧洲前列国家典范的 10 大高福利体系。

1. 免费医疗。奥地利法律规定每个在奥地利境内居住的公民都需要购买医疗保险(医疗保险系统详见奥地利社保体系),费用 40—60 欧元每月不等。跟保险公司签订合同后会获得奥地利医保卡(e-card),持该卡看医生或者去医院享有免费医疗。如果需要,医生开列处方药,在药房只需支付处方费用,多出的费用由保险公司支付。也可选择购买额外的私人保险,每个月 120 欧元左右,可以享用私人医院治疗等额外的权利。

2. 免费教育。奥地利实行教育免费。拿幼儿园举例,幼儿园分公立和私立幼儿园,公立幼儿园完全免费,私立幼儿园每个月政府补助 400 欧元,只需支付 120 欧元的餐费。初中毕业后,可以选择上理科高中、文科高中、技校,这三个途径都可以进入大学学习,奥地利没有高考,只要申请就能入学。免费教育一直延续到攻读博士学位,大学里基本每个学生还会有额外的奖学金和交换的项目。

3. 家庭补贴。家庭补贴的德语为 Familien beihilfe,1 个孩子 178 欧元,2 个孩子 354.2 欧元,3 个孩子 569.4 欧元,这个额度会随着孩子年龄的增长而增长,如果孩子患有某种疾病,额度会更高。该补贴理论上一直持续到 18 岁,但是如果孩子继续深造学习没有工作,那么该补贴会支付到完成学业为止。

4. 儿童辅助金。儿童辅育金的德语为 Kinder betreuungsgeld,意为家长在照顾幼子无法工作的情况下,政府提供补助。该补助有以下两种模式:延长时长和补贴金额。若申请产假,则为夫妻双方组合休假模式,分为 30 月+6、20 月+4、15 月+3、12 月+2,"+"后面的月数是指妈妈去工作,爸爸在家照顾孩子的时间;在补贴金额上,分为14.53欧/天、20.8欧/天、26.6欧/天、33欧/天,或发放之前工资的436欧/月、624欧/月、800欧/月、1 000欧/月的80%,最多66欧/天或2 000欧/月。

5. 怀孕津贴。怀孕至30周,进入待产期,停止工作。政府按该孕妇之前三个月工资额度每月支付怀孕津贴。如该孕妇为个体经营者,政府每个月支付该津贴1 500欧元。该津贴支付4个月,如果该产妇通过剖腹产生产,津贴为5个月。

6. 失业补助。在奥地利工作10个月后,如果失业,可以申请失业补助。该补助的额度为之前工资的80%,政府会帮助寻找工作,安排免费的德语课程和专业课程。该补助会随时间缩短。

7. 最低保障金。该金额取决于失业金的额度,每个省的额度也略有不同,为失业金的92%—95%。

8. 每年年底退税。每年10月底可以把该年度所有消费的发票上缴给税务机关,会得到20%的现金退税。

9. 多子女减税。通常工资税在40%左右(根据收入的不同税率也不一样)。如果双亲齐全,家庭中有一个孩子,政府每个月返税58.4欧元;两个孩子,每个月返税116.8欧元。如果是单亲家庭,一个孩子每年返税494欧元,两个孩子返税669欧元,之后每个孩子220欧元。

10. 租房津贴。每个省不一样,根据低收入家庭的不同情况,通常收入低于1 300欧元的家庭为低收入家庭,如果在奥地利租房,会得到政府的补贴,根据房子的大小和物业费,政府会补助200—500欧元的补助。

资料来源:《移民新视角:欧洲国家养老福利制度到底好在哪里?》,参见 https://zhuanlan.zhihu.com/p/142539901。

第八章　努力建设多元共处的公平包容性社会

世界上存在着多种多样的民族和文化，而随着经济全球化、城市化的快速发展，不同群体的跨行政边界流动现象成为促进经济发展和社会进步的必然，随之国际移民就成为人类社会发展中的一个庞大群体。不同文化背景的移民群体，在满足国家经济发展对劳动力和人才的需求、延缓老龄化进程之外，更塑造了多元化、多样化的社会形态，多元思想的碰撞交流、多种技能的互补融合，有可能产生更高的生产力和创新力，直接促发国家经济的创新性发展。但与此同时，有着不同的文化和教育背景，生活经历和价值观都迥异的劳动者在理解和解决问题的方式上存在差异，多样化也可能会增加沟通的成本，甚至导致族群之间的分裂乃至冲突。针对欧美等发达国家而言，在工业化发展早期进程中，乡村移民和跨国移民直接推动了城市经济的蓬勃发展。在当今全球化大潮下，移民规模不断扩大（经合组织国家10%的劳动者出生在国外），多样性不断提升，因此，如何加大移民管理和社会政策的创新，推行实施平等、公平、包容的治理方略，发挥不同群体带来的经济社会正面效应，而尽可能减少社会排斥、降低多族裔群体之间的文化冲突和社会矛盾，打造多元和平共处的包容性社会，正在成为一个越来越受人关注的社会治理问题。

但近年来，随着经济全球化、政党政治变动、国际安全形势严峻、经济危机大背景下贫富差距拉大、人民的相对被剥夺感增强等因素的影响，再加上新冠肺炎疫情的大流行,欧美发达国家出现了反全球化、反精英、反移民的极端民粹主义思潮,社会骚乱频频发生,种族歧视加剧,排外心理加剧,尤其是美国,在"美国优先"的原则下,一些城市持续发生针对黑人、亚裔等种族的仇恨犯罪行为,社会撕裂进一步加深,对国家治理能力带来巨大的挑战。实际上,这也从另一个侧面,给广大的发展中国家在推进全球化进程中,实施更加开放、更加公平、更加包容的施政策略,处理好各类移民和族群之间关系,提高国家治理能力现代化提供了警示作用。尽管如此,但从较长时段和国家发展的角度来看,借助移民力量而发展起来的发达国家,在社会建设和社会治理过程中,始终强调多文化、多种族社会的包容治理理念,从管理机构、法律法规等方面出发,围绕劳动力市场、公共服务、社会保障、社会参与、居住空间等领域,依法平等地保护各类群体的社会生存权和发展权,旨在减少社会排斥、促进社会融合,这从根本上保障了资本主义经济的持续创新发展和社会总体局势的和谐稳定。从这一点来说,这也是值得我们学习借鉴的主要经验之一。因大部分移民主要集中在具有更多发展机会的特大或超大城市中,因此一些超大城市更注重采取更加公平、更加包容的治理理念和举措。鉴于此,本章从国家和城市两个层面,对发达国家的包容性治理经验进行总结和阐述。

一、依靠移民群体促进国家和大都市的繁荣发展

从全球化、移民运动与城市化发展之间关系来看,在全球化大潮中,一波接一波的移民既是一种经济差异化、全球化、一体化发展的客观产物,也是西方发达国家及其一些全球城市源源不断获得新生力量、不断创新发展的主要力量之一。在某种程度上可以说,顺应全球经济发展浪潮(第一次、第二次、第三次浪潮)和世界城市化发展趋势,敞开国门、打开城门,积极吸

收大规模、不间断的国内外移民群体,是发达国家及其超大城市保持经济活力和繁荣发展的核心驱动要素。从发展角度而言,这也是国家和城市发展的一个重要经验,也为其长期以来强调和实施更加开放、公平、包容的社会治理提出了现实要求。

从城乡关系的角度看,人类社会发展就是一部全球城市化和人类空间迁徙的历史。纵观全球城市史表明,城市化发展与工业化、全球化、移民运动等直接相关,特别是从乡村向城市的迁移,抑或规模化跨国移民,是促使世界城市化和国际大都市发展的主要力量。第二次世界大战以后,在第三次发展浪潮推动下,欧美发达国家实现了由制造业向服务业的经济转型发展,城市化水平大幅度提高(图8.1)。规模化移民带来了两种结果:一种是大量移民持续不断地进入发达国家,使得"外国人"成为欧美社会的一个重要群体。据统计,欧洲国家外来人口比重从1950年的1.3%提高到1970年的2.2%,1990年时达到4.5%(表8.1),其中,法国2/3的外国人、德国和荷兰3/4的外国人的祖籍不在欧洲。2002年美国有3 250万外国出生人口,

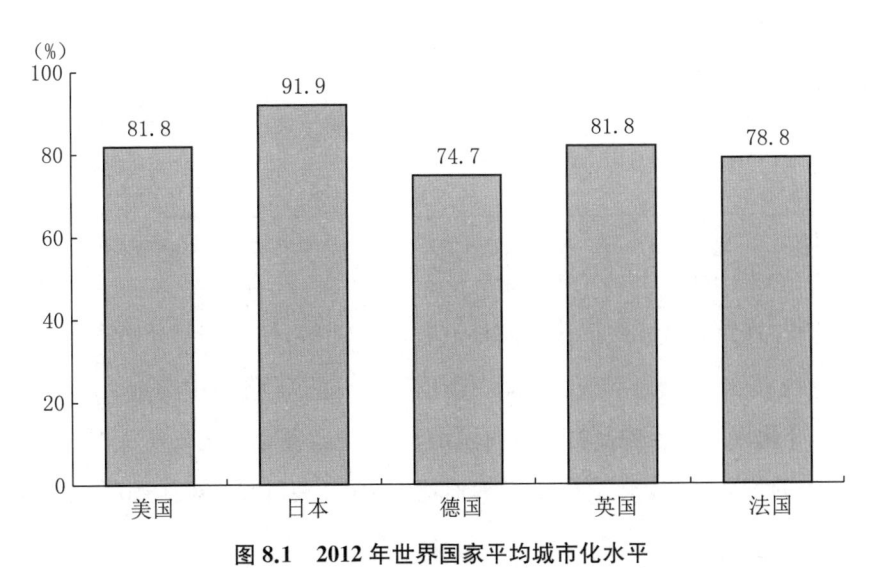

图8.1 2012年世界国家平均城市化水平

国家	美国	日本	德国	英国	法国
城市化水平(%)	81.8	91.9	74.7	81.8	78.8

资料来源:《新常态下中国经济转型升级分析》,http://www.xinhuanet.com/politics/2015-01/22/c_127411283.htm。

超过总人口的11%[1]。美国皮尤研究中心发布的最新版美国移民人口统计表明,时至今日,美国移民人口增长仍处于上升阶段,2018年移民人口达到了创纪录的4 480万,约占世界移民总数的1/5。从移民占比来看,移民数量占美国人口的13.7%,几乎是1970年(4.7%)的三倍。

表8.1 部分西欧国家外国移民人数统计(1950—1990)

(单位:千人/占总人口百分比)

国家	1950年 人数	%	1970年 人数	%	1982年 人数	%	1990年 人数	%
奥地利	323	4.7	212	2.8	303	4.0	512	6.6
比利时	368	4.3	696	7.2	886	9.0	905	9.1
丹麦	—	—	—	—	102	2.0	161	3.1
法国	1 765	4.1	2 621	5.3	3 680	6.8	3 608	6.4
联邦德国	568	1.1	2 977	4.9	4 667	7.6	5 242	8.2
卢森堡	29	9.9	63	18.4	96	26.4	109	28.0
荷兰	104	1.1	255	2.0	547	3.9	692	4.6
挪威	16	0.5	—	—	91	2.2	143	3.4
瑞典	124	1.8	411	1.8	406	4.9	484	5.6
瑞士	285	6.1	1 080	17.2	926	14.7	1 100	16.3
英国	—	—	—	—	2 137	3.9	1 875	3.3

资料来源:[美]若尔迪·博尔哈、[西]曼纽尔·卡斯泰尔:《本土化与全球化信息时代的城市管理》,姜杰、胡艳蕾、魏述杰译,北京大学出版社2008年版,第64页。

第二种是大量移民群体主要移居在城市地区,使得拥有千万人口规模的世界巨型城市或大都市区数量不断增加,例如,18世纪中期至19世纪中期,工业化导致的大量乡村人口向城市移民,使欧洲率先出现了人口超过百万以上的特大城市,伦敦1750年人口达到75万人,1800年、1850年分别达

---

[1] D. Schnidley, "The Foreige-Born Population in the United States: March 2002", *Current Population Reports*, 2003, pp.20-539.

到 100 万人和 275 万人①。1851 年,虽然伦敦人口中移民总量占到 61.7%,但海外移民只占有限的 1.7%。彼得·莱恩博在《绞死的伦敦》中这样评价 18 世纪的伦敦,"这儿是全世界各种体验的中心"。到了 20 世纪,海外移民越来越成为伦敦人口的重要组成部分。大量移民在一定程度上改变了伦敦的人口构成特质,使伦敦人口日益具有"全球性"。目前,伦敦有至少 50 个人口达到或超过 1 万的外来社群,有超过 300 种语言,伦敦是全球最富有文化多元性的"万国之城"和"移民城市",从 2011 年伦敦海外移民数量和移民年龄构成来看,在大伦敦的 817 万人口中,英国本土出生的人口为 517 万,但海外移民占到了人口总数的 37% 左右,超过了 1/3。其中来自南亚、南非和东非英属领地以及欧盟的移民数量最多。而且在伦敦的海外移民中,有半数是 21 世纪以来的新移民,其中近 1/3 已经在英国居住 20 年以上。从年龄来看,伦敦的海外移民绝大多数是青壮年(表 8.2)②。毫不夸张地说,移民成就了伦敦的繁荣发展,正如潘尼可斯·帕纳伊(Panikos Panayi)在《移民城市:伦敦的新历史》中所说的:没有移民,没有伦敦③。

表 8.2　2011 年伦敦的移民及年龄构成

出生国	总计(千人)	0—15 岁	16—24 岁	25—49 岁	50 岁及以上
全体	8 173 941	24	33	41	3
英国	5 175 677				
爱尔兰	129 807	21	52	25	1
2001 年 3 月前其他欧盟国家	341 981	25	35	39	1
2001/4—2011/3 新增欧盟国家	369 152	16	40	41	2
其他欧洲国家	157 754	24	34	40	3

① 陆军、汪文姝、宋吉涛:《纽约、东京与伦敦的人口规模演变》,《城市问题》2010 年第 9 期。
② 陆伟芳:《20 世纪以来伦敦的人口、移民与空间变动》,《世界历史评论》2020 年第 1 期。
③ 参见 https://thebaffler.com/latest/london-calling-trilling。

续　表

出生国	总计（千人）	0—15岁	16—24岁	25—49岁	50岁及以上
北非	52 798	18	31	48	3
中非和西非	240 354	22	28	47	4
南非和东非	322 322	30	32	34	4
其他非洲国家	6 139	40	28	30	3
中东	121 794	28	26	42	4
东亚	100 934	23	34	41	2
南亚	626 196	24	33	40	3
东南亚	113 258	21	30	46	2
中亚	4 808	16	42	40	2
北美与加勒比地区	230 492	34	28	36	3
中南美洲	95 788	20	28	49	2
大洋洲与南极	84 661	11	29	58	2
其他	26	42	31	23	4

在19世纪中后期到20世纪初,美国的城市以惊人的速度增长。由于大多数人口的增长归功于工业的扩张,美国城市在1900年之前的20年中增长了约1 500万人。为城市人口增长做出贡献的许多人是来自世界各地的移民。经历了"自由移民"和"限制移民"两个时期,欧洲大量人口移居美国,如从1815年到1914年,总共有3 300多万外国移民进入了美国①,但所有移民中有70%以上是通过纽约市进入的,纽约市后来被称为"金门",这致使纽约市人口不断增加,经济活力旺盛,由1820年的12万人增长至1890年的150多万,在1890—1950年的60年间,又增加大约640万,1950年人口总数达到789.2万人②,成为人口接近千万规模的国际大都市。根据2019年美国纽约市移民办公室发布的题为《我们移民城

---

①② 邓蜀生:《美国与移民:历史·现实·未来》,重庆出版社1990年版,第17页。

市的状况》报告,目前,纽约市有 320 万移民,占全市人口的 37.1% 和劳工人口的 44%,达到历史最高水平,其中无身份移民有 47.7 万人,占全市人口的 5.3%。移民每年为纽约市贡献的 GDP 达到 2 280 亿美元,超过 GDP 总数的 1/4[1]。

与此同时,发展中国家人口的城乡迁徙推动了巨型城市的蓬勃发展。当今世界城市化发展具有两个显著特点:一是以亚洲和非洲为主体的大量低收入国家和发展中国家,是全球城市化发展的主战场。如根据有关预测,2010—2035 年,亚洲将新增 10 亿城市人口,大约占此期间全球新增城市人口的 60% 多,到 2050 年亚洲地区的城市人口将达到 33 亿,相当于今天的全部城市人口总数。可见,欠发达地区的城市化刚刚开始,任重道远。二是对发展中国家而言,由乡村前往城市的移民群体仍然是推动特大城市优势增长的巨大动力源泉。据预测,2050 年中国的新增城市人口预计将达 4.2 亿,其中一半的人是来自农村贫困地区的移民。有研究表明,1960—1970 年乡村向城市的移民对发展中国家城市人口增长的平均贡献水平为 36.6%,1975—1990 年期间这一比率升高到 40%[2]。以中国上海为例,自 1993 年以来,外来人口成为上海常住人口增长的主要来源,并从 1982 年的 8.08 万增长到 2013 年的 990 万人,占总人口的比重从 1% 上升至 41%[3]。

综上可见,伴随着剧烈的信息革命、工业革命和全球化发展,在发达国家大城市继续吸纳移民的同时,广大发展中国家或亚洲地区正在或即将上演广大乡村人口向城市地区移动、史无前例的人类大迁徙,欠发达地区成为拥有大规模移民、人口总数超过千万的超大城市或大都市区的集中分布地区(表 8.3)。快速的移民增长,往往成为导致大都市社会紧张的根源之一。

---

[1] 《纽约发布移民状况报告 中国成第二大移民来源国》,https://www.chinanews.com.cn/hr/2019/03-21/8786102.shtml。
[2] [美]若哈迪·博尔哈、[西]曼纽尔·卡斯泰尔:《本土化与全球化信息时代的城市管理》,姜杰、胡艳蕾、魏述杰译,北京大学出版社 2008 年版。
[3] 杨雄、周海旺:《上海社会发展报告(2015):从社会管理转向社会治理》,社会科学文献出版社 2015 年版,第 151 页。

因此，能否采取针对移民的包容性治理策略，将移民多样性的潜在冲突成功转变为多元融合的城市创新财富与价值，是发展中国家特大城市政府治理面临的一个严峻挑战。

表 8.3　人口超过 800 万的城市集聚群(1950—2030)

年份	1950	1970	1990	2000	2030
发达地区	纽约、伦敦	纽约、伦敦、东京、洛杉矶	纽约、伦敦、洛杉矶、莫斯科、大阪—神户、巴黎	东京、纽约、洛杉矶、莫斯科、大阪—神户、巴黎	东京、纽约、洛杉矶、大阪—神户、莫斯科、巴黎、芝加哥
欠发达地区		上海、墨西哥城、布宜诺斯艾利斯、北京、圣保罗	墨西哥城、圣保罗、上海、加尔各答、布宜诺斯艾利斯、孟买、首尔、北京、里约热内卢、天津、雅加达、开罗、德里、马尼拉	墨西哥城、圣保罗、上海、加尔各答、布宜诺斯艾利斯、孟买、北京、雅加达、德里、拉各斯、天津、首尔、里约热内卢、达卡、开罗、马尼拉、卡拉奇、曼谷、伊斯坦布尔、德黑兰、班加罗尔、利马	孟买、德里、墨西哥城、圣保罗、达卡、雅加达、拉各斯、加尔各答、卡拉奇、布宜诺斯艾利斯、开罗、上海、马尼拉、里约热内卢、伊斯坦布尔、北京、天津、利马、首尔、圣菲波哥大、拉合尔、金沙萨、德黑兰、班加罗尔、马德拉斯、武汉

资料来源：马克·戈特迪纳、雷·哈奇森：《新城市社会学》，黄怡译，上海译文出版社 2011 年版，第 276 页。

二、国家层面注重实施反社会排斥与包容性社会治理

社会排斥(social exclusion)是西方国家第二次世界大战后经济重建中为了有效应对新贫困和社会不平等问题，由法国政府官员勒内·勒努瓦(Rene Lenoir)在 20 世纪 70 年代首次提出的一个概念，指个体与社会整体之间的一种断裂状态，并认为包括残疾人、单身父母、吸毒者、越轨者和老人

在内的近 1/10 的人受到"排斥"。后经西方学术界不断深化研究，形成一整套以保障所有公民拥有市民权利、政治权利、社会权利为核心目的的社会排斥理论体系。自 20 世纪 80 年代以来，英法及欧洲委员会等采纳了社会排斥这一概念并将其作为社会政策建设的核心，如英国政府成立了"社会排斥办公室"(Social Exclusion Unit，SEU)这一专门机构，旨在研究推行反社会排斥的相关政策，促进社会的包容发展。根据英国 SEU 的定义，"社会排斥作为一个简洁的术语，指的是某些人们或地区遇到诸如失业、技能缺乏、收入低下、住房困难、罪案高发环境、丧失健康以及家庭破裂等交织在一起的综合性问题时所发生的现象"。20 世纪 90 年代以后，随着欧盟"社会排斥"项目的实施，这一概念被更多国家所采纳，成为欧盟以外国家社会政策框架的重要内容。实际上，减少"社会排斥"的相反一面就是推动"社会包容"，尤其是自 2007 年亚洲开发银行相继提出"包容性增长""包容性社会发展"等新概念以来，围绕创建更加公平的劳动力市场、推动公共服务均等化、加大社会弱势群体的社会保护、提升个体的社会资本水平、消除社会贫困等方面，实施更具包容性的社会治理策略，就成为以欧盟为代表的西方发达国家的社会治理新方略，如欧盟在 2010 年 3 月通过了《欧洲 2020：智能、可持续和包容性增长的战略》，提出了"流动的青年""新技能和就业议程""欧洲消除贫困平台"三个具体可行的操作方案，旨在促进国家的团结水平和社会凝聚能力。总体来看，在国家层面，西方发达国家推行包容性社会治理的主要经验包括如下几个方面。

(一) 设立推动社会包容的综合性协调治理机构

20 世纪 70 年代末，西方国家兴起了一场新公共管理运动，克服管理碎片化，促进政府跨部门协同，成为政府机构改革的重要方向。借此机会，围绕日益严重的社会排斥问题，组建新的跨部门协同治理机构或专职机构，成为西方发达国家实施包容性社会治理的重要制度选择。典型代表就是英国,1997年英国工党上台以后,在欧盟反社会排斥项目的推动下,以新公共管理运动与政治治理重组为契机,1997年12月英国政府设立"社会排斥工作组",这一跨部门的综合机构隶属于内阁办公厅,直接向内阁办公厅主任和下院秘书长负责,主要功能是制定跨部门的协同政策来解决贫困和社会排斥问题[①]。爱尔兰1997年制定了国家反贫困战略,以社会包容作为核心目标,提出解决贫困和社会排斥的战略框架,并在其"社会保护部"下设立了专门的"社会包容司",负责制定旨在减轻贫困和改善社会包容性的政府整体政策,具体职能包括:通过《国家社会包容行动计划》《国家改革方案》和《国家社会报告》中提供的监测和报告机制,协调政府社会包容战略的实施;促进将反贫困和社会包容目标纳入公共政策制定,并促进实施贫困影响评估;分析公共政策对贫困和社会排斥的影响和有效性;促进数据战略和研究的发展,为反贫困和社会包容政策及实践提供信息,并促进对结果的监测;在国家和欧洲各级开展贫困趋势的监测和报告,并酌情参加欧盟、欧洲委员会和经合组织的社会包容工作;建立适当的机制,促使贫困和被社会排斥的人们参与政策的制定和实施;促进爱尔兰与其他辖区,在社会包容性问题上的合作。2020年1月,爱尔兰社会保护部发布了《社会包容路线图2020—2025年:雄心、目标和承诺》,该路线图承诺在教育、保健、儿童和儿童保育、社区发展和住房等领域,制定一系列以社会包容为核心目标的部门计划,旨在减少爱尔兰持续贫困的人数,并为处境最不利的人增加社会包容,其雄心壮志表述为"将持续的贫困减少到2%或更少,并使爱尔兰成为欧盟最具社会包容性的国家之一"。自社会保护部成立以来,该机构与受到社会排斥的贫困者及其代表、志愿组织等一道,比较欧盟和国内最新数据,每年进行深度调研并编制社会包容发展监测报告,提供给国家两院进行立法决策。同时还举办社会包容论坛,推动社会包容议题的互动交流,从而全方位确保社

[①] 马丽:《走向决策统一:英国的协同政府改革》,《学习时报》2015年9月7日。

会包容性成为所有政府部门和服务部门制定公共政策和服务策略的核心关键议题[1]。

(二) 制定实施以反贫困、反排斥为核心的社会包容政策

根据《布莱克维尤政治学百科全书》的解释,所谓"包容"是指一个人虽然具有必要的权力和知识,但是对自己不赞成的行为也不进行阻止、妨碍或干涉的审慎选择:"包容是个人、机构和社会的共同属性",开放、宽容、多样性和对话是包容精神的内核[2]。欧、美、日等发达国家针对贫困和社会弱势群体采取的包容政策不尽一致,但反贫困、反排斥以及公平保障各类人群的基本合法权益是这些政策的核心目的,总体来看,这些包容性政策主要从人口(妇女、儿童、老年人、少数族裔、移民、贫困者、弱势群体等)和区域的视角出发,集中在劳动力市场(就业)、教育、住房保障、社区更新、家庭援助等几个关键领域。

1. 实施有利于弱势群体融入劳动力市场的社会支持政策

例如,针对妇女这一最易被劳动力市场排斥的人群,欧盟推行了旨在平衡有薪酬的工作和家庭责任政策,促进男女机会平等。欧盟认为,消除妇女贫困和被排斥风险的最有效手段是增进妇女在劳动力市场的参与率。但是由于妇女往往很难平衡有薪酬的工作和家庭照顾的责任,导致了妇女的就业率低于男性。为扫除妇女就业劳动力市场的障碍,欧盟提出:(1)扩大公办的儿童照顾服务,确保妇女能够享有可负担的日托服务;(2)增加儿童津贴,避免妇女在面临工资较低、儿童照顾成本较高的两难处境时选择退出劳动力市场;(3)为父母双方提供带薪育儿假,确保丈夫和妻子公平和共同承担家庭责任。如芬兰有些城市开始出现了 24 小时托儿所,芬兰就业部长

---

[1] *Social Inclusion Division*, https://www.gov.ie/en/organisation-information/be955a-social-inclusion-division/.
[2] 王京生:《包容型文化支撑包容性发展》,《深圳特区报》2015 年 1 月 13 日。

还要求将对年龄小的学生放学后的照顾作为法定权利以适应更长、更不规律的工作时间以及单亲家庭的需求;丹麦政府提供非常慷慨的育儿津贴,可覆盖儿童照顾成本的66%;瑞典规定父亲和母亲分别享有60天的带薪育儿假,在孩子出生时父亲还有额外的10天带薪假期,从而使得瑞典丈夫花费在家务负担上的时间比欧洲其他任何地方都要高(每周21小时,接近妻子在家庭照料方面花费的时间)。这些措施的实施显著提高了欧盟各国妇女的就业率,不仅减少了妇女贫困率,同时还极大地降低了儿童的贫困风险[①]。

2. 实施强调权利和机会平等的少数族裔就业与教育政策

以美国来说,尽管近年来由于持续扩大的收入差距,以及长期的种族歧视现象,使得社会不平等不断加剧并引发了诸多公众抗议性事件,但美国社会建立的以个人能力为导向的社会公平竞争机制和社会流动机制,以及许多有利于移民群体公平竞争、共享城市发展成果的政策方案,对促进移民融入和社会包容仍然发挥着根本性作用。这方面最有影响的当属美国20世纪60年代旨在防范少数族裔和妇女在教育及工作方面受到歧视及不公平对待而推行的"平权法案",这是一套法律、政策、指导方针和行政惯例,旨在终止和纠正特定形式歧视的影响,主要侧重于获得教育和就业机会,特别考虑为了解决少数族裔和妇女面临的长期歧视问题。法案规定,在就业方面强调平等权利与平等机会,以确保不论种族、信仰、肤色或出生国的工作申请者,均有平等受雇工作机会,且在工作期间获得公平对待[②],这对促进妇女的公平就业发挥了十分突出的作用。根据美国商务部、人口普查局1995年的数据,自1983年以来,女企业经理和专业人员的比例从41%增加到48%,而女警官的人数翻了一倍多,从6%增至13%,根据1995年的一项研

[①] 陈振明、赵会:《由边缘到中心:欧盟社会保护政策的兴起》,《马克思主义与现实》2015年第1期。
[②] 《台湾非营利组织在新移民妇女照顾-2》,http://3y.uu456.com/bp_5nr2a1gd9r721et5igyg_2.html。

究,至少有 600 万妇女——其中绝大多数是白人——如果没有平权行动所取得的进展,她们根本不会有现在的工作[1]。在就学方面,该法案在保护少数族裔学生利益的同时,产生了对白人和男性学生的"逆向歧视"现象。因此该法案的实施,在美国社会存在很大争议,有的支持、有的反对,目前有 9 个州禁止实行该法案。为此,美国还建立了平等就业机会委员会(Equal Employment Opportunity Commission,EEOC),借助一整套法律、法规和政策,保证每个人无论种族、肤色、宗教、国籍、性别、性取向、年龄或是否残障人士,在工作场所享有平等就业机会的权利。

3. 与区域发展相结合推行包容性住房政策

住房是包容性增长的关键。它是家庭预算中最大的支出项目,是大多数家庭财富积累的主要驱动力和最大的债务来源。住房和人们居住的社区也对个人健康、就业和教育成果产生重要影响,这种影响可能始于童年,并可能持续一生。尽管如此,住房市场对于某些群体,如低收入家庭、儿童、青年、老年人和无家可归者,也可能成为包容性增长的障碍。实际上,居住隔离、空间极化,是世界各国在城市建设与治理中碰到的一个共同难题,也是一些国家正在发生或已经发生过的城市社会治理问题。在城市化、市场化发展进程中,能否让低收入群体和外来人口拥有基本的住房条件,是检验社会包容治理的一个重要方面。尽管如此,发达国家在其市场化社会的发展进程中,从区域视角和包容性发展的主旨出发,针对贫困现象集中、住房条件差的重点区域,积极推行旨在改善社会弱势群体生活居住条件的包容性住房制度,对不断缓解居住领域的社会排斥发挥了重要作用。如英国,在 20 世纪 90 年代,有很多社会弱势群体(身体不健康者、老年人、低收入者、难民)居住在条件很差或不合标准的住房中,富人和穷人之间的居住隔离现象十分突出,1997 年工党上台后,布莱尔政府在 2000 年制定了住房绿皮

---

[1] Tim J. Wise, "Is Sisterhood Conditional? White Women and the Rollback of Affirmative Action", *National Women's Studies Association Journal*, October 1998, 10(3):1—26.

书,实施体面标准住房计划,要求各地方政府要首先给无家可归者等社会弱势群体提供合适的住房,加大住房建设投入力度,全面推行"廉租房建设运动";同时推行首次购房置业资助以及针对租客的租金调整政策和租金补贴制度,旨在满足弱势群体的住房需求,促进社会包容。在此基础上,英国把住房问题产生的社会排斥与社区治理结合起来,针对社会排斥严重的最贫困社区,一方面加大旧住房的拆除重建和供给更多的可持续住房,同时出台促进住房包容的法律法规,如《反社会行为法》规定房东应对反社会行为的策略,提出了租户管理、父母管教令和住房所有权诉讼程序等新规定,《健康与社会保健法》确定了社区的健康标准,《无家可归法》对流浪人群的关爱责任进行明确等;另一方面大力推进社区邻里复兴,加强社区建设、培养地方社会资本和增强社区凝聚力[①],从而为社会弱势群体提供一个良好的居住环境。另如美国,针对居住隔离和社会排斥,从 20 世纪 60 年代开始,将住房政策调整与社会融合相结合,相继制定出台了《住宅法》《住宅与城市开发法》《联邦内部受益法》《第六希望计划》《定品质住房和工作责任法》等一系列法案法规,实施以分散搭配和混合居住为主要模式的混合居住计划,通过土地使用控制和免税政策,鼓励开发商在开发楼盘时将低收入阶层的住宅和中高收入阶层进行整合,为中低收入者增加社会资本、提升社会经济能力提供机会,实现阶层混合乃至社会融合的目标[②]。毫无疑问,这些举措在一定程度上促进了社会多元群体之间的融合,提升了社会的包容程度。

4. 实行针对移民群体的一系列社会融合措施

非本国出生的移民群体是发达国家人口的重要组成部分,也是显著的人口特征,他们往往也是遭到本国民众排斥和歧视的主要对象,如欧盟国家的人口中有超过 3 000 万人(约占欧盟总人口的 6.4%)为欧盟以外的

[①] 邝良锋:《廉租房社区与社会排斥现象研究——基于英国经验分析》,《四川省干部函授学院学报》2018 年第 4 期。
[②] 赵文聘、仪忠传、宋立刚:《美国混合居住模式对我国社会福利事业的启示》,《社会工作》2012 年第 12 期。

移民，在福利国家瑞典的移民家庭贫困率是瑞典本国居民家庭贫困率的5倍多。为此，为消除对移民的社会排斥，制定严格的反歧视规定、增加移民的教育和职业培训的机会、承认移民在外国获得的资质、提供语言培训等一系列移民政策措施，消除移民进入当地劳动力市场的障碍，使之能够平等地参与到当地的社会、经济、政治和文化生活中来，提高移民的社会参与能力，从而推动整个社会的包容度，成为发达国家社会治理的一个重大政策议题。

这主要体现在实行旨在帮助移民融入当地的社会服务援助计划上[1]。由于语言、心理、能力等方面原因，移民中的部分群体往往会成为城市中的贫穷者、流浪者、弱势群体，实施帮助其融入当地的综合服务计划，实现从传统的惩戒向救助转变，是发达国家移民社会包容治理的重要做法和经验。对此，美国联邦政府针对低收入移民家庭实施的"需求家庭的临时援助计划"（Temporary Assistance for Needy Families，TANF）和"补充营养援助计划"（Supplemental Nutrition Assistance Program，SNAP）具有非常典型的代表性。这两个援助计划主要是针对拥有移民儿童的家庭实行的，也就是说，该儿童父母必须一方或双方都是外国出生的，目前美国符合这一条件的儿童数量大概有1 800万人，占0—17岁儿童总数的24%，这些家庭是贫困家庭的主体部分，往往缺乏机会共享当地的公共服务。其中，TANF建立于1997年，主要是给符合条件的移民家庭提供临时金融援助（图8.2），旨在帮助父母获得工作岗位，每个家庭可获得援助的最长期限为60个月。SNAP主要是对在美国居住的低收入或没有收入的家庭提供援助，居住5年以上、享受残疾援助、有18岁以下儿童的移民家庭也是资助对象，在2014年财政年度这一计划共花费了741亿美元，对大约4 600多万人提供了食品援助（图8.3）。这些计划的实施，使得移民及其家庭共享了城市的人类与社

---

[1] 陶希东：《全球城市移民社会的包容治理：经验、教训与启示》，《南京社会科学》2015年第10期。

会公共服务,有效帮助了移民更好地融入当地社会。

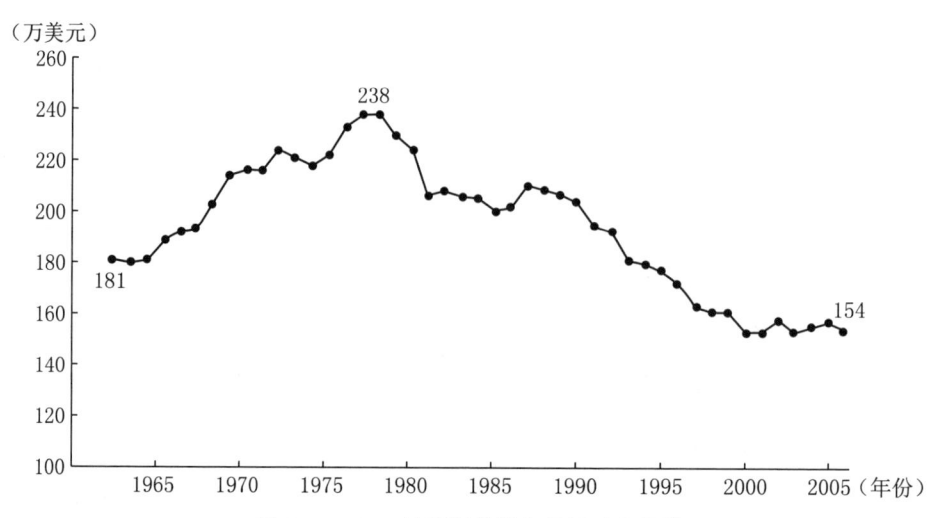

图 8.2　TANF 计划提供的每月援助金额①

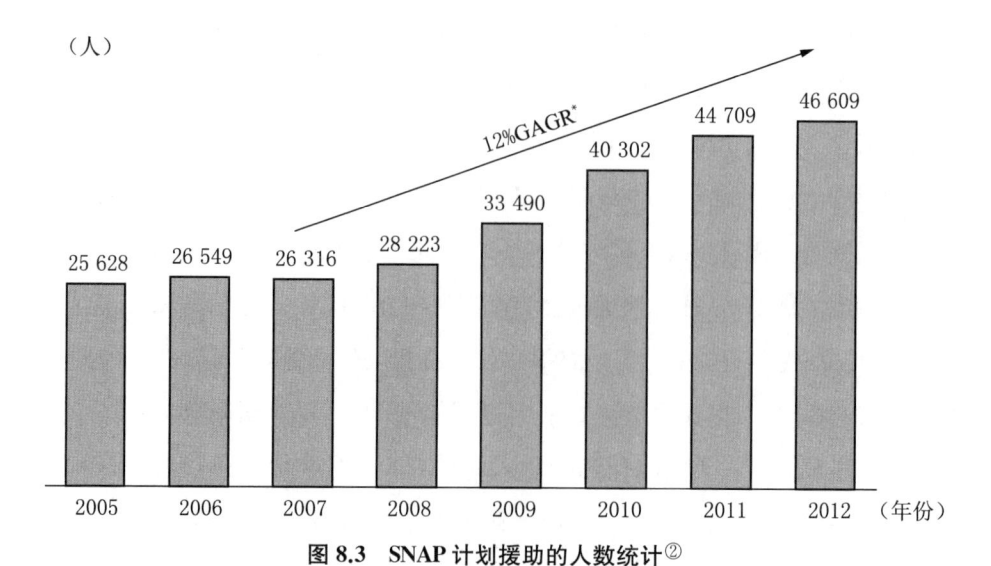

图 8.3　SNAP 计划援助的人数统计②

* GAGR(Gross Annual Grant Requirement)指计划或项目所需的年度总拨款金额。

---

① 参见 http：//en.wikipedia.org/wiki/Temporary_Assistance_for_Needy_Families。
② 参见 http：//en.wikipedia.org/wiki/Supplemental_Nutrition_Assistance_Program。

三、城市层面注重推行公平包容性城市建设及治理

包容治理可以促进城市的多彩与创新发展,而排斥型治理,将城市推向旷日持久的社会危机深渊。移民现象本身是一把双刃剑,对输入地和输出地各有利弊。对输入城市来说,在形成就业压力、公共安全、社会福利、价值观冲突等问题挑战的同时,也给城市带来多样性文化中可能蕴含的财富,关键在于移民输入城市政府对移民能否采取包容治理。发达国家城市对移民社会的治理,既有成功的经验,也有失败的案例和教训。被称为"世界之家"的纽约,是全美国移民人数最多的城市,据统计,2015年出生在纽约以外的移民人口总数达到451万人(表8.4),约占总人口855万的52.7%,是全球最重要、最典型的移民城市。我们以纽约、里约热内卢等城市为例,其包容性治理的经验主要体现在以下四个方面。

表 8.4 纽约非本地出生人口比例(2015 年)

总数	墨西哥	东南亚	欧洲和加拿大	加勒比海	中美洲	南美洲	中东	非洲撒哈拉以南	其他
4 514 054	232 820	1 136 489	845 996	1 107 513	273 401	586 212	170 029	146 645	14 949

资料来源:Gustavo López and Jynnah Radford, *Statistical Portrait of the Foreign-Born Population in the United States*, Pew Research Center. May 3, 2017.

(一) 实施旨在改善低收入群体生活质量的贫民窟再造与改善计划

移民由于特殊的条件和素质,往往在大城市中形成贫民窟的居住形态,根据联合国人居署发表的报告《贫民窟的挑战》,全球约50%人口住在城市地区,有10亿人居住在条件恶劣的贫民窟,占世界城市人口的32%。在撒

哈拉以南非洲，大约71%的城市人口居住在贫民区；在亚洲，这个比例是大约40%；即使在发达国家，也有5 400万人住在类似贫民窟的环境中。世界上某些最大的城市，例如孟买、加尔各答、曼谷等，人口超过1 000万，其中1/3到1/2人口居住在贫民窟[①]。对此，20世纪90年代以来，西方国家掀起了一场社会转型与城市再造运动，一些城市结合经济转型发展，采取积极、包容的政策措施，改善破败的低收入居住社区或贫民窟，帮助移民家庭融入社会、提高素质。其中，巴西里约热内卢成为全球城市再造运动和贫民窟治理的领军者。在汲取20世纪六七十年代贫民窟清理和转移安置(到高楼大厦)的失败教训后，里约热内卢在90年代中期开始将其著名的移民区——贫民区(favela)改造为更稳定、有序、卫生和多功能的社区，并且将清理和转移安置降至最少。具体而言，里约热内卢先将该市所有部门(规划部门、公共建设部门与公共服务部门)组成一支团队，让他们深入各个贫民区调研、设计和规划，接着在社区居民的支持下，建成了新的排水系统、厕所、下水道、公路、诊所和休闲中心。随后，在2002年，他们开始挨家挨户，渐渐给予居民合法产权。作为配合，居民们也接受了政府制定的建筑编码[②]。2008年金融危机以后，为迎接2014年世界杯和2016年奥运会，巴西政府于2009年12月启动了贫民窟"平定"政策，专门派驻"警察平定队伍"入驻贫民窟，总共派遣1.2万名警察负责100多个贫民窟的治安，计划到2016年实现全覆盖，这一政策使得里约热内卢共有10万贫民窟摆脱了黑帮的控制，当地犯罪率下降了80%。同时里约热内卢州政府为该州贫民窟的升级改造争取了17亿美元的联邦政府拨款，改善贫民窟的基础设施，比如平整道路，新修社区医疗、培训中心，美化房屋等[③]，使贫民窟环境发生了根本性改观。

---

① 《贫民窟》，http://baike.haosou.com/doc/5722827.html。
② [加]杰布·布鲁格曼：《城变：城市如何改变世界》，董云峰译，中国人民大学出版社2011年版，第118页。
③ 谢来：《巴西"柔化"治理贫民窟》，《新京报》2010年11月21日。

(二) 全面树立并实施包容性城市战略规划

只有包容性的城市规划,才会引导一座城市真正走向包容发展。因此,发挥美国社会对外来移民群体的包容和接纳思想,在中长期城市战略规划中,首先强调城市包容发展的重要地位,成为纽约这一全球超大城市促进移民的社会融入、建设包容性城市的首要做法和经验。如纽约2015年4月发布的题为《一个纽约2050:繁荣而公平的城市发展规则》战略规划方案中提出,到2040年,将纽约建设成为一个"我们的增长和活力城市、公平和公正城市、可持续城市、韧性城市"四大战略目标。可以说,全篇几乎都在围绕如何满足人的需求、如何提高市民的生活质量、如何帮助弱势群体获得更加公平的发展机会、如何促进城市社会更加融合更具凝聚力等基本问题而进行相关规划设计,充分体现着包容性发展的核心理念。如规划提出要创造更多的就业岗位(就业岗位由416.6万个增至489.6万个)、提高劳动参与率(高于61%)、提高居民收入水平(家庭收入中位数在52 250美元基础上有所增加)、为居民提供可负担的高质量住房并配备完善的基础设施和社区服务(到2024年经济适用房新增8万套)、持续减少贫困人口数量(370万处于或接近贫困线的市民到2025年有80万人脱离贫困),等等。这种视全体市民为一个整体的包容性战略规划,从根本上为外来移民共享城市公共服务,获得平等的发展权利,进而促进城市凝聚力奠定了基础。

(三) 成立专门的移民机构,实施多项帮助移民融入的社会策略

当一个城市的移民数量达到一定规模,移民事务成为涉及诸多群体公共利益的时候,城市政府设置专门的移民工作机构,专门从事移民相关事务,帮助移民融入当地社会,就显得非常必要。为此,纽约市政府内部设立有专门从事移民事务的机构——纽约市市长移民事务办公室(The Mayor's Office of Immigrant Affairs,MOIA),其坚持每个新移民都是纽约必不可

少的一部分，提升城市包容的公平理念，通过制定帮助新移民充分连接并融入当地城市经济、社会、文化之中的相关政策和计划，进而提升移民社区的社会福祉。该机构属于借助政策创新努力提升移民社区公平发展的先锋机构，其工作范围涉及移民问题的诸多部门，包括工人权利、健康公平、语言学习等，协同为数以万计的移民创造更加安全、更加公平、更加经济便利的当地城市生活，把整个纽约打造成一个对所有移民群体开放、安全的现代国际大都市。在市长白思豪（de Blasio）的领导下，市长移民事务办公室已经着手通过三个优先整体目标提升纽约市移民社区的幸福感：提高纽约市移民的经济、公民和社会整合，提高纽约市移民的司法保障，在各级政府提倡持续的移民改革。根据该机构的网站资料，市长移民事务办公室推行的涉及经济、社会等方面的重要政策或计划有以下几个。

一是纽约市民卡（IDNYC）。身份问题往往是一座全球城市解决移民问题、促进城市包容面临的首要议题，也是帮助移民融入当地社会的关键所在。为此，纽约市民卡是纽约市市长移民事务办公室开展的第一项事务。纽约市民卡是提供给所有14岁或14岁以上的纽约居民的身份卡，无论您是否为移民，它是针对所有纽约居民的新的、免费身份证明，惠及每个城市居民，包括最弱势群体、无家可归者、青年、老人、非法移民。申请人可访问nyc.gov/idnyc 了解申请要求，并通过该网页或致电311预约申请。作为一个政府颁发的身份证，拥有者可以获得和享受城市服务，以便移民在城市安心生活和工作。持卡人可以获得政府提供的公共服务和商业服务。根据规定，纽约市民卡可用于：在纽约市机构申请市政服务［包括结婚证、出生证明和补充营养援助计划（SNAP）等福利、现金援助和保障性住房］，纽约市警察局（NYPD）警官进行身份确认，进入学校等公共建筑，参加高中同等学力考试。除此之外，纽约市民卡还可用作：布鲁克林、纽约和皇后区公共图书馆系统的借书卡，公共医院的医疗卡，近40个文化机构和博物馆的免费会员和免费入场券，享受超市购物、娱乐、体育赛事和健身会员的相关折扣凭证,享受购药的折扣凭证。纽约市民卡制度保证了纽约市的公共服务不因移民身份而存在差异化,100年前到纽约定居的市民和100天以前来到纽约的移民,都公平地享有同等的城市服务,纽约市政策规定必须保护移民身份和其他保密信息,一些具体的服务部门也不得询问移民的身份信息,即便采集了移民信息,必须得依法严格保密,否则相关工作人员将被解雇。

二是"我们纽约"[We Are New York(WANY)]英语学习。除了身份外,语言障碍往往成为移民融入城市生活面临的最大挑战。为此,纽约市长办公室和纽约城市大学联合推出一套艾美奖[①]获奖电视系列节目——"我们纽约",该系列节目总共包括10集喜剧,是讲述外来移民在纽约创业、生活的真实案例,每一集为移民提供城市必要服务的有用信息,也告诉移民那些跨民族工作的人是如何获得资源和解决共同问题的。该节目除了向移民提供基本的城市服务信息外,更重要的是为移民学习英语提供帮助,因为在节目中的讲述者语速较慢、发音清晰、直接表达,并且讲述的故事本身就是发生在纽约移民生活中经常碰到和遇到的事件,以便新移民容易理解,又能实际操练英语。"我们纽约"(WANY)还利用城市成人教育体系帮助成千上万的移民提高英语能力,有超过500名的教师已接受培训,鼓励他们在课堂中使用WANY系列节目并推荐给自己的同事,据称有90%的移民学生觉得从中受益很大,大多数受到训练的学生的英语实践能力达到了"优秀"和"非常好"的程度。此外,WANY与城市"社区领导和赋权项目"协同行动,帮助移民提高英语能力,其方法是招募200名志愿者,在图书馆和社区活动场所中,围绕WANY系列节目开展为期10周的会话交流活动,让移民拥有更多的交流机会,提高英语交流能力。

三是组建实施移民妇女领导者奖励金计划。为纪念1995年联合国第四次世界妇女大会通过的《北京宣言》,2015年纽约市市长移民事务办公室

[①] "国际艾美奖"(International Emmy Award)被公认为"世界广播电视业界的奥斯卡金像奖",由美国国际电视学会主办,参赛者来自美国以外的地域,包括亚非、拉丁美洲、欧洲等地。

在大量慈善组织的帮助下,发起了一场旨在为移民妇女领导者提供一定期限学习机会的移民妇女领导者奖励计划(Immigrant Women Leaders Fellowship)。该计划挑选15位在非营利部门、草根组织、学术机构、宗教组织等领域已经取得卓越成就的移民妇女领导者(她们也是推动社会改革创新的优秀人才,从事预防性侵、防范家庭暴力、文化发展等多个领域的具体工作,她们有多文化、多宗教的背景,讲着多种语言,拥有极具吸引力和感染力的移民故事),进行为期4个月的领导能力学习培训活动。在培训学习期间的主要内容包括学会倾听作为重要的管理工具;讲述有关种族主义、性别歧视、阶级歧视、殖民主义和移民的故事;测试阻碍领导力发展的内在压力;重新评估和重新定义个人的管理和领导经历;实施果断抵制内在压力的行动;领导和有效地支持其他领导人;使用数据和结果为基础的问责制促使可感知和可持续的不断变化等,帮助其不断开发自己的潜能,提升专业领导力,帮助她们在改善移民妇女和儿童生活状态方面发挥更大的作用。

四是提供移民儿童和家庭的资源和推荐指南(Resource and Referral Guide for Immigrant Children and Families)。为了帮助移民群体能够及时获取当地城市的服务和资源,纽约市市长移民事务办公室在2017年4月修订推出最新版的《移民儿童和家庭的资源及推荐指南(第二版)》,这是一本帮助移民了解在纽约生活和发展所需要信息的城市和社区的一站式名录,移民从中可以查找到教育、医疗保健、住房、儿童和家庭福利、法律、税务援助、权利和保护等众多资源信息,列举有详细的服务提供地点和电话号码以及操作方法,帮助纽约市民和移民获得他们所需的资源,以建立更强大、更安稳的生活和社区(专栏8.1)。该指南除了英文,还有10种其他语言的版本,以确保指南当中的基本信息不会造成任何语言阅读障碍。这一做法,为新移民充分了解当地城市服务、快速获取急需的服务,进而更好地融入当地社会提供了有力的保障。

专栏 8.1　纽约《移民儿童和家庭的资源及推荐指南》部分内容

纽约市支持我们每一位居民。大部分的城市服务,比如上学、使用医疗系统或其他服务,每个人都可以享有,包括无证移民。除非工作需要,否则市政府雇员不会询问您的移民身份。他们必须对移民身份信息保密。

纽约市民卡(IDNYC)

纽约市民卡(IDNYC)是市政府颁发给所有纽约人的身份识别卡。纽约市民卡(IDNYC)不收集移民身份信息,而且我们会对申请者的信息保密。市政府将按照法律全面保护纽约市民卡(IDNYC)的信息。

教育

4岁或即将满4岁的儿童有资格入读学前班。所有居民自5岁起有权利进入公立学校学习直至毕业或直至年满21岁且学年结束。提供英语学习者的课程。

医疗服务

所有纽约居民均可在公立医院和诊所以及其他可负担的诊所获得低价急诊和非急诊医疗服务。

NYC Well是一项免费、保密的心理健康服务,全天24小时提供200多种语言的服务。可以致电1-888-NYC-Well,发送短信WELL至65173,或访问 nyc.gov/nycwell。

儿童保育

育有6周至12岁儿童的低收入家庭可获得免费或低价儿童看护。

应急食品和避难所

纽约市各个区域都为需要的人提供食物。
Homebase计划能够帮助居民免于进入收容系统。

公共安全

请纽约居民放心,市政府官员,包括纽约市、警察局(NYPD),将不会询问您的移民身份,并且纽约市警察局(NYPD)将不会成为移民执法代理人。

任何仇恨犯罪的受害者,或不确定是否为仇恨犯罪的受害者,请直接联系纽约市警察局(NYPD)仇恨犯罪特别行动组或拨打(646)610-5267。

移民法律帮助

通过 ActionNYC 可获得免费、安全的移民法律帮助。请您拨打 ActionNYC 热线 1-800-354-0365,工作时间为周一至周五。请注意,未持有执照的移民服务提供者可能会欺骗客户。请务必选择值得信赖并持有执照的律师或经认证的代表来帮助您。关于此方面的问题,请拨打新美国人热线(New Americans Hotline)1-800-566-7636,工作时间为周一至周五早上9时至下午8时。

免受歧视

在工作地点、住所和公共场所,纽约居民有权利免于受到非法歧视、报复和骚扰。

如需提交投诉或了解更多信息,请致电 311 或拨打纽约市人权委员会电话(718)722-3131。

您有任何问题或担忧吗?

请致电 311 获得关于这些资源的更多信息或在工作时间直接拨打市长移民事务办公室电话(212)788-7654。可提供口译。

资料来源:纽约市长移民事务办公室,《新移民的服务——资源和推荐指南》2017年4月。

五是移民公平执法。在城市执法管理中,对本地居民和移民能否做到一视同仁、公平执法,是体现城市包容性和市民权利平等的重要方面。需要指出的是,纽约市不执行联邦政府移民法,在危及公共安全的案例中,当地法律部门与联邦政府合作伙伴一同工作,共同维护纽约的地方公共安全。因此,为了保障移民的公平权利,帮助移民更好地融入当地社区,针对移民身份的保密及公平执法问题,纽约市政府制定了一整套专门的行政命令,如第 34 号、41 号行政命令是专门针对移民身份信息保密的规定,规定城市服务部门在为移民提供教育、医疗、文化等公共服务时,除了法律规定必须提供身份信息的事项外,所有机构不得询问移民的身份,对移民信息严格保密,不得泄露,否则将被解雇或受到法律制裁,依此确保所有移民拥有城市所有公共服务的平等享有权。第 120 号行政命令规定所有为移民提供服务的市政机构,都得创制多语言服务计划,确保所有不会讲英语的移民也能够获得公共服务。第 128 号行政命令规定,官方每年 4 月举办一场全市性的移民宣传教育活动——移民遗产周,颂扬纽约移民多元文化社区的历史和传统。第 31 号地方法律是一项专门针对"移民法律服务提供者"的法规,以防止移民在寻求法律服务过程中受到非法律专业人士或营利部门的欺骗。第 73 号地方法律也被称为"人类服务公平获取法",重点强调的是语言服务事项,确保英语能力有限的移民群体在寻求医疗、健康等重要人类服务时,能够得到更多语言方面的支持和帮助,这一法律的效力范围涵盖纽约人力资源管理局、儿童服务局、健康和心理卫生部、无家可归者服务部等机构。在此基础上,纽约市市长移民事务办公室和纽约城市大学联合推动一项专门针对所有移民的专门法律服务项目——"行动纽约市"(ActionNYC)。ActionNYC 由值得信赖的社区和律师组成,针对每一位纽约移民,提供在他们称之为家的社区中需要的免费、安全的移民法律帮助服务,帮助纽约移民了解他们的法律权利,以及申请他们能够享有的移民福利。服务语言为移民所说的语言。

六是移民公平就业。针对移民群体,城市劳动力市场是否保持公开、公平与公正的运行状态,让移民获得同等水平的工作报酬,是检验一座城市包容性发展的主要方面之一。对此,纽约市政府的"城市人权法"作出了清晰的法律规定,法律效力范围包括就业、住房、公共交通、歧视骚扰、报复、有偏见的执法等领域,保护的人权领域包括年龄、外国人,抑或城市居民、肤色、残疾、性别(包括性骚扰)、性别认同、婚姻状况、出生国家、怀孕、种族、宗教宗派、性取向等,确保所有适龄劳动阶段的移民,获得与当地居民同等的工作权和工资水平。确保这些法律政策的有效执行,是纽约市市长移民事务办公室的重要工作内容之一。具体而言,有如下一些规定:首先,根据城市人权法的规定,在劳动力市场上,一个雇主在决定是否雇佣、支付多少薪金、制定工作规则(包括工作激励和工作纪律)的时候,不得根据移民的市民身份、出生国家等信息对移民进行区别对待的歧视行为。雇主因为移民身份(包括非法移民)而拒绝雇佣、随意解雇、支付更少薪金、超时加班等行为,都是违反纽约市"城市人权法"和纽约州"最低工资和加班法"的规定。其次,在美国和纽约工作的移民有权获得就业机构的服务和帮助。职业中心(Workforce,美国的城市就业服务机构)充分连接劳动力就业的供需双方,18岁及以上的移民求职者可以随时到职业中心寻求工作机会,获得职业培训、参加职业服务研讨会、获取职业发展建议等服务。再次,针对14—24岁的移民,纽约青年和社区发展部(the Department of Youth and Community Development,DYCD)帮助其创造机会拥有工作经历,也可以帮助其参加夏季青年就业计划(Summer Youth Employment Program,SYEP)(在每年7月和8月,帮助14—24岁的青年在艺术和娱乐、教育服务、金融服务、健康卫生服务、医院、旅游、信息技术、制造业、市场营销、公共关系、媒体、房地产、零售等行业从事为期6周的有薪工作)获得受教育的机会。

七是移民教育和读写。按照包容、公平、开放的理念,依法为所有移民子女提供公平的公共教育,提高移民的当地语言会话能力和读写水平,既是反映一座城市包容性的最直接体现,又是帮助移民快速融入当地社会的有效路径。纽约市规定,纽约市教育局(Department of Education,DOE)及市长办公室作为教育服务机构,其主要政策是保证学校的安全和包容性,不论学生的移民身份、父母或监护人、英语讲得好坏程度、移居时间长短等,致力于保护每名5—21岁尚未获得高等教育文凭的纽约市学生在他(她)居住的学区当中入读公立学校的权利;严禁实际上或被认为的因种族、肤色、宗教、年龄、信仰、族裔、原国籍、外国人身份、公民身份、残障、性取向、性别或体重而予以的骚扰、欺凌和歧视行为。若移民学生有任何事情或忧虑的事情发生,可以立即向学校职员报告,他们会进行调查和采取迅速的行动。教育局职员不会查问学生或其家庭成员的移民身份或保存这些记录,如果学生分享了移民身份、自己或家庭等敏感信息,教育局根据市政府的保密政策和总监条例规定,要将这些信息保密。除非是法律规定,否则教育局职员不会发布学生的信息。教育局职员也不会准予移民及海关执法局(Immigration and Customs Enforcement, ICE)无限接触,像所有其他法律执行机构,在没有得到适当的法律权利下,移民及海关执法局不会获得批准接触学校,如果移民及海关执法局因执行移民事宜目的前往学校,他们会被直接转介给校长,校长会采取适当的行动,确保所有学生继续在安全的环境中学习。与此同时,纽约市教育局及市长移民事务办公室还同步实施涵盖移民群体的"成人教育""成人读写计划""年轻成人读写计划""英语学习计划"等项目,帮助提高移民群体的英语会话能力和读写水平。

(四)发挥各类非营利机构或慈善组织力量,为移民提供各类帮助和服务

除了移入地城市政府采取积极的福利政策和援助计划外,充分发挥各类社会组织的力量,为移民提供帮助,是发达国家促进移民融入当地社会的一个重要方法。例如,纽约市有专门为移民提供帮助和服务的全国性志愿组织——纽约移民联盟(New York Immigration Coalition, NYIC),它由200多个社会组织成员构成,包括草根社区组织、非营利健康和人类服务组织、宗教和学术组织、工会和法律、社会和经济正义组织等,它是移民群体互

动交流、分享经验、互帮互助的大平台,重点为移民提供政策咨询、公众参与、利益表达、集体行动、教育培训、技术支持等服务,促进大都市社会的革新与公平、公正。[①]

在总结发达国家包容治理经验的同时,需要指出的是,在全球化进程中,尽管发达国家及其一些城市在促进外来移民有效融入当地社会过程中,采取了行之有效的包容性治理措施,对促进社会公平与和谐起到了显著的作用,但同时,还有些国家或城市在针对外来移民群体的态度和政策上,依然存在很多失败的教训,结果造成整座城市的衰退或社会的动乱。综观之,这样的教训主要包括以下两个方面。

一是长期化、严重化的种族歧视或社会排斥导致城市全面衰退。这一教训,从美国城市底特律的衰退中可见一斑。据美国人口普查局 2010 年统计,底特律人口萎缩到了 713 777 人,比鼎盛时期的 185 万人减少 114 万人,降幅为 62%,是 60 余年来美国人口减少最多的城市之一[②]。尽管底特律衰退的原因是多方面的,包括过于单一的汽车产业结构、城市治安状况差、高失业率、创新不足等原因,但需要指出的是,除了经济衰退这一根本原因外,城市政府针对黑人群体而实行的长期化种族歧视、社会排斥的举措以及白人的撤离,对城市衰退起到了推波助澜的作用。这一点从底特律人口结构与警察从业结构中可见一斑,底特律的人口结构表明(黑人占 82.7%,白人占 10.6%,亚裔占 1.1%,印第安人占 0.4%,太平洋岛国裔占 0.02%,3% 为其他种族),它本来是一座以黑人为主的城市,但在其警察队伍中,白人警察占全部警察的 93%,在一座黑人约占人口总量一半的城市里,这似乎是极不公平的。更为严重的是,数十年来,黑人群体一直被系统地排除在汽车行业中的白人工作岗位之外;他们所从事的工作要么工资很低,要

---

① 参见 http://www.thenyic.org/what-we-do。
② 梅新育:《底特律缘何沦为"美国最悲惨城市"》,http://www.chinavalue.net/Finance/Article/2013-4-5/202107.html。

么工作条件很差,久而久之,被激怒的黑人民众终于在1967年7月23日,因警民冲突爆发了震惊世界的底特律黑人骚乱,造成43人死亡,1 400栋建筑被烧,1 700家商店被抢,7 000多人被捕[①]。这一暴乱的发生,又加剧了白人的逃离速度,大大损伤了城市发展的元气,加剧了城市衰落的进程。

二是移民二代难以融入当地社会极容易引发暴力冲突。对一个城市化国家而言,由乡村走向城市的移民群体代际之间存在明显差异,往往第一代移民来自乡村,通过体力劳动赚取足够金钱,旨在改善子女和家人的生活水平,等到一定年龄,回到乡村度过晚年,而第一代移民的后代大部分生于城市、长于城市,除了拥有一分体面工作外,对获取与当地居民同等化的公共服务和精神文化生活提出要求。在这个过程中,假如政府不能帮助移民二代融入城市社会的话,被孤立且处于边缘地带的青少年就会成为社会暴力的制造者和受害者,给整个城市安全带来隐患。例如巴西圣保罗的佳丁·安吉拉小区,这是一个移民农民的社区,当第二代移民逐渐长大的时候,该小区成为一座孤立的小区,这些移民二代在文化上属于城市,并有着比他们父母更高的自我期许,但他们所处的世界却仅仅把他们视为没有人要的村民后代,在茫然失措又毫无支持的情况下,他们开始自相残杀,以致在20世纪90年代,这里的凶杀率高居巴西全国第一,以成为全球最暴力小区而闻名[②]。欧洲的英国、法国、荷兰等国家也都存在同样问题,孤立的移民青少年成为社会犯罪的主要群体,2005年的巴黎骚乱和2011年的伦敦骚乱,实际上都是移民二代"融入难"的一种极端反映。外国移民及其后裔的社会犯罪现象,反过来激发了当地民众的反移民情绪,乃至种族主义势力的抬头,对更大范围的人类和平形成新的威胁和挑战。

---

① [美]爱德华·格莱泽:《城市的胜利》,刘润泉译,上海社会科学院出版社2012年版,第50页。
② [加]道格·桑德斯:《落脚城市》,陈信宏译,上海译文出版社2012年版,第84页。

第九章　创新实施公民导向的基层社区自治

社区是构成社会的重要基层单元,也是国家和公民关系、人际关系的再造场所,被视为是社会的缩影。一个既有规范又有活力的社会治理格局,离不开社会力量的成长、社区的发育和社区治理的有效。实践表明,西方发达国家在国家治理中,伴随着工业化进程中为了不断解决日益多元的社会问题,在社会救助、社会福利体系建设中始终倡导社区成员之间的志愿服务、自我服务,形成了明显的社区治理传统。20世纪初左右,在英、法、美等国出现了更具广泛性的"社区睦邻运动""社区福利中心运动"等,培养社区成员的自治精神和互助精神,动员社区成员齐心协力,创造美好生活条件①。第二次世界大战以后,由于全球化、城市化和信息化的影响,西方发达国家的社区经历了从兴盛到衰落的过程,联合国借由"社区发展计划"来推动社区发展②。自20世纪70年代以来,随着新公共管理运动深入开展,西方发达国家走上了一条政府持续分权的治理改革之路,社区组织、社会组织、民间组织蓬勃发展,在多中心治理、社会资本、新自由主义、社群主义、"第三条道路"等理论倡导下,社区重建和社区治理复兴再次成为发达国家创新社会治理的重要战略之一,美国的"邻里政府运动"最具有代表性,国家更加注重

---

① 张康之、石国亮:《国外社区治理自治与合作》,中国言实出版社2012年版,第126页。
② 吴晓林、郝丽娜:《"社区复兴运动"以来国外社区治理研究的理论考察》,《政治学研究》2015年第1期。

社区治理的功效,采取更加积极有为的政策措施,推动社区参与式治理和民众自治,旨在推动基层民众对社会公共事务的参与,提高社会自治程度和人们的归属感和认同感,实现政府治理和基层社会自治之间的有机互动衔接,形成政府、社会、居民共同合作的新型社区治理形态。截至目前,西方发达国家的社区治理主要有以美国为代表的自治型模式、以新加坡为代表的政府主导型模式和以日本为代表的混合型模式三种基本治理模式,不同模式的做法和举措不尽一致,但突出和强调以人为中心、以居民需求为导向、以社区民众参与为根本,促进社区包容公平繁荣发展等理念及举措基本相同,并积累了相对丰富的治理经验,这对我们全面加强新时代社区共治自治、促进邻里关系和谐、积累社区社会资本等方面均具有非常重要的借鉴价值和意义。本章在全面审视发达国家不同社区治理模式的基础上,通过研究其最新的社区治理政策举措,旨在归纳总结其社区治理的普遍性成功经验,为我所用。总体而言,发达国家社区治理的普遍性经验,主要表现在政府高度重视并全方位推动、积极培育多元化的社区治理组织架构、创建社区自治载体平台等方面。

一、政府高度重视并全方位支持社区建设与治理

众所周知,在不同历史发展进程和文化语境下,与当今我国的行政化倾向明显、自上而下的自治路径不同,西方国家以乡、镇为主的基层自治、民众自由是其固有的传统习惯,这一点从托克维尔在《论美国的民主》中关于对美国基层乡镇居民的自治活动描述中可见一斑。托克维尔认为,基层乡镇"是自由人民的力量所在。乡镇组织之于自由,犹如小学之于授课。乡镇组织将自由带给人民,教导人民安享自由和学会让自由为他们服务。在没有乡镇组织的条件下,一个国家虽然可以建立一个自由的政府,但它没有自由

的精神"①。"乡镇在只与其本身有关的一切事务上仍然是独立的,新英格兰的居民没有一个人承认州可以干预纯属于乡镇的权利""对于全州的公共义务,它们非尽不可"②。同时,合理适度的乡镇规模,也为民众参与和自治管理提供了条件。对此托克维尔考察了新英格兰以后发现,"新英格兰的乡镇介于法国的区和乡之间,其人口一般为两三千人,因此,乡镇的面积并未大到使全体居民无法实现其共同利益的地步;另一方面,它的居民人数也足以使居民确实能从乡亲中选出良好的行政管理人员"③。从这些可见,在合适规模的基层乡镇当中,自下而上形成的居民自治,成为欧美国家早期治理中形成的一个内在基因和长期习惯,主要借助居民自我行动来进行治理。但随着工业社会的深度发展以及向后工业社会的快速转型,社区在应对日益复杂的社会问题方面所具有的功效越来越突出,这时政府在推行职能转变的同时,开始高度重视城乡社区,尤其是城市社区治理工作,从法律法规、城市规划、项目支持、资金投入等方面主动出击,开始全方位支持和帮助基层社区治理工作,主要表现在以下几个方面。

(一) 政府实施积极的社区支持政策

自20世纪50年代以来,美国城市出现了人口和商业大量从市中心迁往郊区的蔓延式发展,城市中心社区衰落开始成为影响城市健康发展的一大现实问题。为此,联邦政府从20世纪40年代末开始,相继实施了邻里规划单元(1923年佩里提出的"创建邻里单元"思想的规划应用)、城市更新计划、社区行动计划、模范城市计划、社区发展计划、市政府支持下的社区规划等发展战略④,以分类援助、一揽子援助和税收分享等方式,对城市社区和邻里实施财政援助。一方面,这些联邦计划都强调基层邻里居民参与的重要

---

① [法]托克维尔:《论美国的民主》上卷,董果良译,商务印书馆1988年版,第67页。
② 同上书,第74页。
③ 同上书,第68页。
④ [美]威廉·洛尔、张纯:《从地方到全球:美国社区规划100年》,《国际城市规划》2011年第2期。

性,提高社区的公共服务能力;另一方面,由于对中心城市破败社区的财政资助具体到了一个个邻里街区,这些邻里街区的居民为了使联邦资金更多、更有效地用于经济复兴、改善邻里社会状况,纷纷建立自己的邻里组织,与城市政府和商业机构进行合作。实践表明,国家层面的邻里振兴计划和项目,对邻里组织的发展和领导力的培养产生了积极的作用[1]。1993年,美国联邦政府又设立了社区事业委员会,旨在增强联邦和州政府的资助,有机整合、协调和凝聚社区自下而上的创造力以及私营部门的创新性[2];克林顿政府提出了"授权区和事业社区"的法案,在这个过程中美国政府向退化的都市和农村区域提供25亿美元的联邦税收增值投资和13亿美元的灵活拨款援助,受惠目标包括42个州的105个社区,社区公民所需公共服务质量得到了显著提升。

英国、德国、加拿大、澳大利亚等国家政府也通过直接投资、税收优惠、购买服务等多种措施,支持社区发展。在英国,1997年工党上台、2001年连任以后,社区重建成为国家不断促进民众参与、社会融合的重要施政纲领和政策行动,工党政府相继发布实施了邻里复兴战略(National Strategy for Neighborhood Renewal)、社区战略(Community Strategies)、社区照顾计划(The Community Care Development Programme)等[3],旨在促进民主参与和社区公共服务的改善,强化社区治理的综合效能。澳大利亚政府从1983年开始先后实施了"地方政府社区发展""家庭和社区护理""农村社区""强化家庭和社区战略"等一系列项目,从21世纪初期开始,使用具有引领性的诸如社会资本、社会企业、社区发展、伙伴关系和社区建设等概念工具,推动社区组织发展和社区参与,旨在遏制经济下滑,提升社区自我发展、自我治

---

[1] H. Hallman, *Neighborhoods: Their Place in Urban Life*, Beverly Hills, CA: Sage, 1984; R. Halpern, *Rebuilding the Inner City: A History of Neighborhood Initiatives to Address Poverty in the United States*, New York: Columbia University Press, 1995.
[2] 陈振明主编:《政府再造——西方"新公共管理运动"述评》,中国人民出版社2003年版,第101页。
[3] 吴晓林、郝丽娜:《国外社区治理研究的理论考察》,《中国民政》2015年第23期。

理的能力。

(二) 依法保障公众参与和社区组织发展

社区邻里居民拥有法定的自治权和参与权,是设置基层政府的一个重要基础条件,更是推行社区治理、居民自治的内在要求。因此,从立法入手,依法保障社区民众对社会公共事务的参与权,从而倒逼社区不断培育和生成形式多样的社区组织,成为发达国家社区治理的一条重要路径。在20世纪70年代,美国联邦政府实施的《海岸带管理法》(1972年)、《联邦水污染控制法》(1972年)、《住房与社区发展法》(1974年)等法案对公民参与机制作出了明确的规定,如1974年《住房与社区发展法》将模范城市、城市更新等计划融合为"社区发展一揽子援助项目"(CDBG),该项目法案规定,申请者应确认他们在项目的申请与实施过程中为公民参与提供充足的机会。1976年国会重新制定了一般性税收分享(GRS)法案,要求接受援助的大约39 000个地方政府告知公民,让他们以各种方式讨论决定如何使用联邦政府的财政援助资金,特别是重点项目的资金。70年代晚期,有组织的公民参与已经成为城市政治中的制度化要素[1]。公众参与的法制化建设,为邻里自治组织或邻里政府的产生和发展铺平了道路。此外,政府制定出台专门的社区法律法规,依法保障社区民众的知情权、参与权和监督权等,目前关于社区的相关法律在联邦政府层面的主要有《社区再投资法》《国家和社区服务法案》《2000年美国教育目标法案》《授权社区计划和社区项目法》《社区、家长领导行动指南》等[2],为社区治理提供了坚实的法制保障。

(三) 城市总体战略规划中体现社区发展的战略性

城市战略规划是被政府用来引领城市经济发展、社会包容和谐、治理高

---

[1] 罗思东:《美国城市中的邻里组织与社区治理》,《中国政法大学学报》2007年第2期。
[2] 汪洁:《国外城市社区治理实践对我国政府主导型社区自治的启示》,《郑州航空工业管理学院学报》2019年第2期。

效的一项重要政策工具和手段,在城市政策制定、资源分配等领域发挥着至关重要的作用。近年来,发达国家的大城市纷纷制定未来20—30年的城市总体战略规划,总的来看,这些总体战略规划都特别重视和强调社区建设在城市未来发展中的战略地位,对社区发展作出了专门的制度安排和愿景设计,旨在不断提高社区公共服务质量、不断提升社区治理的效能、不断激发潜在的社区活力。在此举几个国际大都市战略规划方案的例子。比如,美国纽约的战略规划——《一个纽约2050:繁荣而公平的城市发展规划》,具体由八大策略和三十项措施构成,其中"活力的社区"就是其重点推动的八大策略之一,针对社区建设和治理,规划提出:"当社区变得安全时,人民的生活也会变得更加美好,社会也会变得更加和谐,因此,我们必须建立并支持繁荣社区来为人民提供安全可靠、可负担的和配套设施完善的住房""优质教育是社区繁荣的根本""让所有人参与到纽约市的民主进程当中"等。具体而言,"活力社区"的实施策略主要包括:确保每位纽约人都能生活在安全可靠并负担得起的住房;确保所有社区都有公共活动空间和文化交流中心;提高社区的共同责任意识和加强邻里政策的发展;促进基于地方的社区规划和战略;让幼儿园、小学和中学更为平均地分布在城市各个社区;保证每个社区周边都有配套的医疗设施;在社区中推进健康生活;加强社区、建筑物和基础设施的防水性使之能从灾害中快速恢复等[1]。还比如,芝加哥《芝加哥大都市区迈向2050综合规划》中,"社区(打造与维持有活力的社区,增强区域竞争力与繁荣)"被列为五大行动计划的首要计划,具体行动举措包括:改善规划,鼓励在财政和经济问题上的合作,保持优质的开放空间和农业资产,提升住房选择;对社区基础设施再投资,以提高生活质量;不断修正社区发展计划并使社区收入政策现代化以适应电子商务的发展等。美国城市《波士顿2030规划》专门就"增强社区"制定了行动举措,提出改善公共领域,加强邻里服务

---

[1] 《只有一个纽约 | 纽约 2050 总规:建立强大而公正的纽约(Ⅰ)》,http://www.163.com/dy/article/EHTDP4FUO515C3JA.html。

和连接,鼓励敏捷发展提高城市活力,凸显每一个邻里的独特身份。

二、创建多元化的社区自治组织体系

通过创建多元化的社区自治组织,把更多的基层民众纳入组织体系内,提高基层社会的组织化程度,是提高社区治理效能的前提和基础,也是推动城市基层民主治理的重要依托。纵观发达国家的基层社区治理组织建设,不同国家具有不同的组织类型,组织名称、功能职责、运作方式不尽一致,各有特点,在此主要列举美国、日本、新加坡等发达国家的城市基层社区自治组织,分析其不同的治理特点。

(一)美国大都市的各类邻里政府

这里所说的邻里政府,是对各种邻里组织的一种统称,它既包括具有独立性质的邻里政府,又有半独立的准政府邻里政府(quasi-independent neighborhood governments),还有一些由私人住户组成的私人邻里组织等,不同组织在性质和运作模式上存在显著差别。具体而言,美国大城市中兴起的邻里政府主要有以下几种类型[1]。

一是独立的邻里政府,主要指一些大城市不同邻里组建的"小市政厅"(little city halls)、"社区规划委员会"(community planning boards)、"社区委员会"(community board)、"社区理事会"(neighborhood councils)等组织。美国不同城市对这些邻里组织的叫法不尽一致,有的城市对这些组织名称通用,例如纽约市的社区委员会也叫"小市政厅"[2]。但这些组织的基本

---

[1] 陶希东:《邻里政府:美国大都市区治理的经验与启示》,《社会科学》2014 年第 4 期。
[2] *Little City Hall*(*community board*), http://www.barrypopik.com/index.php/new_york_city/entry/little_city_hall_community_board.

性质,是属于公共性质的政府决策咨询机构,大多是在上级领导或上级政府职能部门(如规划部门)主导下组建而成的基层服务组织,主要功能是听取基层民众对城市发展政策的声音、想法和建议,为巩固某个城市的行政地位或促进城市民主发展提供最真实的民意及决策建议,同时也最大程度地鼓励和促进基层民众对城市规划发展的长效参与机制。例如,美国波士顿在20世纪60年代,其市长怀特·卡索利克(While Catholic)非常注重把社区基层民众和有才华的移民吸收到政府当中,专门制定了在全市社区设置14个"小市政厅"计划及邻里复兴计划,旨在构建社区居民和城市政府之间的紧密关系[1]。

二是半独立、准政府的邻里政府:社区发展公司(Community Development Corporations, CDCs)。社区发展公司是美国在20世纪60年代继社区行动计划(Community Action Program, CAP)之后,为了解决城市中心社区的经济活力和就业问题而兴建的一种非营利组织,其主要功能是为低收入社区提供住房建设和居民就业培训。之所以说它是一种准政府机构,就是指在结构和功能上,它类似于政府但又不完全是政府。一方面,它是一个基于地方、由社区控制的组织,由邻里居民选举产生,有较为稳定的财政经费来源,有开展社区综合发展规划的政府性职责,履行着部分政府职能;另一方面,它又没有宪法地位,虽有经费来源但没有税收基础,也缺乏独立使用资金的权力。在现实中,对CDCs尽管有很多批评,但其成功的发展规划和治理模式,确实搭建了私人部门、开发公司、基金会、政府部门以及银行等多元主体之间合作的平台和载体,为中低收入社区带来了各种各样的资金支持,提升了社区价值,改善了社区品质,是一种较为成功的基层治理模式。据统计,到20世纪90年代初,广泛分布于美国各州主要城市的CDCs数量超过2 000个,已经累计建设了12 500万经济适用房单元,12 600平方英尺(约

---

[1] 参见 http://www.google.com.hk/url?sa=t&rct=j&q=Boston+City+Hall,+New+City+Hall&source。

合1 171万平方米)的商业和工业空间,以及77.4万个就业岗位[1]。

三是私人化的邻里政府:私人邻里协会(Private neighborhood associations)。美国的大都市社区主要是由独立住户组成,自20世纪60年代以来,在公民参与传统复兴和政治分权化的背景下,大城市的一些新建住宅区和高收入社区,为了更好地保护私人财产、提供服务,以私人住户为单元,普遍组建了一种自治化、私人化的邻里组织——私人邻里协会[2]或居住区协会(Residential Community Associations,RCAs)[3],这是一种立足于邻里、不受城市政府控制的"私人政府"。这种私人政府在法律上存在三种形式:住房业主协会(Home Owners Association,HOA)、公寓业主协会(Condominium Association)与合作社协会(Cooperative Association),三者可统称为"社区协会"(Community Associations)。根据社区协会研究所(Community Associations Institute,CAI)的研究表明,自20世纪70年代以来,这些邻里组织得到了快速发展,如今美国有近50%的新建住宅都置于私人邻里协会治理之下,截至2012年,全美国存在私人邻里协会的社区总共有323 600个,其中住房业主协会约有161 800个(占总数的50%—52%)、公寓业主协会约有145 620个(约占45%—48%)、合作制约有6 472个(占总数的2%—3%),覆盖大约6 000多万城市居民,这也是当前美国大都市邻里政府的主体组成部分。

(二) 日本基层社区的自治组织"町内会"

日本是一个集权和自治并行的国家,市町村是其基层相互平等的政府

---

[1] National Congress for Community Economic Development, *Reaching new heights: Trends and achievements of community-based development organizations*, Washington, DC: Author, 2005.
[2] "The Rise of the Private Neighborhood Association: A Constitutional Revolution in Local Government", by Robert H. Nelson, In *The Property Tax, Land Use and Land Use Regulation*, edited by Dick Netzer; Northampton, Mass.: Edward Elder with the Lincoln Institute of Land Policy, 2003.
[3] *Residential Community Associations: Private Governments in the Intergovernmental System?* U.S. Advisory Commission on Intergovernmental Relations. Washington, D.C., May 1989.

组织。而在社区治理方面,在奉行以个人和家庭责任为主的原则下,主要发挥的是社区自治会/町内会的作用,这一组织类似于我国城市中的居民委员会。根据俞祖成的研究,自治会/町内会是指在一定区域内,致力于将该区域内的家庭/户和商业机构等力量组织起来以共同解决本区域内所面临的问题,进而作为该区域的代表性组织开展区域共同管理活动的居民自治组织,是城乡基层社区治理的最小单元。根据日本总务省的统计,自治会/町内会总数至少达到19.87万个。自治会/町内会采取会员制,原则上要求本区域的所有家庭/户以会员身份加入其中并定期缴纳"自治费"。由于没有任何法律法规的规制,有关自治会/町内会的成立程序、辐射区域、会费额度以及内部治理架构等事项,均由居民自主协商决定。关于自治会/町内会的内部治理架构,一般包括会长、副会长、书记、会计、监事、组长(楼组长)、部长(如总务企划部、灾害对策部、环境卫生部、防范交通安全部、文化部、体育部、福祉部、调查宣传部、设施管理部等)。这些自治会/町内会的干部属于无薪酬的志愿者。此外,自治会的会长原则上是居民选举产生,但现实中更多靠大家推选社区中的精英担任,如退休的大学老师或者在本地有声望的人。近年来日本城市社区治理中,开始打破传统町内会的边界,进而构建以小学校区或中学校区为范畴,以具备市民自主性、责任感的个人和家庭为构成主体,拥有共通性、地域性、开放性并在社区成员之间形成信任感的新型社区。而负责运营和治理这种新型社区的统括型组织,一般被统称为"居民协议会"[1],是一种跨町内会的多自治团体协同自治组织,以便于更好地解决基层各类棘手问题。除此之外,日本大力实施的社区营造,也是基层社区共建共治共享的一项重要制度创新和成功经验,不再赘述。

(三)新加坡的人民协会、市政理事会、公民咨询委员会等

受儒家文化思想的影响,新加坡是一个典型的国家主导型治理的城市

---

[1] 俞祖成:《日本社区治理的制度框架与实践动向》,《社会治理》2021年第2期。

国家,在其社区建设及治理中,政府和政党依然发挥着十分明显的主导作用,实行政府主导下的居民自治,这一点与欧美国家的社区治理存在显著不同。首先,新加坡政府内部设立有专门负责社区治理的行政机关——人民协会,这是一个负责全国社区建设、发展和管理的协调机构和领导机构,是全国社区组织的总机构,具有半官方性质,主要领导者由国会议员委任或者推荐产生,人民行动党通过人民协会将其执政理念和执行力渗透到城市社区治理的各个层面[①]。其次,全国又分5个区域,设立社区发展理事会,承担推展社区计划,扶持弱势群体,提供老年服务等公共服务职能;与此同时,全国设立16个市镇理事会,市镇理事会受政府安排,负责辖区内社区的公共环境整治、物业管理等。因此,由法定机构"人民协会"、社团组织"社区发展理事会"和非政府组织"市政理事会"构成新加坡指导基层社区治理的"三驾马车"。最后,为推动人民参与和居民自治,在基层社区层面,人民协会下设三个基层服务的社区组织:公民咨询委员会、民众联络所和居民委员会。公民咨询委员会与"选区"相对应,全国84个选区设立有相同数量的公民咨询委员会,充当政府和居民之间的联系纽带,既把国家政策传达给居民,同时也是居民向政府相关部门反馈意见的通道。民众联络所代表人民协会行使管理社区民众俱乐部的职权,组织举办诸如文化、教育、体育等各种有益的活动,以增进种族和谐与社会团结。目前新加坡共有106个民众联络所。社区最小的区域性组织是居民委员会,所有的公共组屋区都设有居委会,服务6—10幢组屋,1 500—2 500户,其规模与我们的居委会相当,主要功能是通过组织形式多样的活动来促进邻里和睦、种族和谐和社会团结。目前全国共有社区居民委员会546个。从功能上来区分,民众联络所着重组织各种社区活动;居委会侧重对包括邻里关系在内的居住软环境管理;公民咨

---

① 李枭:《国外城市社区治理的经验启示》,《中国管理信息化》2014年第19期。

询委员会则起到了党、政、民之间的桥梁作用①。

三、打造多样化的社区自治空间或载体平台

在基层社区除了建立健全由居民为主体的社区自治组织外,政府、市场、社会组织之间紧密合作,搭建或打造多样化的社区自治空间载体,抑或推动实施相关自治项目,为基层社区居民提供全方位的服务,满足民众生活需求,也是发达国家城乡社区自治的重要经验之一。其中,在1929年克拉伦斯·佩里(Clarence Perry)提出的邻里单位(neighborhood unit)理论基础上演变而来的"邻里中心"是发达国家城市社区治理创新的一种普遍形式,而新加坡的一站式邻里中心更为典型,成为国家社会治理的重要工具和推广共同价值的抓手,更是城市治理的一张名片②。同时,美国城市中的"社区中心"也有代表性,本章对此进行论述和介绍。

(一) 新加坡全生命周期的社区邻里中心

邻里中心是新加坡政府在组屋发展过程中,根据社区一定规模标准和居民多样化生活服务需求,在居民家门口规划建设的综合性社区治理空间,也是城市社区商业的集成式创新发展模式。一般而言,根据新加坡政府的规划,整个城市地域被划分为"区中心—新镇中心—邻里中心—邻里组团"四级公共生活空间体系③,在镇中心下面,划分邻里单元,设置邻里中心。在

---

① 张蔚兰:《学习新加坡经验　创新社区管理方式》,http://www.huaxia.com/sytb/lcxw/2015/08/4507882.html。
② 孙雁、方洁:《邻里中心在新加坡社会治理中的功能与借鉴》,《杭州学刊》2019年第3期。
③ 从其内容结构来看,一个邻里组团,一般由4—8幢组屋组成,约1 000—2 000个住户,在这里设有儿童游乐场和小型商店等;一个邻里中心一般含6—7个邻里组团,约6 000—9 000个住户,根据所在住区人口的数量,一般建有一幢建筑面积在5 000—10 000平方米的综合楼,设有购物场地、银行、邮政、诊疗所等;一个新镇中心含有5—8个邻里中心,约40 000—100 000个住户。参见张明:《邻里中心的实践与社区建设新理念》,《社会杂志》2001年第12期。

具体规划设置上,基本按照6 000—9 000套住户规模配置一个独立的邻里中心,是基层社区集公共服务、商业服务、公众参与于一体的一个综合性治理空间。当前,新加坡的邻里中心模式在我国苏州、天津、深圳等城市中得到了很好的推广和应用。从社会治理和基层社区治理角度而言,新加坡邻里中心的主要经验有两个方面。

一是邻里中心功能的高度复合性、综合性。从为组屋居民提供生活配套服务的目的出发,打造非常便利、一应俱全的"一站式"服务中心,满足人民群众对美好生活的多样化基本需求,是新加坡邻里中心的首要特色,也是其基本功能。如邻里中心在集中为社区居民提供食阁、超市、美发美容、娱乐、购物商城等生活消费设施的同时,还提供公共图书馆、健身中心、儿童游乐场、托儿所、佛教寺庙、教堂等休闲娱乐设施,满足人们的物质生活、商业消费和精神文化需求。例如,新加坡第一乐广场商业业态组合主要由餐饮(25%)、生活消费(26%)、娱乐(17%)、生活配套服务(32%)构成。可以说,邻里中心是当地居民家庭空间在社区的有效延伸,邻里中心不仅是集中的社区商业服务中心,也是一个公共服务中心和社区居民公共交流互动中心,成为塑造邻里和谐的重要空间平台。

二是国家治理和社会自治的有机衔接统一。实施政府引导支持、社会社区自治,是新加坡邻里中心规划建设与有效运行的成功经验。在邻里中心的规划、建设、日常运维经费保障(包括行政经费、活动经费以及专项经费)等方面,政府承担着规划和建设任务,制定设施配套标准,提供固定的经费支持,并在政府监督下进行商业运作,体现了东方国家特色和行政导向原则,为邻里中心的统一标准化建设和常态化运行提供了重要保障。与此同时,在邻里中心内部场所的使用、社区活动的开展等方面,则充分发挥社会自治、社区自治的力量。具体由"人民协会"管辖的"民众俱乐部"(也称"民众联络所")、"居民/邻里委员会"等非政治性基层组织负责邻里中心的运行,计划并管理社区项目、组织社区活动、提供为老服务等公共福利服务。其中"民众俱乐部"下设青年执行委员会、妇女执行委员会、乐龄执行委员会、马来活动执行委员会、印度族执行委员会、少年俱乐部、选区体育俱乐部、民防执行委员会、志愿福利组织等二级组织部门，统一管理邻里中心的各类社区自治组织。而这些社区组织的主要成员由非带薪的志愿者、义工来承担，独立自主地策划、组织和提供社区公共服务，推行"邻里守望"计划，促进社区居民参与，培育社区公共精神，共同维护社区美好家园。

(二) 美国多元参与的多类型社区中心

美国作为全球城市化水平高度发达的国家，拥有成熟的城市管理体系，而社区中心作为城市管理和社会治理的重要基层空间载体，发挥着独特的社会自治与整合功能。美国几乎每个社区都有一个或多个社区中心，主要包括三种类型：一是以学校作为社区中心，实施"21世纪社区学习中心计划"。该计划通过专门的经费支持和严格的评审评选，由有资质的公立学校承担为广大社区居民提供相应的文化教育服务，包括暑期和周末学校娱乐项目、营养和健康课程；延长图书馆开放时间服务社区，为所有年龄段的公民进行电信和技术教育、父母技能教育，为儿童白天照顾者提供训练和支持，就业咨询和培训，为未从中学毕业就离开学校的人提供服务(无论他们处于何种年龄段)；残疾人服务。二是以公园和娱乐场所联合体作为社区中心，即在公园内设立更多的为民服务设施和公共活动空间，配置满足多元需求的服务设施或场所(俱乐部、会议室)，组织开展小型的公共互动活动，将公园作为社区中心。公园和社区中心，属于两块牌子、一套人马。三是以青年基督教协会(Young Men Christian Assocıauon，YMCA)作为社区中心。基督教青年会是美国最大的非营利性社区服务组织，也是美国重要的社区中心之一。目前，美国全国2 400家YMCA协会分布在50个州的1万个社区，每年为1 750万男女老少提供健康和社会服务[1],致力于满足社区和家庭、个人的健康与服务需要。更为重要的是,该组织突出强调社会包容性,为任何不同信仰、种族、能力、年龄和收入的人提供共同的服务,没有人会因为无支付能力而被拒绝。针对这些社区中心,政府有相应的设立标准和政策,除了为社区居民提供多样化的社会服务外,更是一种由社会主导、多元参与的社区自治空间和有效载体,每个社区中心有一个由当地具有较高社会地位的社区民众组成的顾问委员会,发挥社区自主管理的中枢作用,政府干预不多;社区中心的经费主要依靠社会捐赠、政府赞助、项目服务、投资所得等,政府直接投资较少;志愿者力量是维持社区中心常态化运行的重要人力资源,凸显了社会治理中的公众参与、互帮互助精神。

四、广泛开展正式或非正式邻里互助项目或计划

在基层社区治理中,随着城市化进程的不断演进和社区环境的不断变化,不同类型的社区将会面临不同性质的社区发展问题,如经济功能弱化、养老服务挑战、房屋建筑保护等。为此,充分发挥民间社会的自主精神和力量,实施正式或非正式的邻里互助合作计划或项目,既培养了社区民众的公共精神,又解决了社区居民面临的各种服务问题和生活难题,也是国家治理的重要补充。在此主要列举几个典型的城市社区自治案例加以说明和阐述。

(一)美国布鲁明顿市的"社区警务和邻里观察计划"[2]

社区安全治理是居民最大的公共需要,通过营造传统的熟人社区,提

---

[1] 朱名宏:《美国社区中心的类型和管理考察及其启示》,《探求》2003年第2期。
[2] 参见 https://bloomington.in.gov/police/neighborhood-watch。

高社区的安全程度,是加拿大学者简·雅各布斯在《美国大城市的死与生》中强调的主要核心观点。她认为,人行道和街道的安宁不是主要由警察来维持的,尽管这是警察的责任,它主要是由一个相互关联的、非正式的网络来维持的,尤其是街道上人们的驻足观望,就是守护街道安全的眼睛。也就是说,街区居民相互之间都很熟悉,是维持邻里或社区安全的基本条件,但随着城市人口流动和异质性的增强,那种社区居民之间相互非常熟悉的传统城市社区生活已经发生了巨大变化,人们更多待在家里寻求更多的隐私空间,居民之间的熟悉程度明显下降,这种不熟悉往往增加了任何犯罪分子的机会,并增强了社区防范犯罪活动的脆弱性,不利于安全社区的建设,这一情况在美国印第安纳州布鲁明顿市的社区中得到了显著体现。为此,该市政府(警察部门)在社区层面实行了正式的"社区警务和邻里观察计划",旨在充分发挥政府和民间的共同力量,促进社区的安全治理。该计划的具体举措和目标包括:通过持续不断的居民信息教育计划(警察在社区会议上与社区团体交流,通过分享各种主题的信息参与商业和公民活动,他们还参加社区学校和地区俱乐部的教育项目,如男童子军、女童子军和大兄弟/大姐妹组织等),提高防范社区犯罪的意识;为居民提供更好的财产安全培训;制定一个邻里行动计划,让邻里们学会观察对象(任何在附近挨家挨户旅行的人;在社区内随意走动的青少年或其他人;陌生车辆和个人;携带物品尤其是未包装的、有醉酒或者精神病迹象的任何人),相互帮助守护对方的财产和幸福(鼓励居民不要害怕自己成为一个"多管闲事的邻居");帮助邻居了解什么是可疑活动,以及如何向警察局报告任何此类活动;鼓励社区所有人参与并与警察部门合作,以减少社区犯罪;向居民提供布鲁明顿社区观察手册,以及教会居民如何评估自己的社区观察计划。就这样,通过警方和社区的共同努力,提高社区居民的互助协作意识和能力,改变可能鼓励犯罪行为的条件,推动社区的安全发展。

(二) 伦敦圣沃特社区邻里互助协会

圣沃特社区位于伦敦地区一个社会排斥较为严重的自治市，是一个约有18 000人的轮廓分明的居住区，但其主要住房结构属于20世纪之初的传统排屋住宅和50年代修建的社会集合住宅，普遍面临着私人出租混乱、景观衰败等问题。为了解决社区问题，从20世纪70年代开始，英国城市基层当中开始培育"邻里照护小组"，邻里互助成为城市社区治理的重要方式之一，伦敦市开始推行由"邻里照护行动"计划支持的"互助网络中的成员"项目，旨在通过发动网络关系中的成员力量，社区居民自发组织起来，形成"邻里互助协会"的组织架构（图9.1），重点围绕老年人照料和难以自理病人的照顾，以及为社区失业贫困人员、单身失业母亲提供就业机会等，提供必要的帮助，促进成员间的交流，减少社会隔离。在这种背景下，伦敦圣沃特社区开始由当地居民自发形成了"邻里活动所"，架构了一种非正式的社区邻里互助协会，主要依靠社区志愿服务，为需要帮助的社区居民提供非正式的社区支持。该协会在实际运行中，主要借助三个自发形成的互助组织开展相关活动，旨在满足个体需求，促进社区居民之间的团结：第一个是老年人的"周三俱乐部"，目的是让足不出户的老年人出来走走；第二个是"母亲小组"，单身母亲、社会隔离较为严重的女性通过活动聚集起来，组织聚会、组织出游以及相互帮忙照看小孩；第三个是"曾患过精神疾病小组"，该小组的建立是为了迎合那些最近曾在医院经历过精神治疗的居民，这一小组的需求较为特殊，不仅在社会治疗层面，而且在设施层面，他们需要长期计划和更多的资源供给[1]，但在现实中往往面临着各种困难。

(三) 日本的社区"玲之会"养老互助

日本是一个高度老龄化的社会，也是一个各类非营利组织蓬勃发展的

---

[1] 王竹、孟静亭、裴知：《基于邻里互助的国外社区社会组织及空间模式研究评述》，《建筑与文化》2019年第9期。

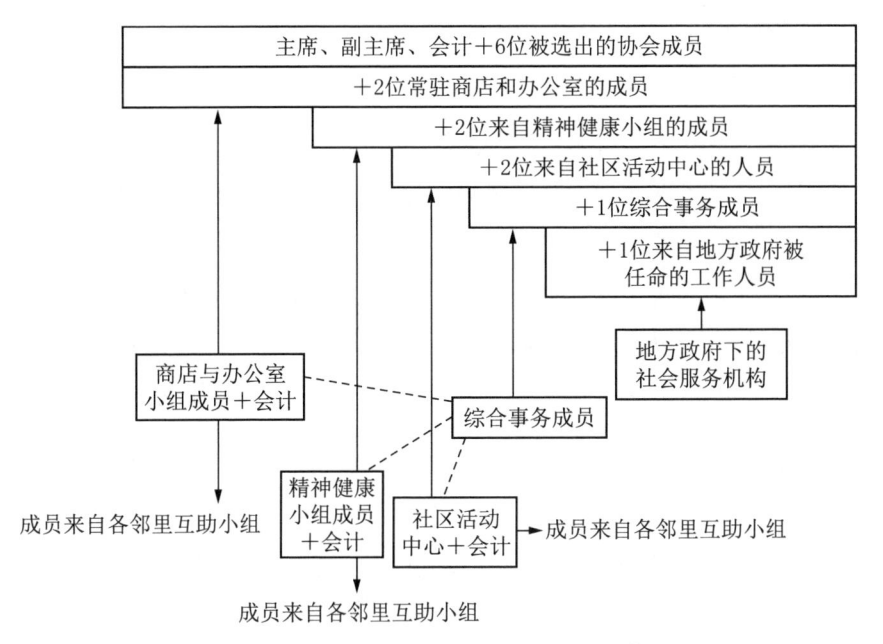

第九章　创新实施公民导向的基层社区自治 | 203

```
┌─────────────────────────────────────────┐
│  主席、副主席、会计＋6位被选出的协会成员  │
│        ＋2位常驻商店和办公室的成员        │
│        ＋2位来自精神健康小组的成员        │
│        ＋2位来自社区活动中心的人员        │
│            ＋1位综合事务成员             │
│         ＋1位来自地方政府被             │
│            任命的工作人员               │
└─────────────────────────────────────────┘
                                    ┌──────────────┐
                                    │ 地方政府下的 │
                                    │ 社会服务机构 │
                                    └──────────────┘

┌──────────┐      ┌──────────┐
│商店与办公室│      │          │
│小组成员＋会计│     │综合事务成员│
└──────────┘      └──────────┘
       ┌──────────┐  ┌──────────┐
       │精神健康  │  │社区活动  │
       │小组成员  │  │中心＋会计│
       │＋会计   │  └──────────┘
       └──────────┘

成员来自各邻里互助小组    成员来自各邻里互助小组
      成员来自各邻里互助小组
```

图 9.1　伦敦圣沃特社区邻里互助协会①

社会,他们对政府触及不到、又为人迫切需要的服务往往有着第一手的观察,并能寻找最快的解决之道。因此,社会力量发挥自身的积极作用,和政府一道共同应对严重的社区养老问题,这成为日本社区治理的重要内容。其中,由民间个人或草根组织发起,在邻里层面成立各种养老互助组织,为有困难的老年人提供帮助和服务,满足老年人的个性化需求,成为城乡社区治理的重点。例如,"互助·泉"设立餐饮制作场所来专门为老人、残疾人售卖廉价的便当,另外还开展"接送服务"帮助一些行动不便的老人和残疾人乘坐组织的专车,走出长年闭门不出的家②。"玲之会"是由社区中一位活跃于公益事业的负责人发起、由家庭主妇组成、为常年在一起居住的邻居老人

---

① 王竹、孟静亭、裘知:《基于邻里互助的国外社区社会组织及空间模式研究评述》,《建筑与文化》2019年第9期。
② 《从"弃老国"到"养老天堂",日本如何做养老?》,https://www.sohu.com/a/200400619_99895030。

提供互助服务的非营利组织,其参与成员可分为四类:社区老年人、家庭主妇、社区热心人及民生委员,资金来源于向地方志愿者中心申请的补助资金,以及参与者多方的筹集。"玲之会"的活动内容主要可分为两类,其一,迷你服务日,即志愿者或者社区热心人与正式照护人员配合,为老年人解决日常困难、健康问题等。其二,钻石俱乐部,通过定期聚餐聊天,建立发展互助网络,并了解各种人际关系和个人困难,通过一些活动来联系不同社区的志愿者和老人,了解他们的需要后试图传达至相关部门。"玲之会"模式的活动空间并不固定,除迷你活动日常需要使用社区公共福利设施以外,其余均为社区原有公共活动空间、休闲场所,以及一些成员的私人住宅、自愿提供的私人咖啡吧等临时性空间,是在社区公共空间、部分私人居住空间、部分商业空间原本功能上派生出的附属功能[1]。

---

[1] 王竹、孟静亭、裘知:《基于邻里互助的国外社区社会组织及空间模式研究评述》,《建筑与文化》2019年第9期。

第十章 注重构建社会数字化治理新模式

移动互联网、云计算、大数据、物联网、人工智能等现代科技的快速发展,是当前人类社会最显著的特征。互联网、人工智能将对政治、经济、社会、文化乃至人们的生活方式与交流方式带来深刻的变革,尤其是2019年新冠肺炎疫情全球大流行激发下成长的网络新业态、新模式,直接加速了我们进入网络数字社会的步伐和进程。21世纪是移动互联网繁荣发展的时代,我们已经进入一个网络数字社会。最新研究表明,截至2019年,全球使用互联网的网民数量总共达到39.69亿(图10.1),但不同国家之间存在差异,发达国家的互联网普及程度更高,如2020年英国互联网普及率达到92%[1];中国网民规模为9.89亿,互联网普及率达70.4%。麦肯锡全球研究院的报告指出,全球每年预计新增数据40%[2];而国际数据公司(IDC)的研究表明,2020—2035年全球数据总量呈现非线性、跨越式增长,2035年全球数据总量将达19 267 ZB(图10.2)。因此,大数据、物联网、人工智能等技术变革和深度应用,必将为一个城市、国家乃至全球的城市治理和社会治理带来许多新的机遇和挑战,如何顺应数字网络社会的新特点、新趋势和新要求,重塑更高质量、更高效率的数字化治理新模式,是摆在全球每个国家或

---

[1] 参见 https://www.ons.gov.uk/businessindustryandtrade/itandinternetindustry/bulletins/internetusers/2020。
[2] McKinsey Global Institute, *Big data: The next frontier for innovation, competition, and productivity*, May 2011.

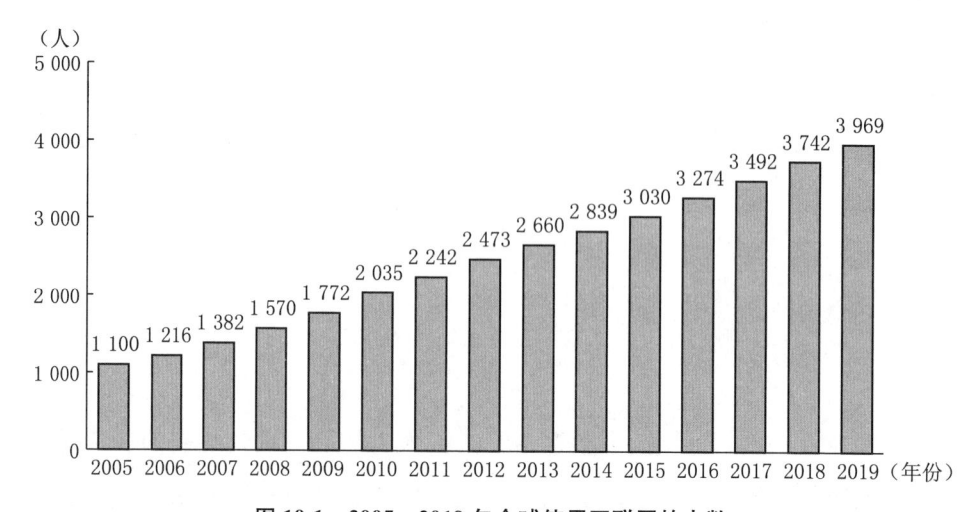

图 10.1　2005—2019 年全球使用互联网的人数

资料来源：https://www.statista.com/statistics/273018/number-of-internet-users-worldwide/。

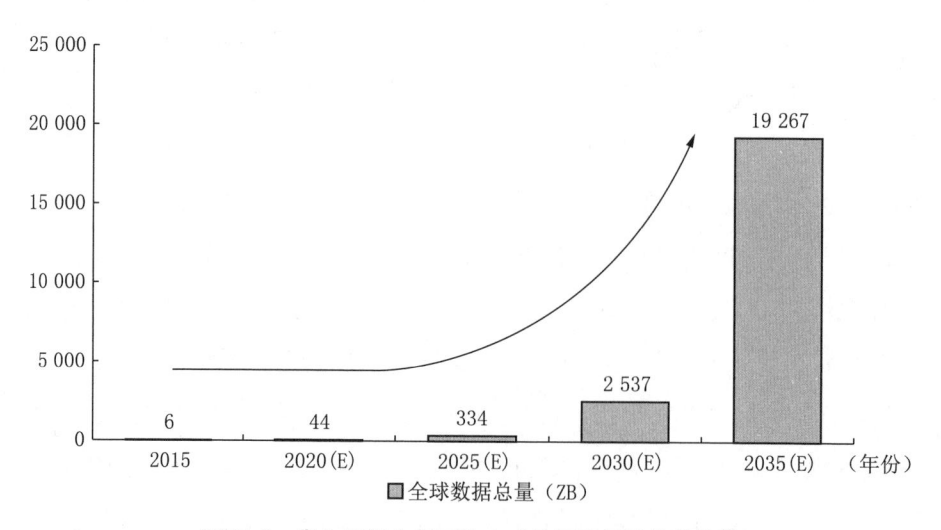

图 10.2　摩尔定律主导下的全球数据总量增长趋势①

数据来源：国际数据公司（IDC）。

---

① 《预计 2035 年全球数据经济总量 1.9 万 ZB，未来 15 年呈爆发式增长趋势》，微信公众号"中国人民大学——三个皮匠"。

城市政府面前的一项共同任务。运用新一代信息技术推动社会治理数字化转型已成为世界潮流和发展前沿,是未来社会变革的基本趋势和总体要求。在这方面,发达国家从20世纪90年代就启动了国家大数据战略、人工智能技术研发、数字政府建设等国家施政行为,并在社会治理中主动应用各种最新的先进技术,积累了社会数字化、智能化治理的相关经验,值得我们学习和借鉴(中国虽然启动得较晚,但新技术的实际应用和社会治理的智能化步伐很快,效果也很明显)。总体来看,这些经验主要体现在以下四个方面。

一、从实施大数据战略入手率先推动数字政府建设

移动互联网、物联网、人工智能等技术的崛起和应用,给人类带来影响的领域,首先是商业领域和政府治理领域,市场产业、社会网络的数字化信息化以及社会互动交往的虚拟化,在某种程度上倒逼政府主动打破传统科层制下的传统治理理念和流程,全面启动国家大数据发展战略和行动计划,借此率先打造数字化、透明化、高效化的数字开放政府和公共服务型政府,以实现网络时代政治稳定、经济创新的执政目标,也更好满足数字时代社会群体的个性化需求、解决社会问题、重构社会新秩序。换句话说,发达国家社会治理的数字化、智能化,实际上起源于20世纪90年代,在国际社会"智慧地球"倡导下,国家层面开始制定实施大数据战略、智慧化发展战略,并且通过数据开放共享治理运动,率先推动数字政府建设及政府的数字化治理改革,这为西方社会的数字化、智能化治理创造了条件,打下了坚实的基础。

(一)高站位实施国家大数据或人工智能战略

随着大数据、人工智能等数字技术对政治、经济、社会影响的不断加深,"数据驱动"成为全球发展的新趋势,数据竞争成为金融危机以后国家治理

能力竞争的主要方面。进入 21 世纪以来,英国、法国、德国、加拿大、日本、新加坡等发达国家纷纷开始制定国家大数据战略和人工智能发展计划,为政府治理的数字化转型、数字政府建设作出战略部署,旨在全面提高国家数据治理能力和水平,这为社会智能化治理、数字化治理提供了坚实的制度和政策环境。在此主要分析美国、英国、日本、欧盟等发达国家的大数据和人工智能发展的相关战略内容。

1. 美国的大数据研究与开发计划

美国是全球较早启动信息化和大数据发展的国家之一,早在 1993 年就提出了"电子政府"、"信息高速公路"议题,1996 年启动"重塑政府"计划,2002 年公布新的数字政府治理战略,2009 年建设"开放政府",2012 年美国奥巴马政府推出实施"大数据研究和开发计划"(Big Data Research and Development Initiative),提出"通过收集、处理庞大而复杂的数据信息,从中获得知识和洞见,提升能力,加快科学、工程领域的创新步伐,强化美国国土安全,转变教育和学习模式"[1]。该计划涉及美国国家科学基金、美国能源部、美国国防部等六个联邦政府部门以及 2 亿美元的科研投入,旨在在科学研究、环境保护、生物医药、教育以及国家安全等领域进行大数据的突破性应用。同年 5 月,奥巴马政府发布了"构建 21 世纪数字政府"战略规划,全面推行政府数据开放、系统整合,解决数据孤岛问题,提高政府服务效率,降低政府运行的成本。与此同时,美国政府高度重视人工智能技术的发展,2016 年,奥巴马政府发布《国家人工智能研发战略计划》,提出优先发展的人工智能七大研发战略及两大建议;2019 年特朗普总统签署了《保持美国在人工智能领域的领导地位》,启动了美国人工智能倡议行动,标志着美国正式将人工智能上升为国家战略。2021 年 3 月 1 日,美国人工智能国家安全委员会(National Security Commission on Artificial Intelligence,NSCAI)向国

---

[1] 李荣:《国外主要大数据战略》,《计算机与网络》2019 年第 1 期。

会递交了一份长达756页的建议报告。该报告的主要建议包括为美国人工智能领域的发展设定2025年目标,以实现"军事人工智能准备就绪";在白宫成立一个由副总统领导的技术竞争力委员会,帮助提升人工智能在各个领域的地位并大力培养技能人才等[①]。

2. 英国的国家数字化战略

早在2010年,英国就建立了被称为"政府数据银行"的线上政府数据网站——Data.gov.uk,开始挖掘政府数据向社会开放,在2012年成立数据战略委员会,2013年政府注资10万英镑设立世界上首个"开放数据研究所",通过大数据开放推动就业和新兴产业发展,实现大数据驱动的社会经济增长。2017年,英国政府正式出台《英国数字化战略(2017)》(*UK Digital Strategy 2017*),计划建设世界一流的数字化基础设施,提升所有公民的数字化技能,发展数字化业务,帮助英国企业推进数字化转型,构建安全的网络空间,实施数字化治理,培育数据经济。具体而言,该战略提出了七大方面的战略任务:一是连接性,为英国建立世界一流的数字化基础设施;二是技能与包容性,为每个人提供掌握其所需数字化技能的途径;三是数字化部门,让英国成为建立并发展数字化业务的最佳平台;四是宏观经济,帮助每一家英国企业顺利转型为数字化企业;五是网络空间,让英国提供全球最为安全的在线生活与工作环境;六是数字化治理,确保英国政府在全球在线民众服务方面处于领先地位;七是数据经济,释放数据在英国经济中的重要力量,并提高公众对使用数据的信心[②]。2020年9月9日,英国数字、文化、媒体和体育部(Department of Culture, Media and Sport, DCMS)发布《国家数据战略》(*National Data Strategy*),旨在进一步推动数据在政府、企业、社会中的使用,并通过数据的使用推动创新,提高生产力,创造新的创业和就业机会,改善公共服务,帮助英国经济尽快从疫情中复苏。该战略确立了"数据基础、数据技能、数据的可用性、负责任的数据使用"四项核心能力,

---

① 《美国人工智能发展到哪一步了?》,人际与认知实验室,2021年3月29日。
② 《英国正式出台〈英国数字化战略〉》,http://www.sohu.com/a/132142335_398084。

"释放数据在经济领域的价值、确立一个促增长可信赖的数据体制、转变政府对数据的使用以提高效率并改善公共服务、确保数据基础设施的安全性和弹性、倡导数据的跨境流动"五项优先任务[①]。

3. 日本的"超智能社会——社会 5.0"

日本信息通信技术（Information and Communications Technology，ICT）战略起始于 2001 年推出的《e-Japan 战略》，2005 年到 2015 年，相继制定实施《IT 新改革战略》（2006 年）、《i-Japan 战略》（2009 年）、《新信息通信技术战略》（2010 年）、《电子政务开放数据战略草案》（2012 年）、《面向 2020 年的 ICT 综合战略》（2012 年）、《创建最尖端 IT 国家宣言》（2013 年）等。日本教育、文化、体育、科学和技术部（MEXT）与大学以及其他研究机构合作，启动了"信息爆炸时代网络基础设施"项目；MEXT 与日本国家科学基金会合作，加强研究并利用大数据技术预防、缓解和管理自然灾害；日本内政和通信部下属的信息通信委员会和信息通信技术战略委员会将"大数据应用"作为日本 2020 年的关键任务[②]；日本防卫省也将从 2015 年开始正式研讨将大数据运用于海外局势的分析，等等，旨在努力应用大数据技术来提升政府治理能力、产业创新发展水平及国际综合竞争力。最值得一提的是，到 2016 年时，日本政府在《第五期科学技术基本计划》中提出了全新的"超智能社会——社会 5.0"概念。2018 年 6 月，日本政府公布了《未来投资战略 2018——迈向社会 5.0 和数据驱动型社会的变革》报告。这一报告指出，未来日本将对生活和生产、能源和经济、行政和基础设施、社区和中小企业 4 大领域的 12 个方面重点展开智能化建设，其中针对日本社会所面临的发展困境，在科技发展、医疗卫生、物流运输、农业水产以及防灾减灾等方面给出了较为清晰的未来发展蓝图[③]。相信随着这一战略的实施，日本社会的智

[①] 《英国发布国家数据战略》，https://casisd.cas.cn/zkcg/ydkb/kjzcyzxkb/2020/kjzczx_202011/202012/t2020。
[②] 杨孟辉、杜小勇：《政府大数据治理：政府管理的新形态》，《大数据》2020 年第 2 期。
[③] 房迪：《"社会 5.0"：日本超智能社会规划及对中国的启示》，http://www.cssn.cn/gjgxx/gj_bwsf/202003/t20200316_5101812.shtml。

能化、数字化治理水平将会得到新的提升,出现一个人与技术高度融合的新型数字社会,这值得我们给予高度关注和学习借鉴。

4. 欧盟委员会的《欧洲数据战略》

欧盟也是推动全球大数据发展、数字化转型的重要支持者、组织者和行动者。2020年2月19日,欧盟委员会发布了《欧洲数据战略》(*European Strategy for Data*),全文包括背景介绍、关键点、愿景、问题、战略、国际路径、结论以及附录(欧洲战略部门和公共利益领域公共数据空间创建计划)八个部分,围绕数据汇集存储管理、数据开放共享、数据隐私保护、公民基本权利、安全和网络安全、数字经济发展等方面,对欧盟的数字化转型和数字化治理作出了全面的制度安排,以便更好地利用数据造福社会,确保欧盟成为数据驱动型社会的榜样和领导者。此外,一些国际组织也十分关注大数据发展,联合国启动实施"全球脉动"(Global Pulse)项目,利用"大数据"准确预测某些地区的失业率、支出削减和疾病暴发,促进全球经济发展和公共服务管理。八国集团发布了《G8开放数据宪章》,提出要加快推动数据开放和利用。

(二) 以数据开放推动开放政府建设

政府作为政务服务数据的主要拥有者,能否做到数据的社会开放、跨部门数据共享,是政府治理、社会治理中发挥好大数据作用的先决条件和基础前提。发达国家在制定实施大数据战略时,首先强调的是依法推动政府数据的开放共享,打造开放型政府,创造开放共享的数据环境,为大数据在政府治理、社会治理中的应用提供条件,从而提高政府治理效能和服务水平。结合国家和城市政府两个层面的考察,我们发现,发达国家促进数据开放、建设开放政府的经验有以下四点[1]。

一是立法为先,为数据开放提供有效的法律保障。开放数据作为一项

---

[1] 陶希东:《西方发达城市政府数据开放的经验与启示》,《城市发展研究》2016年第9期。

公共治理行为，对传统政府而言并不是一项主动、愿意的行为。因此，通过制定相关法律法规，依法明确政府开放数据的责任和义务，把开放数据变成一种法律强制行为，成为发达国家和全球城市的首要做法。需要指出的是，发达国家在国家层面和特大城市层面同时开展的双重立法，为特大城市政府数据开放形成了强有力的约束力及法律基础。如美国，自2009年以来相继颁布了《开放政府指令》《数字政府战略》（2012年）、《政府信息公开和机器可读行政命》（2013年）、《开放政府合作伙伴——美国第二次开放政府国家行动方案》（2013年）等法律，要求政府部门必须向社会开放有价值的数据，让民众可随时随地利用相关设备获取高质量的数字政府信息和服务。与此同时，2012年2月29日，纽约市通过了《开放数据法案》，3月7日由市长迈克尔·布隆伯格签署后正式生效。根据《开放数据法案》，到2018年，除了涉及安全和隐私的数据之外，纽约市政府及其分支机构所拥有的数据都必须实现对公众开放，使用这些数据不需要经过任何注册、审批程序，数据的使用也不受限制。新加坡在2012年制定了《个人资料保护法》，旨在防范对国内数据及源于境外的个人资料的滥用行为。

二是统一平台，构筑独立一门式的数据开放门户。既然政府掌握着80％的数据，能否搭建统一的开放平台或有效载体，在某种程度上决定着数据开放的程度与效果。而建立统一的政府开放数据门户，为社会集中开放可加工的数据集，构筑数据开放的一门式服务模式，是西方发达国家和全球城市数据开放的重要经验之一。例如，在国家层面，美国有全球最早建立的数据开放网站data.gov，截至2021年6月2日，该网站共开放了291 326个数据集；英国有数据开放门户网站data.gov.uk，该网站共开放了13 670个公开的数据集以及4 170个非公开的数据集；新加坡采用统一数据门户网站data.gov.sg，作为政府的一站式门户网站，可访问70家公共机构的公开数据集，迄今为止，已经有超过100个应用程序使用政府的开放数据创建，2015年7月推出的新data.gov.sg不仅仅是一个数据仓库，它旨在通过积极使用数据可视化和数据驱动的文章,使政府数据与公众相关并为公众所理解,该门户网站的主要特点是通过仪表盘提供高质量的数据以供快速参考。而在城市层面,也纷纷建立独立的政府数据开放平台。英国城市伦敦,通过建立城市网络数据中心,促进全市交通、安全、经济发展、旅游等跨部门跨行政区数据的整合与共享,在此基础上,构建独立数据开放平台——"伦敦数据商店"(londondatestore),向社会开放有关经济社会发展的600多个数据集以及应用型APP,供民众和企业免费下载和使用,帮助市民解决生活中遇到的多种问题。纽约创建有统一的数据开放平台NYC OpenData,总共开放1 200多个数据集可供纽约市民和世界民众免费链接和查阅,该数据网站从行业、资金、技术、许可资质、税务及授权等各个层面提供综合的资源数据服务,以行业资源为例,从农业到交通工具的18类行业,每一行业均提供行业重要信息、顶尖企业列表,以及行业发展顾问的联系方式,使行业资源的融合与互动便利化。

三是服务导向,聚焦民生服务开放多元数据与应用软件。统一的数据开放门户网站或网络平台,只是政府推动数据开放的主要技术载体,为政府与社会进行信息交流和开展对话提供了通道,而关键在于政府到底为社会开放什么类型的数据,开放数据的内容和质量决定着数据开放的价值和意义。从伦敦、纽约、香港等城市政府数据开放的实践来看,聚焦民生服务需求开放相关数据和旨在提升民生服务能力的电子应用软件,是发达城市政府进行数据开放的又一经验。例如,纽约市的数据开放平台NYC OpenData上的开放数据,主要涉及商业、教育、环境、健康、住房、公共安全、废物再利用、社会服务、交通等领域;"伦敦数据商店"网站开放的数据涉及工作机会、出行时间测试、家庭垃圾管理、犯罪记录、废物回收、伦敦人口、戒烟率、志愿者、工作和经济、交通、环境、社区安全、住房、健康等多个领域的原始数据。可见,开放有关居民日常生活和民生服务需求的基础和原始数据,在两个全球城市开放数据中占有较大的比重,旨在满足民众对民生服务领域的信息需求。另外,除了采用多形式开放原始数据信息外(伦敦数据商店上的数据格式主要包括 XLS、CSV、PDF、HTML、XML、SHP、ZIP、TSV、IMG、WORD、PPT 等,其中 XLS 为最多),还包括一些对数据经过加工转化、民众可以理解使用的地图(包括消防设施、医疗机构、城市交通等位置信息)和应用软件(APP),一并在数据开放平台上向社会开放,供本地居民和来自世界各地的民众链接、下载和使用,为公共服务、出行决策、健康服务、商务旅行等提供精准化、个性化的数据服务。

四是公私合作,构筑政府主导下的多元参与数据开放方式。虽然政府数据开放,看似好像是政府一家的事情,但缺乏社会公众和企业参与的数据开放,实际上无法实现政府数据开放的真正目的,这是因为政府开放数据的价值,重在鼓励数据的二次开发利用和激发社会应用的创新,为研发各类新服务、新技术、新产品提供原材料,假若政府数据没有得到社会有效的再利用,自然失去了数据本身及其开放的价值。据此,全球城市政府在数据开放进程中,在强调政府的主动性、主导性地位和作用外,更注重发动社会组织、广大民众、科技企业、学术机构等多元力量的共同参与,努力构筑公私合作的城市数据开放新模式。这主要表现在三个方面:一是如新加坡通过在网络平台上设置信息反馈机制和举办现实创意活动的形式,激发公众对政府开放数据提出好的建议和方法,吸引更多民众参与政府数据开放。二是引导社会组织参与,提升数据开放质量,如在伦敦称为"开放知识基金"的组织和"科技推杆有限公司",在充分借助伦敦数据商店公开数据的基础上,分别再次开发了名为"WhereDoesMyMoneyGo.org"(我的金钱去向何方)和OpenlyLocal.com(开放当地数据)的网站,进一步提高了数据开放的质量。三是引导个人和企业进行数据开发与社会应用创新,创造新技术、新产品、新服务,帮助政府解决城市公共问题。如纽约政府实施数据开放后,围绕着纽约开放数据平台而产生的应用开发团队已有几百个,尤其是随着城市详细犯罪记录和公共交通动态数据的开放,商业机构对其进行深度挖掘后成功创造出了手机应用软件,为公众安全出行提供实时建议和服务,在提高公共安全防范与城市运行效率方面发挥了十分重要的作用。而伦敦在企业层面,开放数据被伦敦的众多移动 APP 开发商利用,并开发出众多提升城市整体运作服务水平的应用软件,例如交通数据用于出行优化类软件的开发、健康数据用于在线医疗类软件的开发等。新加坡土地管理局(Singapore Land Authority)为基于位置服务(LBS)的企业提供了开放数据平台,新加坡陆路交通管理局通过开放交通数据,鼓励企业或个人开发提升公共交通效率的应用软件。

二、注重社会治理的数字化实践场景应用

在以信息和数据为核心要素和驱动力的数字化时代,政府的数据开放是数字化治理的前提和基础,而实现社会治理的智慧化、智能化,除了对数字环境或数据本身的治理外,关键在于充分发挥大数据、移动互联网、物联网、云计算、人工智能等现代科技在城市治理、社会治理中的深度应用,通过数字感知、控制和服务,让技术为组织、为民众赋权赋能,为政府高效率治理、民众高品质生活提供有力的科技支撑。从这一点来看,当前西方发达国家以"智慧城市"建设为核心抓手,主要围绕优化政府决策、改善公共服务、增强城市安全等领域,形成了较为成熟的社会治理应用场景和现代科技支撑体系。实际上,在此领域,我国已经走出了一条富有中国特色的领先发展之路。本书旨在通过收集一些最新城市案例分析,将发达国家的主要经验总结如下。

(一) 利用大数据为高效能治理提供科学决策[①]

科学决策即将原始数据加工成能解释、预测社会现象的精炼数据,用于

---

① 吴湛微、禹卫华:《大数据如何改善社会治理:国外"大数据社会福祉"运动的案例分析和借鉴》,《中国行政管理》2016 年第 1 期。

帮助决策者掌握更全面的信息或更有利的证据,从而增强决策的科学性。一方面,移动互联网、物联网、数字网络时代的发展,彻底改变了传统的经济运行模式、社会人际交往和社会信息传播方式,人人都成为"麦克风",政府可以搭建各类公众参与渠道和平台、最大程度地听取民众意见,这为政府获得更多社情民意、增强政策法规的针对性、有效性创造了条件;另一方面,由于政务服务信息化、经济数字化等转型发展,在各行各业积累形成的大数据开始发挥出特有的规律发现和预判功能,"用数据说话""用数据决策""用数据治理"成为常态,这直接促进了政府治理的科学化决策水平。诸多案例表明,充分利用大数据优势,通过在线参与、关联、预测等途径,为政府治理提供辅助性决策,提高决策科学化水平和资源配置能力,进而降低治理成本、提高治理效能,成为西方发达国家及其城市开展社会数字化治理的重要举措。

1. 通过在线协商、"众包"等方式扩大社会参与面

网络数据时代的最大特征就是开放性和参与性,为广大公众参与国家和社会公共事务的治理提供了更多的机会,甚至出现一种全民参与、全民共议的盛况,从而为政治的民主化改革、推行以人民需求为导向的善治注入了新的动力,这也从根本上推动了传统治理范式的改革创新。如今,充分利用网络在线协商、"众包"等新形式,旨在扩大社会公众参与社会治理的速度、广度和深度,满足居民需求,进而提高政府治理效能,成为发达国家或城市社会治理的重要策略。例如,阿姆斯特丹智慧市民实验室,旨在将不同专业背景的市民、科学家、设计者聚在一起,共同探索治理城市问题的创新工具和相应应用,Smart Citizen Toolkit 是团队的主要研发成果之一,能够监测空气中有害气体、温度、湿度、光强度,以及噪声级别[①],市民可以学习如何测量空气质量和水质状况,从而意识到自己需要对环境负有责任。2010 年新西兰的坎特伯雷市发生地震后,当地民众很快开发了线上地区地图,人们可

---

① 刘杨、龚烁、刘晋媛:《欧美智慧城市最新实践与参考》,《上海城市规划》2018 年第 1 期。

以通过这一平台,上传和获取有关物资、路况和人员等信息;2011年阿拉巴马州发生龙卷风灾害后,民间团体在脸书(Facebook)上的沟通和合作,相较于州危机管理部门规模更大且更有成效[1]。在犯罪治理领域,"众包"成为一种社会治理的新方式,如美国警长协会与BlackBox公司合作开发一款智能手机"众包"项目,用户只需拨打911,该程序立即记录呼叫者的视频和音频,并将位置和紧急联系信息等发送给警察;荷兰警方有一个专门的网站,警方在网站上将调查的细节公之于众,包括证据照片、犯罪现场图以及被害人的伤口等,任何一个公民都可以就侦查提出新的观点和想法[2]。可见,数字化成为社会治理的新工具、新手段,为社会治理智能化、精准化、科学化打下了基础。

2. 通过数据关联,为社会治理提供辅助决策

数据关联即广泛收集可能与待解释现象相关的大量数据,筛选出关联程度最高的一组数据或计算形成一个指标,用以辅助决策。发达国家的诸多城市社会治理案例表明,大数据为政府治理相关社会问题提供了重要的决策依据,根据大数据分析得出的内在规律进行资源配置,从而提高了治理效能,降低治理成本。例如,美国纽约消防局在城市防火治理中,为了判断哪些建筑物最容易发生火灾,筛选了消防、建筑、治安、经济、城市建设等多个部门的数据,从中找到60余个与火灾发生关联最大的数据,并以此为依据计算了建筑火灾危险指数。使用该指数,消防局派遣视察人员对高危区域进行日常排查,有效降低火灾危害。美国警务人员将多年犯罪数据和交通事故数据整合到一起后发现,交通事故的高发地带正是犯罪活动的高发地带,甚至两者的高发时间段也高度吻合。这一发现使原本分管交通和打击犯罪的两个不同部门建立起了联系并开展联合治理,效果十分显著[3]。

---

[1] 张珺:《开放治理:理解信息时代城市治理的新范式?》,微信公众号"公共管理研究"。
[2] 常秀娇:《运用"众包"模式推进犯罪治理》,《检察日报》2017年5月3日。
[3] 郭建锦、郭建平:《大数据背景下的国家治理能力建设研究》,《中国行政管理》2015年第6期。

3. 发挥预测功能，为社会治理提供预案准备

预测即根据现有数据预测未来可能发生的事件，并提前做好预案。预测是大数据的重要优势和潜能所在，通过预测可以做到社会风险的事前预防和有效应对，增强社会治理的前瞻性和精准化。例如，纽约在城市消防治理中，全面实施与消防有关的大数据挖掘计划，除了预防火灾的发生外，消防局把全市33万余栋建筑物分为2400类，对涉及"火"有关的社区收入水平、居住密度、建筑物年龄、消防设施情况等数据进行独立分析和检验打分，发现城市火灾与相关因素之间的内在关联性，从而能够成功预测一些重点区域或建筑发生火灾的可能性，并拟定针对性救火方案，有效提高了救火效率、降低火灾损失。据相关报道，除了消防以外，纽约市警务局也在积极利用大数据技术，通过推特上的大数据分析，对城市犯罪实施预测性预防，这种方法叫核密度估计（Kernel Density Estimation，KDE），即把历史犯罪记录和地理位置信息结合起来，用一个几率函数计算出该地区未来发生犯罪的几率。美国孟菲斯市警察局启用Blue CRUSH预测型分析系统后，过去五年暴力犯罪率大幅下降。目前美国有越来越多的城市警务部门高度重视并部署大数据分析工具的应用，旨在提高办案效率，优化警力资源分配，从而提高社会和公众安全水平。类似地，波士顿教育部门通过成绩、投诉、奖学金和学生活动等数据来预测学生辍学的可能性并提前干预。

4. 开发"城市数字地图"等数字集成管理系统

对城市要素进行数字化处理，进而搭建跨部门、跨层级、跨领域的统一城市数字地图或城市智慧平台，形成互联互通、数据共享的数字底座，是优化政府决策的重要数据工具，更是数字化社会治理的整体性场景支撑系统。如荷兰阿姆斯特丹市，自下而上成立由政府、企业、市民和研究机构多主体组成的阿姆斯特丹智慧城市平台（Amsterdam Smart City Platform，ASCP），涵盖数字城市领域、能源领域、城市交通领域、市民与生活领域、循环经济领域、治理与教育领域等，通过各种创新项目推广应

用,不断促进整个阿姆斯特丹大都市地区的智慧转型[1]。巴西圣保罗市政府自 2018 年起,开始启动"城市数字地形数据库"建设(运用航天遥感、航空摄影、空间定位等高科技手段,快速确定地表、地形、地物的位置和分布,实现数字化成果的集成管理),进行相关地理数据的采集、处理、分析工作,为城市经济建设、资源开发、环境保护、防灾减灾等工作提供翔实具体的数据支持,为土地规划、资源调查评估、城市防灾减灾、公共应急体系建设等提供准确及时的地理信息[2],这也是集成整合全市不同部门、不同行业数据,从而建设数字区域、数字城市的基础框架。

(二) 全方位推动公共服务数字化转型

开放数据既可以给市民直接提供服务,也可以为其他政府部门、科研机构以及公益组织提供进一步整合和利用数据的机会,从而给社会治理提供间接帮助。美国等发达国家政府在公共政策、舆情监控、犯罪预测、反恐等领域依据大数据分析辅助决策的同时,充分发挥公共服务需求对大数据、人工智能等技术发展的拉动作用,全面推动公共服务的数字化转型,以增强社会服务能力。人口、交通、医疗等公共事业部门通过大数据的挖掘,实现了对人口流动、交通拥堵、传染病蔓延等情况的实时分析,大大提高了大数据在公共服务和科学决策方面应用的水平。

对此,如果从国家层面分析的话,新加坡的经验更具有代表性,它是全球第一个提出"智慧国"蓝图的国家,制定《数字政府蓝图》《数字服务标准》等行动实施方案,将公共服务的数字化作为这一蓝图的核心任务,在公共交通、医疗卫生、社区服务、政务服务等多个领域广泛利用大数据等新一代信息技术,收集民众数据,准确预测公民个性化需求,改善公众生活,全方位推

---

[1] 周静、梁正虹、包书鸣、于立:《阿姆斯特丹"自下而上"智慧城市建设经验及启示》,《上海城市规划》2020 年第 5 期。
[2] 邓国庆:《数字地图让巴西人民生活更便利》,《科技日报》2021 年 5 月 27 日。

动公共服务数字化转型。如果从公共服务的具体领域分析的话,城市交通、医疗、教育等服务的数字化转型更加明显。例如,在城市交通领域,发达国家城市普遍利用开放数据建设了现代化智能交通管理系统(Intelligent Traffic Systems,ITS),涵盖公共交通运营系统、出行需求管理系统、商用车辆运营系统、车辆控制安全系统和电子收费系统等,通过这一应用,美国的交通拥堵率降低 20%,车祸发生率降低 50%—80%,延误损失减少 10%—25%,油料消耗减少 30%,尾气排放减少 26%。通过 ITS 系统,在日本,市民可以很方便地获取公共交通的实时信息,主要路口的信号灯也可以根据交通路况迅速进行监控和调整,以便最大限度减少交通延误。新加坡在 ITS 系统的应用下,全岛路面几乎看不到交通警察,但却道路通畅、反应迅速,车辆的平均行驶速度甚至高于香港、纽约和伦敦[1]。在医疗服务方面,英国建立有公私合作的国家医疗服务人工智能平台,利用超级计算、图像分析神经网络和可视化分析工具等,为英国各家医院提供专业高效的阅片服务;加拿大人工智能公司 Bluedot 使用自然语言和机器学习等技术开发了流行病自动监测系统,每天跟踪 65 种不同语言的 10 万篇文章来监测 100 多种传染病暴发情况,2016 年、2020 年对寨卡病毒和新冠肺炎疫情病毒的传播扩散趋势做出了成功的预测[2]。同时,在教育、社会治安、环境保护、应急服务等领域,广泛存在大数据、人工智能技术的深度应用,不仅满足了广大民众对高品质服务的需求,而且直接推动了政府数字化治理范式的改革创新。

三、全方位营造社会治理数字化转型的生态体系

随着数据治理理念的提出与实施,数据的确权、收集、存储、流动、共享、

---

[1] 赵蕾:《城市交通拥堵治理:政策比较与借鉴》,《中国行政管理》2013 年第 5 期。
[2] 中国电子学会:《全球社会治理数字化转型趋势研判(2020)》,2020 年 10 月。

交易等成为所有治理活动的核心内容,无疑将对传统的政府职能体系、组织结构、行政流程以及治理体制、治理方式等带来革命性的影响,同时也面临着数据产权、数字身份确认、数字安全、数据隐私等方面的挑战,需要从数字基础设施、法律法规、职能及关系重塑、隐私保护、技术伦理等多方面制定形成全新的制度体系,不断完善数据治理体系,营造有利于数字化治理的良好生态体系,确保数字化转型这一系统工程得到协同、均衡、整体性的升级演进。这是西方发达国家社会数字化治理的主要经验。除了前文已经述及的实施政府数据开放、加大数字政府建设外,营造良好的数字化治理生态的主要举措还体现在如下四个方面。

(一)建立数字化转型的法律法规体系

数字化转型和数字治理作为一种全新的治理方式,涉及诸多利益相关者和行动者之间关系的重塑与调整,因而法律先行,依法明确各自职责与义务,做法有法可依、有章可循,就成为发达国家充分发挥数字治理效率和能力的重要前提和保证。例如,英国一直以来高度重视与数字治理有关的法律法规建设(表10.1),尤其是在2017年出台的全新的《数字经济法案》,围绕数字基础建设、激励数字产品和服务投资、驱动数字技术创新、提升国民数字能力、践行数字政府理念、数据挖掘与隐私保护、数据垄断与有序竞争等领域,作出了统一的制度安排,旨在使英国成为"世界上最数字化的国家"[1]。该法案规定,在英国提供在线色情服务的公司要确保,只有18周岁以上的成人才能获得服务;违反年龄检查义务的公司最高可能被罚款25万英镑或其年营业额的5%;在线版权侵权最多可能面临10年监禁处罚等[2]。针对数字化市场、产品和服务的监管,欧盟早在2004年制定出台了全球首部《数字服务法》,近年来又相继制定《数字单一市场战略》(2015年)、《网络

---

[1] 蒋洁:《全球推进数字经济立法的趋势》,《中国社会科学报》2018年8月24日。
[2] 《英国议会审议新〈数字经济法案〉》,微信公众号"中国保护知识产权网"。

与信息系统安全指令》(2016年)、《通用数据保护条例》(2018年)、《一般数据保护条例》(2018年)、《非个人数据自由流动条例》(2018年)、《网络安全法案》(2019年)、《电子隐私条例》(2020年)、《欧洲数据战略》(2020年)、《数据治理法》(2020年)、《数字服务法案》(2020年)、《数字市场法案》(2020年)和一系列改善网络空间安全的标准等,旨在促进数字经济的持续发展,为数字化转型和数字治理提供了强有力的制度保障。近期,欧盟针对人工智能领域,提议为人工智能进行立法,依法推动技术发展、产业应用与社会安全之间的平衡。

表10.1 英国推动数字化转型的相关法律法规[①]

英国数据治理相关法律法规	时间
《专利法案》(Patents Act)	1624年制定,2004年修订
《数据保护法案》(Data Protection Act)	1998年制定,2018年修订
《信息自由法》(Freedom of Information Act)	2000年制定
《电子通讯法(2000)》(Electronic Communications Act 2000)	2000年制定
《电子签名条例(2002)》(The Electronic Signatures Regulations 2002)	2002年制定
《隐私和电子通信条例(欧盟指令)》(The Privacy and Electronic Communications (EC Directive) Regulations)	2003年制定,2016年修订
《通信法》(Communications Act)	1984年制定,2003年修订
《环境信息条例》(The Environmental Information Regulations)	1992年制定,2013年适用地区扩展至苏格兰
《公共部门信息再利用条例》(The Re-use of Public Sector Information Regulations)	2005年制定,2015年修订
《英国数据存留(欧盟指令)条例》(The Data Retention (EC Directive) Regulations)	2007年制定,2009年修订

[①] 谭必勇、刘芮:《英国政府数据治理体系及其对我国的启示:走向"善治"》,《信息资源管理学报》2020年第5期。

续　表

英国数据治理相关法律法规	时　间
《数字经济法》(Digital Economy Act)	2010年制定，2017年修订
《电子通信和无线电报条例》(The Electronic Communications and Wireless Telegraphy Regulations)	2011年制定
《自由保护法案》(Protection of Freedoms Act)	2012年制定
《通用数据保护法规》(The General Data Protection Regulation)	2018年修订

(二) 强化社会个体的隐私权保护

众所周知，在大数据、人工智能等现代科技驱动的数字化转型中，如何平衡产业发展与隐私保护，保护好公民的数据权和隐私权，建立民众与政府、网络平台企业之间的高度信任关系，是当今数字化转型和数字治理面临的巨大挑战。尤其是随着网民数量的稳步增加、数字基础设施的广泛建设、联网数字设施数量的快速增长（包括各类可穿戴设备、智慧城市建设等），各类数据的总量规模将会呈现指数级增长，在某种程度上，消费者隐私的保护和数据的安全，将直接决定全球数字化发展的进程和数字化治理的效能。近年来出现的大量用户信息泄露事件或滥用问题，给人类社会带来更大的不确定性和风险，如2016年美国脸书公司（Facebook）因泄露5 000万用户个人信息，被联邦商务委员会罚款50亿美元。对此，发达国家从推行数字化转型之初，对消费者或公民的个人数据、隐私权给予高度重视，各国积极采取包括立法在内的多种形式实施严格保护，如欧盟制定《通用数据保护条例》、德国修订《联邦数据保护法》、丹麦出台一部新的《数据保护法》、西班牙颁布《保护个人数据和保障数字权利组织法》、英国通过《2018年数据保护法》、葡萄牙颁布58/2019号法律（该法律适用于在其境内开展的一切数据处理活动）、瑞典通过《欧盟数据保护条例附加条款法》、法国通过《信息技术和自由法》等，对数据隐私保护作出明确法律规定，但全球范围内还没有达成共识或形成统一的法律规范。本书对欧盟和美国的个人数据和隐私保护稍作展开分析。

针对个人数据和隐私保护的议题,欧盟基于把隐私权和数据保护作为基本人权的高度出发,采取统一立法的方式对数据安全和个人隐私加以保护,最典型的就是 2016 年制定的《通用数据保护条例》(General Data Protection Regulation,GDPR),标志着欧盟统一个人数据保护机制的建立。这部被誉为最严格的个人数据保护方案对个人数据和隐私保护作出了如下规定:一是对个人数据和隐私作出了更加严格的限定。除了常规的个人信息(姓名、身份编号、地址数据、网上标识或者自然人所特有的一项或多项的身体性、生理性、遗传性、精神性、经济性、文化性或社会性身份)外,还增加了基因数据、生物识别数据(脸部形象或指纹数据)以及和健康相关的数据,另外还将政治观点、性取向等纳入个人数据保护范围。二是扩大了个人数据和隐私保护的地理范围。除了适用于欧盟成员国境内设立的数据控制者、数据处理方外,还将适用于向欧盟成员国公民或企业提供服务、存储数据的企业。三是明确个人数据处理的六大原则,即合法性、合理性以及透明性;正当目的;数据使用的最小化;准确性;限期储存;完整性与保密性。四是增强了数据主体的权利。除了个人隐私保护中常规的知情同意权外,条例还增强了数据主体的访问权、更正权、被遗忘权、限制处理权、数据携带权和反对权。与此同时,条例明确并加大违反个人数据和隐私泄露的监管力度和惩罚措施,违规行为的罚款最高可达 2 000 万欧元[①]。

美国在 2014 年发布的《大数据:把握机遇、坚守价值》报告针对数据隐私保护提出四个方面建议:加强对元数据保护政策的研究和制定,对数据服务提供商的行为进行规范并加强监管;政府部门加强大数据人才的培养和使用,加强数据的专业化管理;增加大数据第三方使用中消费者隐私保护;

---

① 《解读〈欧盟数据保护通用条例〉对个人数据及隐私保护的四大亮点》,微信公众号"广州仲裁委员会"。

保障隐私保护技术研发经费等[1]。由于隐私权保护立法的背后存在诸多争论(数据即财富、为数据付费、互操作性),再加上党政派别的影响,美国并没有形成一套包罗万象的数据隐私保护的统一法案,而是采取了基于消费者保护的分散式立法和市场化措施。当前,在国家层面,美国联邦贸易委员会是主要负责数据隐私保护和促进竞争的执行机构,提出了"通知和选择"对隐私保护立法的指导方针,充分体现了以个人利益为中心、崇尚市场的新自由主义思想。截至2021年上半年,只有加州制定并通过了《加利福尼亚消费者隐私法》(2020年1月),美国其他州仍处于分散的各自立法之中,对个人数据和隐私的不同规定及保护措施,有可能形成美国特有的"数据隐私割据"现象。

(三) 积极开展数据伦理体系建设

大数据、人工智能等新一代信息和数字技术给个人和社会带来诸多好处、便利和效率的同时,存在着隐私泄露、技术滥用、数据歧视、数据鸿沟、算法黑洞等社会、道德、伦理的风险挑战。因此,注重技术伦理和数字价值观建设,健全有效的技术治理机制,用人文伦理精神引导现代科技沿着正确的轨道发展,让数字技术真正成为一股向善的力量而不是带来诸多破坏和社会失序,是当今数字时代全世界治理议题面临的重大挑战。所谓数字伦理,是指立足以人为本,在数字技术的开发、利用和管理等方面应该遵循的要求和准则,涉及数字化时代人与人、个人和社会之间的行为规范。对此,西方发达国家在国家层面、学术层面、企业层面等,诸多主体高度重视现代数字时代的伦理道德问题,特别是针对人工智能领域,从各自的角度提出了相应的人工智能伦理原则,积极制定为发展使用人工智能的技术法律,共同促进

---

[1] 李修全、宋卫国:《美国关于大数据技术应用的隐私保护问题评估及其启示》,《全球科技经济瞭望》2015年第2期。

AI知识的共享和可信AI的构建。

如在国家层面,欧盟在2015年成立了一个机器人和人工智能发展相关法律问题工作组,制定出台《机器人民事法律规则》,提出了处理伦理问题的两项行为规则:机器人工程师的伦理行为准则(慈善、非恶意、自主性、公正)和研究伦理委员会的行为准则,这标志着欧盟向人工智能监管迈出了第一步;2019年制定发布了《人工智能伦理准则》,列出了"可信赖人工智能"的七个关键条件——人的能动性和监督能力、安全性、隐私数据管理、透明度、包容性、社会福祉、问责机制,以确保人工智能足够安全可靠。英国将伦理放在发展人工智能的核心位置,2016年英国标准协会制定了《机器人和机器系统的伦理设计和应用指南》,旨在帮助设计者研发符合伦理规范的机器人;2017年成立了数据伦理和创新中心(Centre for Data Ethics and Innovation),2018年英国政府颁布实施《数据伦理框架》(*Data Ethics Framework*),从公共利益、有限与等比例原则、数据问责等八个方面勾勒了数据治理中的伦理体系。2020年欧盟有关方面和微软、IBM等科技巨头共同签署了《人工智能伦理罗马宣言》,提出人工智能技术应尊重个人隐私,以可靠而无偏见的方式工作,考虑所有人的需求,并以透明方式运作,这是欧盟推动全球数字经济监管新标准的最新举措。美国《国家人工智能研究和发展战略计划》将理解并解决人工智能的伦理、法律和社会影响作为七大战略之一,2019年10月,美国国防创新委员会率先推出《人工智能原则:国防部人工智能应用伦理的若干建议》,为美国国防部在战斗和非战斗场景中设计、开发和应用人工智能技术,提出了"负责、公平、可追踪、可靠、可控"五大原则[①]。韩国在2008年就开始实施《智能机器人开发与传播促进法》,旨在通过保障残疾人权利来提高生活质量和促进经济发展,同时以立法规定设立国家机器人政策、伦理委员会,确保现代技术向善发展。2014年12月,

---

① 周舟:《美国防创新委员会发布军用人工智能伦理原则》,《解放军报》2019年11月2日。

日本人工智能学会成立了伦理委员会，探讨机器人、人工智能与社会伦理观的联系，并在 2016 年提出了一份人工智能研究人员应该遵守的指针草案，提出要有益和平和防止恶意使用 AI 等。

在学术和国际组织层面，也在积极研究和倡导符合伦理原则的技术研发和应用，并建立专门机构研究人工智能的全球治理问题。2015 年，英国剑桥大学建有一个研究中心，致力于人工智能的未来发展并旨在影响其伦理。牛津大学的数字伦理实验室，重点研究信息与计算机伦理，对数字伦理治理的相关问题也有很深的洞见。加利福尼亚州阿西洛马举行的 Beneficial AI 会议，近千名人工智能相关领域的专家联合签署了著名的《阿西洛马人工智能 23 条原则》。麻省理工技术评论发布"亚洲人工智能议程"系列调查报告的第四份——《人工智能伦理》。美国国家标准与技术研究院发布制定人工智能技术和伦理标准的指导意见，强调标准必须严格，确保安全，符合美国政策和原则。2016 年和 2017 年，美国电气和电子工程师协会（Institute of Electrical and Electronic Engineers，IEEE）连续推出《人工智能设计的伦理准则》白皮书。美国计算机协会下属的美国公共政策委员会在发布的《算法透明性和可问责性声明》中提出七项基本原则。联合国发布《人工智能政策报告》，呼吁世界各国加强在人工智能技术研究与开发领域的合作，共同应对智能机器人在就业、伦理及法律层面带来的挑战。经济合作与发展组织通过首部人工智能的政府间政策指导方针，确保人工智能的系统设计符合公正、安全、公平和值得信赖的国际标准。

在企业层面，微软、IBM、英特尔、谷歌等企业相继发布人工智能伦理原则，并成立人工智能伦理委员会，共同致力于人工智能伦理的研究。如2014 年谷歌公司就提出设立伦理委员会，确保人工智能机器人技术不被滥用，在加强人工智能技术研发和应用的同时，也将伦理等人工智能公共政策提上议程，负责任地研究和部署人工智能，同时声称人脸识别技术存在社会风险，不会通过 Google Cloud 提供人脸识别 API。2015 年特斯拉和 SpaceX

的 CEO 伊隆·马斯克、Y Combinator 董事长山姆·阿尔特曼（Sam Altman）等人宣布出资 10 亿美元成立非营利性人工智能研究机构 OpenAI，关注人工智能伦理问题。2016 年微软成立了人工智能伦理咨询委员会，并且出于伦理的考虑，在 2019 年删除了其最大的公开人脸识别数据库——MS Celeb（拥有超过 1 000 万张图像，将近 10 万人的面部信息）。IBM 很早就成立了伦理审查委员会，并且在 2020 年声称，IBM 将不会继续提供、开发、研究面部识别或者分析软件。英特尔发布《人工智能公共政策机会》，传达了英特尔负责任地促进数据获取，重新思考隐私、公平信息实践原则，符合伦理的设计以及可责性原则。亚马逊、微软、谷歌、IBM、脸书和苹果联合建立了人工智能行业联盟，共同研究和制定人工智能技术的最佳实践[1]。类似地，国内腾讯研究院和腾讯 AI Lab 联合发布了人工智能伦理报告《智能时代的技术伦理观——重塑数字社会的信任》，提出了技术信任、个体幸福、社会可持续的技术价值观。

（四）加强数字身份治理和监管

代表"区分"和"证明"的身份认证是治理的核心要素和必要环节，当进入互联网时代，身份证明的方式从纸质证明变成了电子凭证，可通过网络、相关设备等查询和识别的数字身份，成为提高社会治理效率、降低治理成本的必然选择，也是未来帮助释放经济潜力的一套现代治理工具。麦肯锡全球研究所在一份评估数字身份系统技术经济价值的研究报告中提到，到 2030 年，对一个典型的成熟经济体或新兴经济体来说，数字身份的良好使用将带来 3%—6% 的经济价值。因此，适应数字化转型的治理需要，构筑全新的数字身份系统，成为发达国家开展社会数字化治理的重大举措。

目前，数字身份已经在部分国家进行推广，主要是基于密码技术的 eID

---

[1] 赛迪智库：《国外多层面进行人工智能伦理道德研究》，https://xueqiu.com/4162984112/135453621，2019 年 11 月 8 日。

方案。欧盟已经有超过 20 个国家发行了 eID,推出了国家层面的数字身份。根据欧盟委员会的数据,27 个成员国中,有 14 个采用了共计 19 种数字身份证计划,但由于"使用率低""用户体验不佳""商业案例有限"等原因并没有大规模实践[1]。在 2021 年 6 月 3 日,欧盟委员会提出欧盟数字身份(European Digital Identity)框架计划。根据这一计划,将由欧盟成员国认可的公私机构向其公民、常住居民、企业提供数字钱包,这些钱包将与能够证明其个人信息的国家身份文件相连接(例如,驾照、学历证书、银行账户)等。通过这个数字钱包,所有欧盟用户均可自主选择愿意与第三方进行分享身份数据信息,保证个人数据安全性,轻松便捷验证个人身份并访问在线服务。为保证这一提案的实施,欧盟委员会邀请成员国在 2022 年 9 月前建立一个共同的工具箱,并开始必要的筹备工作,包括设立最佳实践的技术架构、标准和指南[2]。新加坡在 2014 年"智慧国家 2025"计划中宣布制定国家数字身份框架,建立国家数字身份系统(NDI),构建了新加坡市民都会用到的电子平台 SingPass,只要是新加坡公民或永久居民,或持有新加坡工作准证、长期社交签证、家属签证等,都可以申请一个 Singpass ID,相当于个人在新加坡政府网上的通行证。SingPass 允许访问由 140 个政府机构和私人组织提供的 400 多种数字服务,如今 SingPass 引用了云面部验证技术,公民可以以人脸识别的方式登录系统,新加坡将成为世界上第一个计划在其国民身份中使用人脸验证的国家[3]。澳大利亚数字化改造办公室(DTO)发布"可信数字身份框架",计划基于 eID 对个人信息的保护建立全国统一的在线身份认证体系。

---

[1] 王磬:《欲与美国巨头争夺数据,欧盟计划全境推行数字身份证》,《界面新闻》,https://www.jiemian.com/article/6202867.html,2021 年 6 月 8 日。
[2] 《欧盟委员会提出欧盟数字身份框架计划》,《零壹财经》,https://www.olcaijing.com/article/280577.htm,2021 年 6 月 7 日。
[3] 机器之心:《世界首例!新加坡计划将人脸验证技术嵌入公民数字身份系统》,https://www.jiqizhixin.com/articles/2020-09-29-13,2020 年 9 月 29 日。

后　记

随着人类的经济发展和科技进步，世界人口群体结构、社会利益、思想观念、生活方式、需求结构等都会发生相应变化，社会运行中也会不断出现新情况、新问题、新矛盾。对任何一个国家的中央政府而言，顺应时代发展的趋势和要求，加大制度改革与政策创新，建构合理有效的社会治理体系，提高社会治理的能力和水平，促进社会的和谐、安全、稳定，让人们都能过上幸福美好的生活，是治国理政的历史使命和任务。党的十八大以来，在以习近平总书记为核心的党中央坚强领导下，我国社会治理体系不断完善，社会安全稳定形势持续向好，书写了经济快速发展和社会长期稳定"两大奇迹"新篇章。党的二十届三中全会通过的《中共中央关于进一步全面深化改革、推进中国式现代化的决定》在总结实践经验的基础上，适应新的形势任务，就健全社会治理体系作出新的安排部署，对于加快推进社会治理现代化，以中国式现代化全面推进强国建设、民族复兴伟业具有重要意义。在我们全面推进中国式现代化的新征程上，面对复杂多样的社会问题和治理挑战，我们在继续发挥中国特色社会主义制度优势的基础上，要广泛吸收借鉴世界发达国家或地区有关社会治理的经验，当然也应该同步吸取相关教训，在多元文明交流互鉴中，不断完善和建成我国更加成熟、高效的社会治理现代化体系，为开创人类文明新形态提供重要的制度保障。本书分别从治理理念、治理体制、治理机制、服务供给、社会结构、利益协调、社会保障、社会公平、基层自治、数字治理十个方面归纳了世界发达国家或地区的社会治理经验，其中每个经验构成独立一章，进行具体的阐述和分析。

呈现在广大读者面前的这本书，是笔者在2018年主持完成的一项上海市哲学社会科学规划办公室关于党的十九大报告阐释系列研究项目中"国际经验借鉴"篇章的拓展延伸成果，绝大部分初稿完成得较早，因时间关系迟迟没有定稿。全书由笔者独立策划、撰写完成。笔者在书中引用借鉴了国内外社会治理研究者的大量文献及观点，在此一并对所有被引学者表示最诚挚的敬意和谢意！因研究能力、水平有限，书中难免有不足和欠缺，期待学界同仁提出宝贵意见，以期在后续研究中完善。此书能够顺利出版，非常感谢上海社会科学院出版社熊艳、孙宇昕等编辑付出的辛勤努力！

陶希东

2024年9月12日于上海

图书在版编目(CIP)数据

世界发达国家或地区社会治理的十大经验 / 陶希东著. -- 上海：上海社会科学院出版社，2024. -- ISBN 978-7-5520-4565-9

Ⅰ.D523

中国国家版本馆 CIP 数据核字第 2024VW9731 号

世界发达国家或地区社会治理的十大经验

著　　者：陶希东
责任编辑：孙宇昕　熊　艳
封面设计：杨晨安
出版发行：上海社会科学院出版社
　　　　　上海顺昌路 622 号　邮编 200025
　　　　　电话总机 021-63315947　销售热线 021-53063735
　　　　　https://cbs.sass.org.cn　E-mail：sassp@sassp.cn
照　　排：南京理工出版信息技术有限公司
印　　刷：上海颛辉印刷厂有限公司
开　　本：710 毫米×1010 毫米　1/16
印　　张：15
字　　数：205 千
版　　次：2024 年 11 月第 1 版　2024 年 11 月第 1 次印刷

ISBN 978-7-5520-4565-9/D·735　　　　　　　定价：88.00 元

版权所有　翻印必究